后浪出版

文史杂谈

周策纵 著

周策纵作品集②

世界图书出版公司
北京·广州·上海·西安

目 录

上篇　文史宗哲篇

一　如何从古文字与经典探索古代社会与思想史 …………… 3

二　"人与大自然"观念溯源：论"天人合一" …………… 10

三　传统中国的小说观念与宗教关怀 …………………………… 13

四　论章炳麟梁启超墨迹释文书 ………………………………… 19

五　四千年前中国的文史纪实 …………………………………… 23

六　周教授龙山陶文考释书后 …………………………………… 41

七　龙山陶文考释答饶宗颐教授 ………………………………… 44

八　答周策纵教授 ………………………………………………… 51

九　从王士禛和赵执信的诗论与诗试评"谈龙"争辩 ………… 53

十　陈致："不"以有涯随无涯，殆已 ………………………… 61
　　对《原学》的观感 ………………………………………… 61
　　"汉学"或"华学" ………………………………………… 62
　　Sinology 或 Chinese studies ……………………………… 63
　　对大陆学术界的印象 ……………………………………… 65

西洋汉学家的特点 ································· 65
　　中西基本概念和模式的不同 ······················ 66
　　和胡适的同异 ······································ 69
　　对青年学者的期望 ································· 69
　　新诗和旧诗的世界 ································· 70
　　《红楼梦》的世界 ································· 71
　　诗的创作与翻译 ··································· 72
　　对《原学》的期望 ································· 74

十一　对《中国北方诸族的源流》一书的几点看法 ··· 76
　　"族"的观念 ······································· 77
　　唐太宗征辽东之役 ································· 77
　　李唐家族血缘与长孙皇后 ························· 79
　　阿伏于？阿伏干？ ································· 81

十二　说"来"与"归去来" ···························· 83

下篇　"五四"及近代思潮

一　胡适之先生的抗议与容忍 ························ 131
　　胡先生最后的重要见解——抗议 ················ 133
　　早期影响他抗议与容忍的因素 ···················· 136
　　"闺阁中历历有人"与"逼上梁山" ··············· 140

二　胡适对中国文化的批判与贡献 ··················· 149

三　论"胡适研究"与"研究胡适" ··················· 162

四　自由・容忍与抗议 ······························· 169

五　以"五四"超越"五四" …………………………… 180

六　"五四"思潮对汉学的影响及其检讨 ………………… 191
　　白话文与汉学 ……………………………………… 191
　　思想自由竞赛 ……………………………………… 193
　　西化增加 …………………………………………… 195
　　"疑古"风气 ……………………………………… 196
　　"整理国故" ……………………………………… 198

七　我所见"五四"运动的重要性 ………………………… 201

八　"五四"时期中国的文化自觉 ………………………… 205

九　机器代人力，人文济科技 ……………………………… 208
　　民粹主义定会泛滥 ………………………………… 209

十　中外为体·中外为用 …………………………………… 211
　　（一）简说"文化"与"文明" …………………… 211
　　（二）从"现代化"谈到"中学为体，西学为用"
　　　　　说的起源和初义 …………………………… 213
　　（三）略评其他各种中西文化问题的口号 ……… 218
　　（四）对"中外为体，中外为用"说的解释 …… 220

十一　中国语文改革与教学刍议 …………………………… 228
　　我对中国语文教学的看法 ………………………… 228
　　我对中国语文改革的见解：单字连写区分 ……… 230
　　汉字的简化与繁化 ………………………………… 230
　　简体字的初步分类与正式推行 …………………… 232
　　1949年以后大陆简化字的实施 …………………… 234
　　简化汉字的原则 …………………………………… 236

简化字应该避免的缺失 ·················· 241
　　　余　论 ························· 247

十二　"五四"五十年 ···················· 248

十三　胡适风格（特论态度与方法） ············· 259

十四　发刊词：我手写我心 ················· 269

出版后记 ··························· 273

上篇
文史宗哲篇

一 如何从古文字与经典探索古代社会与思想史

　　自近代对金文、甲骨文及其他实物文字之研究兴盛以来,学者已逐渐能利用此种古文字,参验经典著作,重建、改正或发掘中国古史之一部分。王国维考定殷先公先王,已为众所周知之事。后来学者,续有成就。惟此种成绩,多本于考识古代实物上之文字,因而发现古事实之记载可以补经典所记之缺遗,或正其错误。而多数学者之努力,似仍集中于考识文字;良以此种新发现之实物文字,尚多有未能通读,此基本考识工作,尤为亟需。凡此皆功不可没者也。

　　细审上述两种研考,在方法上虽有博通与谨限之异,其要似皆本于据可读或已认为正读之经典著作,考识新得之古字,或进而以证古史。此固为今日研究中国古文字之正途,亦为古史探幽汲源之大助,且尚有待于继续发扬。其途径既已为众所习知,可不具论。

　　今所欲言,探索古史之道,虽亦据古实物文字与经典,然不必由考识文字;容或有辨正旧释,亦非以此为主旨;而引用经典,则往往于恒训常释之疏失处,或正文隶变传受之脱误处,据以推求真相,重建史实。此法于研索古代社会风习,古人日常生活,或观念与思想,往往可有所获,盖经典于此常疏于详记,而后人调释尤多昧误也。且古代文字,象形、指事、会意者尚多,间有视若形声,细审则可能兼含会意。此对古人原始观念、心态与情志之探测,尤不失为"其则不远"之斧柯。

　　然此道亦最易失之于牵妄。故所获往往只得其可能,而不能冀其可必。慎思明辨,察微显幽,首要在于拾独立之旁证,次须求博会而贯通。凡古今中外校勘、训诂、考证之术，近代人文、社会、自然科学之理论、方法与技术，皆不妨比照实情，斟酌适可而用之。

今略依上述据实物古文字辨正经典以探索古代社会生活与思想之途径。就平居揣摸所得，聊举数例，用期商榷：

（一）《易》离卦九四爻辞："突如其来如焚如死如弃如。"此辞从来误读误释。或云不孝之子，去而复来，宜受焚、杀、弃之刑罚。或云邻居灶突失火，不知祸之将至，为趋炎而忘灾者戒。然此应据吕祖谦《古易音义》引北宋晁以道著《古周易》云："京房、郑玄本'突'皆作'㐬'。及《说文》：'㐬（㐬），不顺忽出也。从倒子。'《易》曰：'突如其来如。'不孝子突出，不容于内也。㐬或从倒古文子。即《易》'突'字。又：'㐬，突忽也。'"及甲骨文育、毓字象产子形。又《说文》："弃，捐也。从𠬞推𠦒，弃之。从㐬，㐬、逆子也。弃，古文弃。𠷍，籀文弃。"盖古人认倒生（逆产，"寤生"）之子将带来不祥，应焚之、死之或弃之。爻辞乃卜问语，应读作："㐬如：其来如？焚如？死如？弃如？"此次序似示三种处分有递减。此新解可说明后稷被弃名弃，郑庄公寤生，其母不悦；并可推知古有逆产弃子杀子之忌讳与习俗。弃字造作之始或后来某一阶段加畚箕形，即示弃子之义。汉人以道德观念释之，故有"不孝子"之说。

（二）《易》泰卦九二爻辞："包荒用冯河不遐遗朋亡得尚于中行。"此辞旧多释为圣王虚怀，包容荒远化外之人，是合于中庸之道。近人高亨君知包借为匏，虚（荒）瓠可为腰舟以涉河。然仍释全辞为："用瓠冯河，不弃其友，是临难不忘旧也。其上将嘉而赏之。"又云："疑此亦古代故事也。"此盖拘于书中一字必只有一义，故认朋必为朋友之朋，且未能援甲骨文及他书为证。而所谓"古代故事"，则悬疑无据也。

按《诗·菁菁者莪》："锡我百朋。"郑玄笺："古者货贝，五贝为朋。"《易》损卦及益卦："或益之十朋之龟。"《周易集解》引唐崔憬曰："双贝曰朋。价值二十大贝，龟之最神贵者。"《观堂集林·释朋》："古贝五枚为系，二系为朋。释二贝者言其系，释五贝者举其一系之数也。"古以朋贝为货币，例证极多，毋庸列举。今甲骨文朋字作玨（《前编》

一，三十，五），🀄（《前编》五，十，五），或🀄（《后编》下，八，五），犹粗略可想见其形制。至朋友之朋，甲骨文及金文多从人作倗，如卜辞之🀄（《前编》四，三十，二），像人手持朋贝。《说文》："倗。辅也。从人，朋声。"今经典皆以朋贝字为朋友之朋而倗字废。殆以手助人者为友，以贝助人者为朋，故不必从人耶？然朋之初义本指贝而非指人则无可疑。《易》中常见"得朋""丧朋""得其友""丧马"等。朋可能指人，亦可能指物。但"震卦"有云："震来厉，亿丧贝，跻于九陵，勿逐，七日得。"此自指丧失其贝，且失而复得。与此泰卦九二爻辞颇相类。

且此爻辞中"包荒用冯河"之"冯"字。最宜细察。《诗·小旻》："不敢冯河。"《毛传》："徒涉曰冯河。"《尔雅·释训》："冯河，徒涉也。"《吕氏春秋·安死》篇："不敢冯河。"高诱注："无舟渡河曰冯。"《集解》引虞翻《易注》亦曰："冯河，涉河。"是"冯河"乃无舟徒步涉河，其义明白无疑。复考《论语·述而》："暴虎冯河，死而无悔者，吾不与也。""冯"本一作"淜"。《说文》："淜，无舟渡河也。从水，朋声。"段注："淜，正字；冯，假借字。"读此恍然可悟：淜之本义徒涉所以求取朋贝也。试思今人以黄金为货币，故多人麇集金山以掘金。古人以朋贝为货币，岂无人争相入水采贝？而求贝者自莫便于以虚（空）瓠为腰舟而徒涉也。爻辞"不遐遗朋，亡；得尚于中行"。《诗》"下武"及"抑"之"不遐"，《毛传》及《郑笺》皆训为不远。《说文》："遗，亡也。"亡即遗失，如《庄子》"俱亡其羊"。《说文》："尚，曾也。"段注谓"曾"即"增益"。又"偿，还也"，"赏，赐也"。赏、偿字从尚与朋贝，"尚"义可知。

职此，爻辞宜读作："包（匏）荒，用冯（淜）河，不遐遗朋，亡；得尚（偿）于中行。"盖谓用空瓠为腰舟徒涉于河，以采朋贝，不远即遗贝而失去，但于中流仍能得回或采获更多。

此爻初义之复原，似可供给中国古代经济社会生活状况一重要史料。不如此解，恐终难免于落空也。

（三）自《尚书·尧典》载舜命夔典乐，称："诗言志。"数千年来成为中国诗歌与文学批评最重要指导原则之一。而"诗"亦为六艺五经之名。虽"史""乐""歌""舞"诸字在古实物文字中已常见,一般相信,惟不见有"诗"字。约二十年前,乃试撰英文《诗字古义考》一文(载《文林》[Wen-lin],1968年威斯康星大学出版社出版),推定卜辞中之㞢即春秋郜(诗)国之故地,金文为寺若郜。进一步认定金文《楚王能章钟》末句"其永旹用㽙"中之字,实即另一钟铭中之㽙。后者阮元误释为"时"。字在《曾侯钟》中作旹及㽙,在《齐侯鎛》中作旹。此字自应释作"時"。《朱公牼钟中》"分器是寺"之寺,乃其初文,义谓击钟作声也。前人以圆圈形字必是"日"字,不知古文字中此亦可为"口"字,致有此误。而"時"即"诗"之初文,更可从"咏"与"詠"(余曾考定甲骨文中有"咏"字,但无"詠"字)诸类似关系字推知。

阮元及后来学者误以"時"为"时",鄙意以为此在经典隶释时当亦不免。《诗·宾之初筵》:"以奏尔时。"此"时"字疑即由"時(诗)"字误释。此诗言及宾筵射礼,并有音乐。《毛传》云:"时,中者也。"按《大戴礼·虞戴德》:"教士履物以射……时以敦伎,时有庆以地,不时有让以地。"而《礼记·射义》亦言:"射中者得与于祭,不中者不得与于祭,不得与于祭者有让,削以地;得与于祭者有庆,益以地。"是"时"有射中义之证。"诗言志"一语,本与其字根有关,古文"诗"从言之,言之与言寺同;言之,言寺并有言志之义;而志与寺亦并与射有关。《书·盘庚》:"若射之有志。"《尔雅·释器》:"骨镞不翦羽谓之志。"《石鼓》"遴车":"弓之㠯寺。"余颇疑古代射礼,射中者即奏以時(诗),礼经中言射中之"时",殆本亦時字。又如《论语·乡党》篇:"色斯举矣,翔而后集。曰:山梁雌雉,时哉,时哉!子路共之,三嗅而作。"愚意此"时"亦即"時"字,有射中之义。关于诗字之古义,拙文推论颇详,兹不复赘。此仅举其据金文误释可能见经典隶释之差,或亦可有助于了解古代诗乐之关系。

(四)雅颂之"颂",学者习知其指舞之容,但于颂诗之原始,未见确说。然"颂"所从之"公",据甲骨文及金文,实为"瓮"之初文,下像无盖无镫之容、量器。"八"者别也,谓量而分之,量必求平,故

《说文》言："公，平分也。"此犹以刀切别之则为"分"也。朱芳圃氏于《殷周文字释丛》（1962）中已知"公"即"瓮"之初文，并即"甕"字，惟其以"八"为"变易词性，假作他义之形符"，则颇失其旨。"颂"字像人持容器或对容器而舞。此所以庆食物收获之丰，或祷天恩祖德，谢其恩赐，并乞求更多之收获与福祉。此习于今日世界各原始民族中，犹有存留，彼等于此种仪式中，往往击容量器而歌舞。愚意颂诗类名，实源于是。《说文》："颂，儿也。"籀文作"䫇"。又曰："容，盛也。"古文作"㝐"，从公。此亦可证颂乃人持容盛之器公（瓮）而舞之貌。击食器亦可以宣饮食之乐。自来度量衡器，往往演变而成乐器。《易》离卦爻辞："不鼓缶而歌。"《史记·李斯列传》《谏逐客书》："击瓮（公）扣缶"，"真秦人之声也"。《说文》："缶，瓦器，所以盛酒浆。秦人鼓之以节謌。象形。"他如镛、钟、盆、鼓，例证颇多。

然中国史书，适得其反，往往称度量衡制皆本于乐律器。以是度量衡史乃成为乐律史之一部分。甚且以黄钟为万事之本。此固吾华人喜爱音乐和平伟大思想之一，惟衡之容器，则颇为颠倒。至《诗·大序》言："颂者，美盛德之形容，以其成功，告于神明者也。"此固系强调道德以解释颂诗，然一句之中，兼用"盛"（容盛）与"容"字，且"德"亦"得"也，则此释仍存颂诗古义之痕迹。惟《吕氏春秋·大乐》云："音乐之所由来者远矣，生于度量，本于太一。"独得其实，乃两千余年以来，鲜为人所注意。同篇又言："务乐有术，必由平出。平出于公，公出于道，故惟得道之人，其可与言乐乎！"此"平出于公"之"公"，或义取抽象，然亦巧合于拙论颂诗原于公（瓮）器之歌舞。以上所议，详已见于《清华学报》新十三卷一、二期合刊（1981年12月）拙文《古巫对乐舞及诗歌发展的贡献》。兹略述于此，以明据实物古文字偶亦可读得经典之背面，反可得古代社会生活与思想之真相也。

（五）1968年河北满城西汉中山靖王墓出土金缕玉衣，轰动于世。然同墓所出错金银鸟虫书铜壶一对，精美绝伦，铭文有诗二首。其在美术与社会史上之意义，实不下于金缕玉衣，徒以鸟虫书古代文字极为诡异，通读有误，致明珠投暗，未为世所重。前年甲壶在美展览，余偶得一睹，曾撰文于《大陆杂志》六十卷二期（1981年6月15日），指出此实为盛药酒之壶，依铭文可见所盛者为用黄芩所制之药酒，既以作美饮，复期有充润血肤，延寿去病之功。乙壶且可能兼有媚药之用。且可予古代所谓"牺尊"之美术工艺提供一实物佐证。甲壶铭文先录于下：

  盖铭：有言三，甫金鯠，为釜盉，错书之。
  身铭：盖圜四叕，牺尊成壶。盛兄盛味，于心佳都。掩于口味，充闰血肤。延寿去病，万年有余。

时贤释此铭文，不知所盛者为药酒，乃由于读两盉字皆为壶盖之盖，于是"为釜盉"句中之"釜"，乃不能不视为形容词，萧蕴先生认金同今声，"盉"应读"盦"，义为"覆盖"。张政烺先生则谓"釜"应读作"锦"，亦缘金音，释为"织文"。然铜壶固无丝织也。范祥雍先生乃云"釜"即"今"字，以为"今盉"即"此盉"。拙文认"盉"即"梠"字，草与木旁，常可互换。如芰、核与蓁、榛等，例证不一。且据金文及朱骏声等之说，字本作盇（盍），即有盖之盒。铭文决无只言壶盖而不言壶身之理，且四叕（缀、纹带），实在壶之身，尤不可言壶盖。然经典中"盖"已全作覆盖或虚词用，已无可佐证。独于《墨子·备穴》中得下列一段：

  盉持酨，客即熏，以救目。救目分方凿穴；以益（盆）盛酨置穴中，大盆毋少四斗，即熏，以目临酨上。

按《春秋繁露·郊语》篇："人之言，酨去烟。"酨乃易于挥发之酒类，可用以御烟保目。前人皆以为"盉"乃虚词，义不可通，故或议改作"益"或"盆"（如孙诒让及岑仲勉等），然皆无据。且因此乃认此段前后部重复，疑后截再出"救目"以下皆注文羼入者。然此"盉"字实乃"梠"之异体，存盇（盒）之原始意义。缘此段前半言，预先以有盖之壶梠储酨，倘敌（客）用烟熏穴，可备救目之用。次乃言救目之法，须向各方开凿穴道通风,然后倾酯于盆,以目临酯上。"持"乃保持之意,若宽口之盆,岂能保存易挥发之酯?《墨子》书过去传习者少,重抄翻印不若其他经典之频繁,故能留此"盇"字初义之孤证,亦幸事矣。

以上所举诸例,皆涉及以实物古文字,益以经典误传或误读误释之文,发覆以期求实,而探索未显之古代社会生活与思想。言不必当,法或可采。故为芹曝之献,以就正于方家耳。

(原载于香港《明报月刊》第216期,1983年12月)

二 "人与大自然"观念溯源：论"天人合一"

中国古代没有"大自然"这个词汇。和这观念相当的应该是"天"或"天地"。20世纪60年代中期，我曾讲过多次，并于1985年发表论文，指出《老子》《庄子》和其他古书里的"自然"一词，都只表示"自己如此"或"自己是怎么样就怎么样"的意思，并非指"自然界"。我并且提到：这个看法在魏、晋以前早已有人注意到了，而且胡适先生在《中国哲学史大纲》里对《老子》书中"自然"一词也已经有了这种认识。直至唐、宋时代，一般作者说的"自然"，似乎还没有"自然界"或"大自然"的意义。我曾举出杜甫的两句诗："我生性放荡，雅欲逃自然"由于下文有"嗜酒爱风竹，卜居必林泉"之句，看来这"自然"近似于身外的自然环境了；可是细看全诗主题，仍然是在提倡自然而然的生活方式。司空图的《二十四诗品》（我不相信这是元朝人虞集所作）中列有"自然"一品，开头两句便是"俯拾即是，不取诸邻"。可见他所说的"自然"绝不是身外的客观环境。宋朝的词人姜夔说诗有"自然高妙"者，这"自然"也仍是传统所谓自然而然的用法。

当然，中国人或华人，不可能不注意到"人与大自然"的关系，只是他们说的只叫作"天、人"或"天、地、人"罢了。过去常常给人提到的，便是"天人感应"和"天人合一"的观念。钱穆先生多年以前就说过：中国文化和思想中最大的特色，无过于"天人合一"的观念。我认为，所谓"天人合一"，并不是"天"和"人"没有区别。几乎自从有文字记载以来，中国人早就知道这两者是不同了，商代中叶的甲骨文中，"天"字和"人"字已显然有别。像《逸周书》中周朝初年（公元

二 "人与大自然"观念溯源:论"天人合一"

前12世纪左右)的几篇文献,都记载有"天地"或"天""地""人",或"天道""地道""人道"连续的并称。这书也说到"文王受命之九年"(其实还在商代的末期),对太子发(即后来的武王)说过:"人强胜天"的话。不过当时"顺天"和"应天顺时"的思想大概还是主流。人可胜天的看法,只有公元前3世纪时荀子主张过,他说的"从天而颂之,孰与制天命而用之"。胡适甚至说:"这竟是培根的'戡天主义'(Conquest of Nature)了。"到了后来,中国人更有"人定胜天"和"力可回天"种种说法,但这种思想在中国并不占势力。

"天人合一"的意义应该是:"人只是宇宙万类之一,不在万类之外;人是天的一部分,天也是人的一部分。"这种观念,在许多原始民族中本来都有,不限于中国。各原始民族多相信泛神论,祖先和上帝、神,往往混同;草木鸟兽虫鱼都和人的祖先有不可分的关系,都可作他们图腾的象征。这应该是"天人合一"观念的原型。中华民族在古代这种传统十分强烈,古书如《国语》等多有记载;神话和口传文学更多有遗留。在这个背景中,商、周之际所发展出来的"天命""天道、地道、人道"和"道"的观念便非常强调"顺天""应天顺时"和"通道、通天、以正人"之说了。

到公元前6世纪时,由于老子的出现,天人的关系,更发生了革命性的新说。《道德经》一方面说:"天地不仁,以万物为刍狗。"好像否定了天、人同类的观点;但在另一方面却把"道"说成"无",提高到本体的地位,并且说:"天地万物生于有,有生于无。"又说:"道生一,一生二,二生三,三生万物。"还说:"道大,天大,地大,人(一作王)亦大。域中有四大,而人(王)居其一焉。人法地,地法天,天法道,道法自然。"(纵按:即道法自己。)这样说来,人和天都法于道,应该也都出生于道。这可能更加强了"天人合一"的说法。

孔子对于"道"没有像老子那样明白解说成万物之源,即人生之源。但他常把"道"当成人生应遵守的最高准则,甚至说:"朝闻道,夕死可矣。"他似乎把"天"和"命"看得更重要(至少比老子看得更重要)。他说:"巍巍乎!唯天为大,唯尧则之。"由于尧是他最尊重的圣王，当然我们可以据此推论说，他会主张人都应法天。他又说："道之将行也与，命也；道之将废也与，命也。"他大概认定人是受天命主宰的。子夏说的"死生有命，富贵在天"，如果说他是从孔子听来的，也大有可能。这两句话后来对一般人影响深远。《红楼梦》里的林黛玉和刘姥姥都非常相信。也许我们可以说：孔子是主张"天人合一"的。

不过我以为，"天人合一"说影响中国文学最深远的事，大约要到《庄子》提倡衍化论后才发生。它认为人和物都在天道中衍化运行。例如他说："庸讵知吾所谓'天'之非'人'乎？所谓'人'之非'天'乎？"这是明显的"天人合一"了。魏、晋、南北朝时，这种"化迁"的说法相当流行。"天人合一"思想也反映在文学和诗歌理论中。《文心雕龙》在《原道》篇里把文章的采饰和鸟兽的花纹与自然界一切文采等量齐观。《诗品》序里一方面提出气、物感人的说法，却又着重说：诗可以感动鬼神。可见天人实相契合。其实中国古代诗歌创作和欣赏的发展，比、兴是主要观点。因物起兴，正表示天人的密切不可分割。

传统中国人的人生观注重"天人合一"，自适其适，随遇而安。因此对环境很少改良，却也很少破坏。近代已受西洋影响，自当别论了。

三 传统中国的小说观念与宗教关怀
在香港浸会大学首届"文学与宗教"
国际学术研讨会上的专题演讲

  此篇文章的题目是"传统中国的小说观念与宗教关怀"。首先让我来厘清一下传统中国的"小说"这一观念。大家当然知道，我们现在的所谓"小说"，和英文的 fiction 相当。可是 fiction 的初义是"虚构"，中文"小说"一词却没有"虚构"的意思。西洋的小说观念，如果是从早期的神话、史诗、戏剧、罗曼史发展而来，至少后来就公开承认这是虚构的作品，并且直用"虚构"作类名。传统中国却找不到用虚构取义的类名。当然，作者坦白承认人物故事是虚构在辞赋家早已有先例，至迟可追溯到纪元前2世纪的西汉时期。顾炎武《日知录》卷十九《假设之辞》一条说："古人为赋，多假设之辞。序述往事，以为点缀，不必一一符同也。子虚、亡是公、乌有先生之文，已肇始于相如矣。后之作者，实祖此意。"可是长期以来，中国的小说作者和评论者都不肯坦白承认所写的乃是虚构而非事实。大概要到宋元以后才有人公开指出小说是虚构之作。像明末的《西游补》虚构出一个"新唐"天下，却借孙行者的口，说它是"假，假，假，假，假！"一连用上五个"假"字，已算非常例外。后来《红楼梦》里更有"假作真时真亦假，无为有处有还无"和"假语村言"的说法。不少小说以"梦"为名，可是总还没有用"虚构"或"假语"作类名的。我认为，这种特殊的小说观念发展的历程，其实长期以来左右了中国传统小说的创作和评论。应该值得大家仔细研讨。

要探讨这个问题，不妨从"小说"一词本身的意义说起。众所周知，"小说"一词最早出现在《庄子·外物》里："饰小说以干县令，其于大达亦远矣。"许多人以为，"县令"是秦统一天下后才有的官名。我曾作过一些考证，认为至迟在战国时代已有县令。"达"字似乎就是"穷达"的"达"。《庄子》这句话的意思，应该是：装饰"小说"去干进县官，也不会有大的通达，做不到大官，不会有大的成就。这里所谓"小说"，到底是什么意思呢？

我以为这个"小说"的"说"字，和现在"说话"或"论说"的"说"，意义并不完全相同。周朝，尤其是晚周春秋、战国时代，"说"字大多含有两种意义之一：多半用作"游说"之"说"，粤音读作"税"，即是劝说、说服或怂恿之意，与英语的 presuade 相当。例如《韩非子》里的《说难》《说林》等，都是这种意义。另一种意思则和"悦"字相同，大概意指悦耳、悦心之言，取心中快乐，或用语言取悦的意思。《论语》所谓："不亦说乎"，就是这种意义。我认为，"小说"一词，原应读作 hsiao sui（xiao sui）或 hsiao yueh（xiao yue），尤其是前者。西汉的书目学著作早已用"小说"作类名。《汉书·艺文志》列举有"小说十五家，千三百八（实为九）十篇"。班固（或刘向）在后序里说：

小说家流，盖出于稗官。街谈巷语，道听途说者之所造也。孔子曰："虽小道，必有可观者焉，致远恐泥，是以君子弗为也。"然亦弗灭也。闾里小知者之所及，亦使缀而不忘。如或一言可采，此亦刍荛狂夫之议也。

关于"稗官"，王先谦《汉书补注》说：

如淳曰："稗音锻家排。《九章》细米为稗。街谈巷说，其细碎之言也。王者欲知闾巷风俗，故立稗官，使称说之。今世谓偶语为稗。"师古曰："稗音稗稗之稗，不与锻排同也。稗官小官。《汉名臣奏》："唐林请省置吏，公卿大夫，至都官、稗官，各减什三"是也。

这里所谓"街谈巷语，道听途说"和"街谈巷说，其细碎之言也"，以至于"故立稗官，使称说之"的"说"字，似乎已表示汉朝人的用法，已和"谈""言""语"相似了。但"使称说之"的"说"字，是否带有"劝说"的意思，还不太明白。若说"王者欲知闾巷风俗"，便立稗官一职去报告传递"街谈巷语"给朝廷，这岂不和"輶轩使者"采"诗"相同了吗？"稗官"一名，若取"稊稗"之意，应该和农官有些关系。古代有"劝农"之官，职责在宣达政府的农业政策。所谓"使称说之"，也许可了解作使稗官去宣达政府的农业政策给闾巷的老百姓。考虑到"税"字从"禾"与"兑"而作，或者和"说（税）""悦"有些关系，亦不无可能。纳税是否须稗官去劝说或说明呢？如果是这样，就更容易了解为什么"小说（税）"和"稗官"有密切关系了。

总之，依我的推测，"小说（税）"或"小说（悦）"这一观念，原有"劝说""说服"或"说得使听的人高兴喜悦"之意。这和后来的小说创作和评论，就不是没有关系。也可使我们更容易了解早期中国"小说"的性质和特点。

作为说服、游说、取悦的"小说"，不一定都要使用故事，议论和推理也很重要。在中国"游说"的传统中，夸大增饰历史或传记，比完全虚构故事，往往更有说服力。中国早期的所谓"小说"，就包括这各种的内容。试看《汉书·艺文志》所列举的"小说十五家"，今虽不传，从班书原注和各书名都可看出全是依托历史或人物传记的作品。明朝胡应麟《少室山房笔丛》分小说为六类：（一）志怪，（二）传奇，（三）杂录，（四）丛谈，（五）辩订，（六）箴规。《四库提要》把小说分为三个流派："其一叙述杂事；其一记录旧闻；其一缀辑琐语。"这些种类都可看出传统的"小说"一词，所包含的内容，远远超出了现在一般所说的小说。但这个庞杂的内容，若依"劝说""说服"的解释，倒相当适合。至于只将"小说"当作"小语"，如《文选》注三十一引桓谭《新论》说:"小说家合丛残小语,近取譬论,以作短书,治身理家,有可观之词。"固然可通,但显得过于广泛,和"近取譬论""治身理家"这些目的,并无密切关系。从"小说"为"游说""劝说"的观念说,正可看出中国传统小说多偏重劝戒、说教的特质。也可看出它对实际人生的关怀,即使配合到宗教,也往往和人生实用有关。

本来,所有的宗教都关切到人生最基本的难题。例如佛教创始者所最关切的生、老、病、死四大问题,即是人人所面对而无法逃避的难关。近代西洋社会学家,如韦伯等人,为宗教下界说,就用关切这些基本难题作标准。依这种广义界说,他们就把儒家看成是宗教的一种。可是孔子说过"未知生,焉知死",也"不语怪力乱神"。固然他相信"天命",但这个"天",是否为有人格或神灵的"天",便还大成疑问。他只承认"祭神如神在"。然而,儒家都相信"道",可是早期儒家似乎不大讨论本体论方面的"道"。所以严格来说,早期儒家很难说是宗教。不过,从广义的宗教说,儒家也十分关切生、老、病、死等难题。所谓"求仁得仁"或"杀身成仁","君子疾没世而名不称焉"或"死有重于泰山,有轻于鸿毛"等种种说法,都是用道德标准来对待生死问题。即是说,从广义宗教而论,后期儒家有点近似于宗教,也是人文色彩极浓厚的宗教。

中国古代的原始宗教,应该是以巫术为重心。巫或巫医所处理的问题,正是生、老、病、死。所谓"生",其实包括"生育""生命"和"生活"各方面。当然也关系到老、病和死的问题。巫的工作,一方面是以魔术帮人消解困厄;一方面作为人与天神之间的桥梁,使"地天通",可以"召神"。简单地说,就是用魔力去改变天命或命运。

这牵涉到"天人"关系的问题,也是传统中国小说所要面对的问题。近代中国有许多学者都认定"天人合一"是中国哲学思想最重要的特色,并且深刻影响了中国文学。我粗略探讨这个看法,却认为先秦时代一个长时期中,中国人倒是把天和人区分开了的。甲骨文和金文的"天"字,似乎将"人"的头画得很大,或者是在"人"的头上加上一横,也许是标示天在人的头上。无论如何,天和人是有所区别的。周朝初年的文献，如《逸周书》等，早有"天道、地道、人道"之别。《老子》说："人法地，地法天，天法道，道法自然（道法它自己如此）。"可见人与天是分别的个体。也许要到《庄子》以后"大化"的观念发达了，天人合一才给强调起来。这个"天人合一"的观念对中国诗歌、散文和美术影响深远，对小说、戏剧的影响似乎没那么明显。

如果说，不是完全"天人合一"，至少"天人相通"的观念，对中国小说、戏剧却发生过极大的作用。上面提到的巫的功能，实际上也建立在这个基本观念之上。还有"报"和"报应"的信仰，在周朝早已建立，"衔环结草"的故事，记载在《左传》里。"积善之家必有余庆，积恶之家必有余殃"，也已见于《易》《传》。佛教传到中国后，轮回和报应的观念在小说、戏剧里尤其流行。道教不讲这些，却可以修炼成仙。佛教也可以修持成佛。因果报应可说是宗教赋予中国传统小说的金科玉律。加上劝说、劝诫的特质，便成为中国小说创作和批评的主流。

可是，文学的杰作往往是悲剧，古今中外皆然。因果报应时常与正义、教义所预期的结果相违背。像《三国演义》《水浒传》都以"忠义"作为标榜，而忠义者却往往没有好下场。最突出的是《三国演义》，关羽和诸葛亮都是明显的例子。若用道教的看法，这本是"天地不仁，以万物为刍狗"。若用佛教来看，本应用前世今生来说明，像《红楼梦》和《醒世姻缘》，便以前世预设来先作解释。但《三国演义》中的人物却往往"知其不可为而为之"。如果拿西洋观点来评论，当然可用"诗的正义"（poetic justice）作说辞。可是在这里，儒家的思想发生了重大的作用，"知其不可为而为""求仁得仁"。我们或者可以仿照西方的说法，另铸"道德的正义"（moral justice）一词来解说吧。

早期儒家"不语怪、力、乱、神"的主张，在民间似乎并未压倒较先的巫术传统。汉末、魏晋、南北朝时期，道教和佛教升起，魔术的吸引力也抬头了，"志怪"小说也愈来愈流行，士大夫间也不能免。直到清代，像袁枚索性把他的志怪杂集公然命名为《子不语》。志怪、传奇，已不足为奇。还有记"变异"的作品，据我的推测，有可能是从周朝"比""辩"（古"变"字）的文体发展而来。后来佛教徒便用"格义"

的方式，采用中国传统中这种固有名词，发展出"变文"这种文类。后来像《西游记》《西游补》《封神演义》等与宗教颇有渊源关系的小说，是否也继承了这些志怪、传奇和变文的传统呢？

另一方面，如我在上面所说的，稗官野史、夸饰历史和人物传记，以作劝说、说服、宣教传道作用，甚至早期的"史官""正史"，也未能免俗，逐渐发展成"志人""讲史""演义"的"小说（税）"。这个传统，使得一两千年以来，中国的小说作者都要一再叮咛，说所记的都是实人实事，朝代年纪，历历可考，绝对不假。不肯说那是"子虚""乌有"，不肯说那是"虚构"之作。

至于一般小说读者，甚至出色的历史学家，也常常把小说当成真正的历史看待。（轻信夸张无据的历史，更不在话下了。）试看宋朝洪兴祖《楚辞注·渔父》注就指出："《卜居》《渔父》，皆假设问答，以寄意耳。而太史公《屈原传》，刘向《新序》，嵇康《高士传》，或采《楚辞》。"又如唐太宗命大臣重修《晋书》，竟大批抄袭《世说新语》、干宝《搜神记》等小说虚构之作，引起后来不少批评。

总括上面简单的分析，传统中国的"小说"观念，有如"游说"，文饰历史故事，夸大人物传记，于取悦读者、听众之外，尤重说服和劝诫。力图求信，只少数作者承认是"虚构"，是"假语"。与宗教关系较密切的小说作品，报应观念较强；或预设定命，以图解脱。这种作品，实际上，似乎也曾给予中国传统小说较多的"虚构"性。

四　论章炳麟梁启超墨迹释文书

元化先生道席：

　　蒙赐寄《关于京剧与文化传统丛谈》大文，具见博识，至为佩感。亡友施高德（A. C. Scott）教授专研亚洲戏剧，在威大任教多年，弟尝与谈及，叹息京剧传统之不彰，今读尊文，自不免有同感也。惟因7月至9月皆在美西、美东及加拿大旅游，致稽作覆。嗣又收到《学术集林》卷七，拙序承刊出，使能与国人见面，实所心感。

　　偶读汪维辉先生《〈章太炎遗嘱〉释文校正》，第七项对原释文"端砚今仅存一方"有按语云：

> "仅"字误。检原件，此字似应是"所"字，然与全文其他"所"字又有别。疑莫能定，俟诸高明。而非"仅"字，则可以肯定。录作"仅"恐是以意为之。

愚意此字似是"祇"字。末笔正写，本应向上反挑，但行草亦有直向下行者，如章氏原稿第四行"或"字"成"字皆然。《诗・小雅・我行其野》（188）："成不以富，亦祇以异。"又《何人斯》（199）："胡逝我梁，祇搅我心。"《毛传》《郑笺》均释曰："祇，适也。"《汉书・司马迁传》："于俗不信，祇取辱耳。"师古注曰："祇，适也。"刘淇《助字辨略》云："适字，犹祇也，仅也，但也。"适、祇、仅、但，都与今语副词"只"同。若读成"所"，不但与章氏其他"所"字写法不同，且"端砚今所存一方"文义亦不足。原释作"仅"，恐即此故。"祇"意即同"仅"也。

又汪释"𠈌"为"葆"，甚确，惟并非"别构"；章氏墨迹，"木"上一直本微曲，晋、唐、明人草书"保"字实即如此。还有，汪说："'葆藏'同义连文。"当系认"葆"即"保"存意，此颇不然；"葆"实即"宝"字。《吕氏春秋·尽数》："凡食之道，无饥无饱，是之谓五藏之葆。"高诱注："葆，安也。"许维遹《集释》云："此借为宝。《易·系辞》：'圣人之大宝曰位。'孟喜本宝作葆，是其例。《书钞》一百四十二引此（《吕览》）文亦作宝。"又《史记·留侯世家》："果见谷城山下黄石，取而葆祠之。"《集解》引徐广曰："《史记》珍宝字皆作葆。"章氏遗嘱所谓"葆藏"应即"宝藏""珍藏"之意。

因章氏墨迹，使我更注意到《学术集林》卷三首页影印梁启超《致王国维札》墨迹的释文和批注，似有失误数处：

（1）第一札又及条："今年投考新生欲将其所呈验旧作为细阅，"（3页）释文于"为"字前遗落"稍"字。

（2）第三札："此且不论，尤惧者天才至美而于考题所发问者偶缺注意则交臂失之。"（4页）"尤惧者"的"者"字，细审原迹，似应是"有"字。

（3）同札下文："幸获与遗珠，两皆难免。"（同页）"幸"字依原迹应作"倖"，意谓"侥幸"。繁体通常不作"幸"。此当由于简体制度设计不善之故。下句"欲采"也应作"採"。释文引言中的"幸中"一字（1页末行），亦应照改。第一札注中"赵万裏"，"裏"自应作"里"。凡此可见简体字制度不应采用流行繁体字作简体字，否则不仅徒滋混扰，且减损文字的准确性。诚可悲也！（即如以"采"代"採"，以"表"代"錶"，以"云"代"雲"，以"叶"代"葉"，以"只"代"隻"，以"系"代"係""繫"等，不胜枚举。）

（4）第一札释文及注判定原稿所署"廿九日"为阴历三月二十九日，即阳历"1925年4月21日"（2及3页）。但鄙意以为：梁启超此时写信与人绝大多数已用阳历纪月日，只有用干支纪年者及其他极少数例外，细察丁文江编《梁任公先生年谱长编初稿》所录存的梁氏信札可知。因此所署"二十九日"应是阳历3月29日，即阴历三月初六。据

《王国维全集·书信》（411 页），王氏于阴历二月二十七日（阳历 3 月 21 日）所写《致罗振玉》书云："昨别后午刻抵京。"罗氏当时住在天津，王国维从北京去看他后回京，那时火车三个多钟头可达。此所谓"昨"，似即指阴历二月二十六日（阳历 3 月 20 日）早上离津，中午到京。梁启超是王氏离津后九天给王写信，故云："闻先生曾一至天津，正拟奉谒，则已归京，怅甚。得吴君（宓）书，知先生不日移居校中，至慰。"王是阳历 4 月 17 日（阴历三月二十五日）移居清华园的，若把梁氏此札定于阳历 4 月 21 日（阴历三月二十九日），则王早已移居清华四五天了，怎么还能说"知先生不日移居校中"？李国俊编《梁启超著述系年》（238 页）也正确地把致王国维此札定作阳历 3 月 29 日。不过他说"王国维是年 3 月住进清华学校"，却又误用阴历了。

梁启超在同札里又说："考试命题事，校中所拟办法至妥。弟因家中有人远行，此一旬内颇烦扰，不能用心于问学，欲乞先生将已拟定之各考题先钞示一二，俾得在同一程度之下拟题奉商。"这里说的"家中有人远行"，是指他的两个女儿思顺（令娴）、思庄于 4 月 15 日去加拿大温哥华的事。行前打点一切，要忙上十多天，所以说不能用心。若是 4 月 21 日写信，她们已去了六天，也就不会那么烦扰了。再说，同札又云："四月半后当来校就教一切。"正是自己估计，女儿在 4 月 15 日离家后，便可去北京。这个"四月半"绝不是阴历，因为在阳历 4 月 17 日他给这两个女儿写信还说过："我打算礼拜一入京，""在京至多十日便回家。"星期一即是 4 月 20 日。5 月 1 日又从家中有信给思顺，可见这天（5 月 1 日）或以前，的确已由京回津。

（5）第三札所署"七日"，原释注定作阴历四月七日，即阳历"4 月 29 日"。我认为原文仍是用阳历，而且是 5 月 7 日，不是 4 月。据上文提到了的梁氏于 5 月 1 日给思顺的信中曾说："在京忙得要死，号称看花，却没有看成。"可见这次并未如约到清华去看王国维。又此札一开头便说："奉示敬悉。所拟二十题具见苦心，超亦敬本我公之恉拟若干题，别纸呈教。但两旬以来再四筹思，终觉命题难于尽善。"这所谓"两旬"，似系从他女儿出国后两天，即 4 月 17 日算起，这以前他没心思来考虑出题。若照原释注把梁氏初札写于阳历 4 月 21 日，第三札写于 4 月 29 日，八天内王氏要拟出二十个题目寄给梁，梁又依王的题恉拟出若干题寄给王，而这几天梁正"在京忙得要死"，如何可能呢？

（6）第四札，照上面相同的理由，原所署"三十日"实即阳历 7 月 30 日。即使当作阴历六月三十日，也应是阳历 7 月 20 日，不是 21 日。

上面这几点本来都是细微末节，无关宏旨；只因出于敬重前贤笔迹之心，故不惮繁琐，是否得当，尚盼高明指正。同时也希望大家凡写诗、文、书信，最好都写明年、月、日。

知道你去年身体不适，非常挂念，希望时时留意，好好保重。想来"为道珍摄"这句现成话还是十分恰当的。匆匆草此，不尽欲言。即祝健乐

五　四千年前中国的文史纪实

邹平县丁公村龙山文化陶文考释

山东省邹平县丁公村所发现的陶片，计有五行十一字，为历来丁公村陶文发现最多文字的陶片，对于研究中国四千年前古文字，自是十分珍贵的材料。本刊于10月号先行邀请饶宗颐教授作初步撰文提出试读的初步释读，以引起海内外文字学者的探讨。此篇即为周策纵教授的另一种看法，他从甲骨文、金文以及古籍有关历史的角度，考释丁公村陶文的内容，可与饶教授的互相比较，是否可以得出更确切的解释。

——编者

几天前读到《明报月刊》本月份（总三三四期，1993年10月）饶宗颐教授《丁公村龙山文化陶文的试读：试揭开中国四千年前古文字之谜》一文，一方面很欣赏他的高见；另一方面，自己也有些不成熟的看法。现在匆促写下来，请宗颐老兄和海内外学者专家指正。

首先要声明：我手头没有饶文所提到的《中国文物报》（1993年一、三期）和《传统文化与现代化》（1993年三期）等资料。虽曾托人借阅，也无结果，只得到传真寄来的今年8月份《光华》杂志一文，图片已完全看不清了。所以我只能根据《明报月刊》上所载的影片考释。从图片的大小式样看来，《明月》所用的照片，似乎就是《光华》杂志所载的照片，但已略有缩小，原来都是山东大学历史系考古队所提供的，看来还算清晰准确。据《光华》杂志（十八卷八期，1993年8月）

陈淑美《中国最早的一封信？——丁公陶片出土》（China's Oldest Love Letter?）说：二十余岁的女技工"董建华发现的陶片，呈一个倒梯形，上下宽度为七点七，四点六，高约三点二，厚约零点三五公分，整只陶片还没有半个手掌大"。可见《光华》和《明月》的照片都已经放大了一些。

我现在依《明报月刊》所登的照片把文字按原次序摹写下来，从右起每字各加列数目字。我的摹写有几个字与饶文稍有差别，次序则相反，他是从左读起，我是从右读起。下面是我依序对各字的读释，甲骨文和金文各字固为专家所习知，但为了明白比照起见，仍略引于下：

第一字 像人有所负荷之形吗？也许还有些问题。甲骨文和金文有几个字与此字颇形似，如甲骨文：

（许进雄编《怀特氏等所藏甲骨集》，九六一片）
（胡厚宣编《甲骨文合集》，二六八七九）

金文如：

（周《早何尊》）
（周《子何爵》）

一般都已释作"何"字。有人则以为应区别为两个不同的字，这一批字上面是从口，取张口问"谁何"之义。（其实也可说是头、目形的简化；肩背上也可能有所负荷。）甲骨文另有一种字：

（《合集》二二二四六）

金文也有：

𜀀（商《父乙卣》）

有人把这些字都释成"荷"字，以为像负戈之形，与前面那批从口的字有别。其实我认为这些即使并非同一个字，但性质有些相同，上面都像人头，《父乙卣》最近于原形。陶文和这些字形近似，若释作"何"字，勉强可通。"何"乃负"荷"字的初文，《易经·噬嗑》上九爻辞："何校灭耳。""何"一作"荷"。《毛诗·商颂·玄鸟》："百禄是何。"《左传》引作"荷"。《曹风·候人》："何戈与祋。"《齐诗》作"荷"。皆其证。不过甲骨文和金文此字都是人名或地名，并不直表字义。（"何"上加"日"似是另一人名）陶文此字应亦是地名、水名、族名，或封国名。《尚书·禹贡》和《水经注》都数次提到菏水，古本亦作荷水。《禹贡》徐州项下说："浮于淮泗，达于菏。"豫州项下说："荥波（播）既猪，导菏泽，被孟诸。"导水项下说："导沇水，东流为济，入于河，溢为荥，东出于陶丘北，又东至于菏。又东北会于汶，又北东入于海。"郑玄注："济，一作沛。"《史记正义》引《括地志》云："菏泽在曹州济阴县东北九十里，定陶城东，今名龙池，亦名九卿陂。"《水经》卷八："济水又东至乘氏县（孙星衍云：今定陶）西，分为二：其一水东南流，其一水从县东北流入巨野泽（即大野泽）。"郦道元注："南为菏水，北为济渎。"经文又说：南支的荷水向东经过金乡县、鱼台县、湖陆（陵）县南东入于泗水（泗水则南通淮水）。又说：向北分流的济水则通过巨野泽后，再向东北流经"梁邹县北"，汉代的梁邹县，就是现在的邹平县北部，也就是丁公村陶器出土的地方。唐朝李吉甫著《元和郡县志》说邹平"济水南去县三十五里"。黄河则在县西北八十里处。（见卷十一）我们如再参考《汉书·地理志》和谭其骧主编的《中国历史地图集》（上海：地图出版社，1982年）第一册，"夏、商、周、春秋、战国时期"部分，大致可以绘出周代或以前济水、菏水（荷水）和邹平县的关系位置。从这张地图看来，邹平离荷泽、荷水，经过曲折的水路，至少有三百公里左右，不能说很近；可是和荷水的主干济（沛）水，却非常邻近。

宗颐文中引了《水经注》卷八的一句很有意思的话："荷水又东与巨野黄水合,荷,济别名也"。后来编考《水经注》的各家,都认为这儿的"济"字是"泽"字之误,所以都改读为"荷泽别名也。"说巨野泽或"巨野黄水"是"荷泽"的别名,似亦无据。而《元和郡县志》也说:"荷水即济水也,一名五丈沟,西自金乡县界流入,去县十里,又东南流合泗水。"可见荷水和济水本来都是济水。

由于黄河多次泛滥改道,侵入济水,后来济水下游几乎消失,记载上时出时没,成为历史上一个谜和一大争论,甚至康熙皇帝和乾隆皇帝都亲自著论来参加讨论。岑仲勉以为济水只是黄河故道,东周以前济水原是黄河的主干。(岑著《黄河变迁史》,北京:人民出版社,1957年,第六、七节)不过我认为济水本来自身是一主要河流,《尔雅·释水》:"江、河、淮、济为四渎。四渎者,发源注海者也。"《史记·殷本纪》引汤曰:"古禹、皋陶,久劳于外,其有功乎民,民乃有安。东为江(似应作淮),北为济(河),西为河(济),南为淮(江),四渎已修,万民乃有居。"似不为无据。济水是古代四条入海的大水之一。

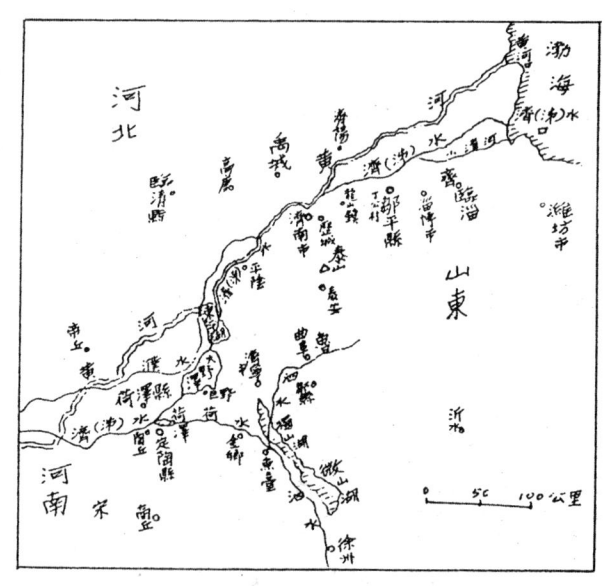

周代或以前邹平县与菏水、济水的关系图

最奇怪的是：我们知道，济水古代本称沛水，上文已提到《禹贡》中的"济"字，郑玄已指出"一作沛"。段玉裁在《说文解字注》水部沛字下举出《说文》和《汉书·地理志》在许多地方还保存了这个古字，而周代和汉代的多数书里却都写成了"济"字。朿音读姊，《说文》鈇字下则云："读作齐。"这个字从来就被忽略和误解了，小篆偏取对称形，作朿，容易和市相混。《说文》误入六下"朿"部。其实这个字原亦常用，《说文通训定声》履部收有从朿作的字即有十一个，其中"姊"和床"第"字更是习用者。可是除小篆外，古文字中竟找不到这个字。日人高田忠周在所著《朝阳字鉴精萃》中列有下面一字，说："疑为姊字省文，或为沛之假借字"：

⊕ 朋 朿（古币文，见《古今钱略》）他的看法不一定对，他的怀疑却值得注意。

其实，我在上面所列的陶文、甲骨文、金文被释作何或荷字的，从字形上看，倒最近于隶变后的朿字，而较远于何或荷字。因此我认为，以上所有的陶文、甲骨文、金文诸字，（或者除少数外）本来都应隶变作朿字，朿这一地区或封国，也就是沛（济）水所流过的区域，（约当今山东省从西南横贯至东北临渤海的地区）都以朿为名，此字本来该是一个族人的族徽或人名，后来才成为水名、地名和封国名。以后由于沛水南北分派，加以隶变，故分称济（沛）水和荷（菏）水。这样解释，就可见朿这一区域或封国，在夏代原包括后来所称的荷泽、荷水和邹平等地。丁公村陶文此字的发现，对于了解周朝以前济水和齐国的历史地理，有很大的功用。（当然，如从约定俗成着想，朿字既已不单用，读作荷，认为与济同，亦无大误也。）

第二字 ⁊ 自应读作"子"字。宋宣和五年（1123）在邹平附近临淄发现的《齐镈》子字作 ⁊，其他齐器也往往相似，横划几乎和圆圈相接。此镈铭文有"溥受天命，剗（削也）伐夏司（后）……咸有九州岛，处禹之堵。"作器者是商汤的后裔，但仍可见齐地对于夏禹的统治，印象特别深刻，书法的风格也许还远有承传。《郜公平侯盂》的孙字偏旁子字正作🅰。此盂属上郡，地后来为晋国所有，晋国本是夏禹的首都所在地，不无影响。又，《诗经》中"齐子"和"齐侯之子"都指国君公侯之女，不过陶文里的"🅱（齐）子"或"荷子"当指爵号，是男是女却不明白，详见下文。

第三字🅲的左面自是厶，右面乃人字🅳的草写，可读为"以"字。甲骨文、金文、和小篆都用厶作"以"，没有人旁，有人旁者即认为是"似"字。可是"隶变"后却有了人旁。陶文此字可证"隶变"不为无据。《说文》云："以，用也。"《尚书·益稷》："以五采彰施于五色。"陶文"以"字用法与此相似。

第四字🅴左上方似手伸出，不像四足兽形。类似这种形象的字在甲骨文和金文里多已释作夒字（实同夔），乃是商代王室的先祖，可能即禹在虞舜时代的同僚，后为其臣属。此字异形颇多，是否为同一字也很难说，现举甲骨文中最近似于陶文的二例如下：

🅵（中国社会科学院考古研究所编《小屯南地甲骨》，北京：中华书局：1980 年，582）

🅶（同上，4528）

金文比较繁复，亦举二例：

🅷（《艅尊》拓本）

🅸（《夔作且辛彝》拓本）

值得注意的是，甲骨文也有作张口之形的：

🅹（董作宾编《殷墟文字甲编》，上海：商务印书馆，民国三十七年，1946，珂珞版影印，2336）

【图】（方法敛摹《库方二氏所藏甲骨卜辞》，上海：商务印书馆，民国二十四年，1935，石印本，1010）

陶文和上面的各形虽有些相似，但都不全同，最显著的不同是头部，陶文趋向圆形。我以为应读作"夏"字。甲骨文一般人都认为不见有"夏"字，商既篡夏，鲜提灭国，且系卜祭之辞，不提原亦常情。金文亦罕见。《说文》五下夊部云："夏，中国之人也。从夊，从页，从臼。臼，两手；夊，两足也。【图】古文夏。"魏《正始石经》夏字"古文"作【图】。又《隶续》载《正始石经》春秋桓公十八年"夏四月丙子，公薨于齐"。夏字古文作【图】。王国维说：

> 《说文》夊部："【图】古文夓。"其字殆从目。（目部："【图】古文目。"【图】形近之。）从足，与夓字从页从夊同意。此从日从正，盖【图】之讹变；抑石经春冬二字皆从日，故夏字亦从日作与？（引见舒连景著，丁山校《说文古文疏证》，上海：商务印书馆，民国二十六年，1937，41页。）

舒连景于引此文后说："古钵或作【图】，疑【图】【图】二形为【图】之省变。"纵按上文所引《齐镈》"伐夏"的"夏"字与古钵印极相似，字作：

【图】（郭沫若《两周金文辞大系图录考释》，1935年日本初版，北京科学出版社，1957，增修本，247页，郭氏改称《叔夷钟》）

我以为古钵夏字右上方的外廓【图】和《说文》古文夏字中间的◡形，与陶文所作头形【图】实很近似。《缪韵》所载《夏官之印》夏字作【图】，其上部外围【图】也是此形的方变。石经的夏字似原是"是"字，《齐镈》夏字左面的"足"字上面的圆圈也应是日形。《说文》二下是部："是，直也。从日正。"段玉裁注："以日为正则曰是。"我以为可能有会"日规"测时之意，与时字的古文【图】作意相类，《尔雅·释诂》："时，是也。"

《尚书·尧典》"时雍"即"是雍"。古钵和镈文夏字表示夏人用日规测时,后来表测时的"是"字即代表"夏"字。孔子说:"行夏之时。"夏代以历法著名,从来用的阴历即是"夏历"。《禹贡》末云:"禹锡玄圭,告厥成功。"《史记·夏本纪》释作"于是帝锡禹玄圭"。又说禹"载四时"。《周礼·典瑞》郑玄注:"以土圭测日影。"《大戴礼·五帝德》:禹"左准绳,右规矩,履四时"。古代人相信夏禹手持工具。

这点我在英文《文林》(Wen-lin)第二集拙文《墨家起源新说》有详细说明(141 页)。其实陶文头部已趋向作圆形,以后可能即转化成日字。和石经的夏字也颇为形似。陶文下部像人两足向前奔走之形,石经古文下部或系讹变。夔职掌音乐歌舞,故其字有持旄牛尾而舞者(朱芳圃说),有些则头上戴有羽饰,又突出足形,(古人有"夔一足"的传说。)或张口而歌。后稷司农事,故字从禾,右面的头部也变作田形。(见《诅楚文》及战国《中山王鼎》)。而夏字则多保存头部作圆或椭圆形的特征,如《秦公𣪕》夏字头部作,《秦公钟》夏字头部作。隶变后的夏、夔、稷等字,仍然强调了这种种区别。

第五字可读作"长",即首长之长。我看图片左面似多出有一斜线,确否待证。果如此,则更与"长"字相合。甲骨文此字作:

(《合集》,27641)

(同上,28195)

金文略同。陶文两短斜线不过是放置在长直线的左边,字似系像人头戴羽饰之形。

关于"𠂤(齐、荷)子"和"夏长"的解释,按《尚书·皋陶谟》记载禹对帝舜说他自己已经:

弼(辅佐)成五服,至于五千(里);州十有二师;外薄四海,咸建五长。

所谓"五服"，在《禹贡》里有较详细的说明，大意是说：从王城起向外延伸，每外延五百里划一圈，成为一服，最近的一圈区域叫甸服，依次向外为侯服、绥服、要服、荒服。所以从王城向外每方都远到二千五百里，东西合算和南北合算便各有五千里了。（这种划分，自然已过于理想化，当时大约不全如此，不过大致如此吧。）照《礼记·曲礼》的说法，九州岛的长官爵号，近于王城的和边区的各有不同：

> 九州之长，入天子之国曰牧。……于外曰侯，于其国曰君。其在东夷、北狄、西戎、南蛮，虽大曰子。

郑玄据此，于笺注《毛诗·小雅·蓼萧》(173)的小序"《蓼萧》，泽及四海也"时，便说：

> 九夷、八狄、七戎、六蛮，谓之四海，国在九州之外，虽有大者，爵不过子。《虞书》曰："州十有二师，外薄四海，咸建五长。"

他在《尚书·皋陶谟》这句下也注道：

> 九州，州立十二人为诸侯之师，以佐其牧。外则五国立长，使各守其职。

这就牵涉到"五长"的解释。《礼记·王制》则说：

> 千里之外设方伯，五国以为属，属有长。

这就是说：在傍海边区，每五国连在一起，设立一"长"做行政长官。古代所谓"国"，和现代的意义不同，是个相当小的领域，郑玄认为，有"方五十里之国""方百里之国"，证诸金文，大概是对的。照这些解释，夏代在海疆边区，最高的封爵就是"子"。每五国连属为一区域，各设一"长"。所以"子"是可能领有好些"长"的。当时邹平一带,是所谓"东夷"或近于东夷区域。"子"应该是地方诸侯,"长"则是夏廷委派的官吏。所以陶文要说"弔子"和"夏长"。

　　以上的说法,"长"见于《虞夏书》的原文,"子"则是礼书的解释。后者是否系依周代"五等爵"之制以推测夏制,或另有所据,今不得知。不过我们早已知道,儒家的传统远起源于孔子以前,《庄子·天下》篇说到"古之所谓道术"时,谓"旧法世传之史,尚多有之。其在于《诗》《书》《礼》《乐》者,邹、鲁之士,搢绅先生,多能明之"。或者传闻有自。陶文至少证明《虞夏书》和《礼经》所述夏代临海区有"子""长"之爵位的记载是合于历史事实的。

　　第六字,我看影片字上部似有口旁;又左面垂直线上部微有屈折,更近于甲骨文。自系"河"字。甲骨文中,像下面这种字一般都释成"河"字,而我则以为实应释作"沛":(此点当然只算假设,尚待考验)

　　　　(罗振玉编《殷墟书契》后称《前编》,民国二年,1913,珂㼈版影墨拓,民国二十一年,1932,重印,2.4.8)

　　　　(王国维编《戬寿堂所藏殷墟文字》,民国六年,1917,墨拓石印本,在《艺术丛编》第三集,33.12)

　　　　(董作宾编《殷墟文字甲编》,商务,民国37年,1948,墨拓影印本,2585)

这类例子不少;但其他"河"字如:

　　　　(同上,651)

出现多次,都和陶文相似,只是没有从口的。惟金文有:

[图]（《同毁》，见《两周金文辞大系图录》，册三，73、74页）

此字前人都释"河"。字的上半亦见于《何毁》，没有下面的水旁，是人名，已释作"何"。可是从字形说，也有是"朿"和"沛"的可能性，《同毁》原文云："自淲东至于[图]。淲应即滹，滹沱河固然也东流入黄河，但《中国地名大辞典》却也说它通到大清河。大清河正是济（泲）水的下游。当然，字已从口（可），自然读作"河"也很恰当。陶文口字在上，古代偏旁位置往往任意移动。河从口也许是指河声，诗人常用，近代王湘绮写他实地经过黄河与济水时还有两句诗说："雪收天地色，冰压泲河声。"金文有时保存的字形比甲骨文更古，陶文此字正是一例。

第七字[图]应读作"左"。甲骨文和金文的右多作[图]，左多从[图]作，很少例外。此处在"河"字下，是用来辨别方位的，通常更不会混乱。陶文"河左"似系指河之南，《禹贡》："黑水西河惟雍州，弱水既西，泾属渭汭。"所说"西河"，实在是指甘肃、宁夏一带，所谓"河西走廊"，也是如此。"河西"古时又称"河右"，黄河这段是由南流向北，若面对上游，则西面正在右手。若照此方式（即面对上游）看山东省到山西省南部潼关以东的黄河，则河左即是"河南"或"南河"。我以为所谓"江左"原先也许指江南，后来才扩充改变作为江东，不过关于江，这一点我还未能详细证实。

第八字[图]饶文定作"恖"很对，不过我认为不应读成"总"字，"总龟"一词固然巧合，但到底在唐、宋时代才用到，未见于汉、晋以前。"恖"应是"聪"的初文。《尚书·皋陶谟》：皋陶对禹说："天聪明，自我民聪明；天明畏（古威字），自我民明威。"《汉书·郊祀志》上：成帝初，丞相匡衡等奏："陛下圣德，恖明上通。"颜师古注："恖与聪同。"同书《扬雄传》引《法言》雄自序："圣人恖明渊懿，继天测灵。"王先谦《汉书补注》："官本恖作聪。"皆可证"恖"与"聪"同。此字从心，从窗，本义为心智明慧，与"神明""灵明"义相似，故扬雄自序即以"灵"与"恩明"对文。所以"恩龟"也就是"灵龟""神龟"之意。

第九字 是"龟"字的草写。宗颐说得很对，龙山文化黑陶时代已用龟，灵龟信仰可推前至裴里岗文化；山东境内，和邹平不远的兖州王因墓、茌平尚庄，都发现有龟甲的使用。关于夏代的龟，下文再论。

第十字 饶文作为第一字，云："可能是一人名或氏姓，未识。"我认为这是"易"字的草写。甲骨文"易"字作：

 （《殷墟书契前编》7.4.1）

 （同上，同片）

 （刘鹗《铁云藏龟》，上海：蟫隐庐，光绪二十九年墨拓石印本，262.4）

金文"易"字变形颇多，其与甲骨文相似者如：

 （容庚《金文编》）

 中作且公来（同上）

 （《齐镈》）

从上面诸形看来，陶文与此很相似，尤其是甲骨文最后一例和金文三例，都有相似之处。三撇草写成"彡"似为古今人共同的习惯，如苏东坡写"发"字，右面三撇即作连笔：

不过前人以为"易"字原像蜥蜴（许慎说，但亦引"秘书说曰：日月为易，象阴阳也"）；或像酒壶倾酒于酒器，从"益"字简省（郭沫若说）。我看不然，实像云气侵月，气象变易，故有此义。新月形本有两种：地球之影遮月则成蛾眉月；日光从侧面照到月球则成椭圆形之新月。甲骨文三例皆作蛾眉月，亦有作椭圆形者，金文二例和陶文亦作椭圆形。倘我的解说确实，则可见中国古代观察天象的细密准确；且缭绕的曲线更像云气阴影，倒是最初之文，三撇反是后来为刻写方便而作了。再者，陶文的新月中似有曲线横过作𢆶状，图片不清，未能遽断，若果如此，则更像云气侵月之形。金文《齐镈》易字月中本有线条，取义相同。这个解释是否能成立，都不碍陶文此字应释为"易"字。

"易"字在古代常读作"锡"或"赐"，即作为动词的赏赐之意，甲骨文和金文此种用法极普遍，陶文也用此义。

第十一字饶文读作甲骨文的（《铁》89.2），从人跽地伸手形，并引《说文》，"丮，持也，象手有所丮据也。读若戟。"卜辞所见此字是人名。（如《乙》3405）他说："陶文此处，可以人名解之。似亦可读为夙夕之夙。"而他结果还是解读成夙，即早晨之意。我认为这字应是人名，不是夙字。此字隶变后已不单独使用，其实就是"执""埶""孰"等字右面的偏旁，后世通常归入"丨"部，写作"丸"。所以上举三字右面的偏旁，如依俗写，内部应作一横："丸"，不好从点与"丸药"字相混。甲骨文和金文此字多从双手，固然偶亦有从一手的，如《京津》3049，但字上有口形，是否为同一字，或尚不无可疑；再方面，陶文的脚部形式与此字还不全同；手形草写成圈，当然可能，如陶文"左"字即如此；不过像第一字的头形却也如此草写。因此我们也不妨拿甲骨文的"望"字来比照看一看：

（日人林泰辅编《龟甲兽骨文字》，1917年墨拓石印，1.24.14）

（董作宾编《殷墟文字乙编》，民国三十八年，1949墨拓影印，6733）

（郭沫若编《殷契粹编》，昭和十二年，1937，墨拓石印，1108）

〇（商承祚编《殷契佚存》，民国二十二年，1933，墨拓影印，875）

这些"望"字有些是作人名的。脚下和头部（目旁）颇似陶文，惟没有右面的垂直线，所以也不全同。或系变体。不过如读作"望"字，则可能近于古史，《史记·齐太公世家》说："太公望吕尚者，东海上人，其先祖尝为四岳，佐禹平水土，甚有功，虞、夏之际，封于吕，或封于申。姓姜氏。夏商之时，申吕或封枝庶，子孙或为庶人。尚其后苗裔也。"司马迁当有所据。后人多相信"望"是吕的名字，"太公望"犹"周公旦"之例也。吕望的祖先和陶文此人似乎曾生活或工作于同时期同地域，甚至或者即是同一人。吕望以此命名，是否乃继承祖先的传统呢？我认为陶文此字，可读作"乩"，也可能是"望"，还难肯定。但必是人名，是上文"易"（锡、赐）字的受格，则颇可断言。如读作"乩"，或可释作帝挚的"挚"字之初文，能否如此，尚待证实。

现在我把陶文全文释读如下：

弔（齐、济或荷）子以夏长河左（南）恩（聪）龟易（锡、赐）望（或乩）。

翻译成白话就是："弔（齐、济或荷）地子爵把夏廷长官从黄河以南得来的灵龟赏赐给望（或乩）。"

这一释读，还有历史作证。《禹贡》于荆州项下说："九江纳锡大龟，浮于江、沱、潜、汉，逾于洛（雒），达于南河。"这是说，夏代确有从长江中游九江区域向中央政府进贡大龟的制度，并且特别指出是从湖北诸水水运，越过雒水，运到"南河"，"南河"即"河南"，古人把黄河自潼关东流所经以南地区，如此称法。陶文说的"河左（南）聪龟"，正与《禹贡》所记相同。"纳锡"一词，《史记·夏本纪》引作"入赐"，义同。前人对此词颇觉费解，"纳""入"都是向上进贡，"锡""赐"乃对下赏赐，怎么能说"纳锡"或"入赐"？《汉书·地理志》引此文，颜师古注："锡命而纳，不常献也。"以为是命他们纳才纳，但他用"锡命"一词来释"锡"字，实太勉强。近人曾运乾《尚书正读》却说："锡、赐，古者上下通称，非锡命也。"也无根据。惟有皮锡瑞解释道："锡大龟三字当连读，盖古天子有锡诸侯宝龟之礼，纳锡大龟，谓纳此锡诸侯之大龟。"（王先谦《补注》引）陶文"锡龟"一事，可证实皮说。夏天子通过中央任命之官"五长"锡龟给海滨夷地诸侯最高的"子"爵，"夷子"则转赐予望。望认为这是一大光荣，故作此陶器，以为纪念。

这种作器作铭法，在后来商、周时代，渐成惯习，金文常见。以王所赏之物转赐臣下，也见于金文记录，如周代的《小子𪛇鼎铭》：

乙亥，子锡小子𪛇王商（赏）贝，在兄（地名）师（次）。𪛇用作父己宝尊。𦮾 𠂇（于省吾编《双剑誃吉金文选》，民国二十一年，1932，卷下，4页）（纵按：此器亦称《小子射鼎》诸名）于省吾在"赏贝"下注云："子以王赏贝赐小子𪛇也。"文例和陶文极相似，甚至锡物者都是"子"，可说巧合。陶文残缺，是否原有下文，须见到原件才能研判。依金文惯例，则此陶应为"望"（或乱）所作，照例不妨定名为《望（或乱）作夷（齐、济或荷）子锡龟陶铭》。

我这样读释，可得到下面几点重要发现：

（一）"子"是夏代王畿以外海疆地方诸侯最高爵位的通称，礼书所说，似非子虚。《尚书·皋陶谟》所记夏禹说的"外薄四海，咸建五长"，从陶文"夏长"一词看来，可能是纪实。这两事都证实夏代海疆边区的官制。

（二）过去考古学家只发现新石器时代已使用龟骨，但陶文证明此时代正如《禹贡》所记，从"九江纳锡大龟"，运至"河左（南）"，以供赏赐之用，确是事实。既证"纳龟""锡龟"之制，亦可见《禹贡》所记，至少此一部分，确为夏代的制度或政事，不能说是后人臆造。

（三）"恖（聪）龟"一词，首见于陶文，与"灵龟""神龟"等观念相似，可证此一观念发生的久远。如《易·颐》卦初九爻辞："舍尔灵龟，观我朵颐。"《尔雅·释鱼》："一曰神龟，二曰灵龟。"等，已有陶文作更早的渊源。

（四）"艻"或"荷"字的出现，由于陶片发现于和济（泲）水邻近的邹平，可供说明齐国命名的源起，和久不能明的济（泲）水流域及与荷水的关系。

（五）"夏"字首次出现，此乃一重要朝代之名，只缘为商所灭，其名不彰。夏代文物，理应记录有此名，并显示其特征。

（六）"易"字新月及云气之形，倘如我所说，则益可见古人观察天象的精细，及夏代长于历法之故。

（七）"以"字从人，"河"字从口，皆最早出现，可证后期金文及"隶变"不为无据。

（八）商、周时代青铜器，作器书铭，多用来纪念曾受赏锡，陶文显示此风俗习惯夏代早已存在，可见事系承传，并非突有。中国文化思想重"感激"与"纪念"，于此亦可想见。

（九）曹丕《典论·论文》有言："铭、诔尚实。"此陶铭全属记载事实，为铭文文体最早之例，开铭文尚实之先河。古希腊、拉丁则有时偏向虚拟和想象。此点我以前曾有短文论及。

（十）陶文十一个字只是一句，却说了许多事实：如龟是聪明灵智之龟；得之于黄河之南；原为夏廷所赐；现由子爵转赐予我；而赐者之名衔，首先点出，以示尊敬；自己之名，书于句末，既纪实以留念，亦所以示谦恭。就文法说，"以某物赐某"，已标明直接宾语与间接宾语的使用方式。就修辞说，则龟的三个修饰语"夏长""河左""聪"，井然有序，不可移易，移动则不明而混乱，似非文章高手不能办。陆机《文赋》说："铭博约而温润。"此陶铭大致可当之无愧色。

（十一）全句写成五行，提行亦显现巧思。首行三字自成一系，与下面四行各二字者有别，以表首提赐者；其次三行各二字排比三个修饰语，把"聪龟"连在一起，三行便各有二字，也就是各为两个音节。末行虽亦二字，但自己名字写得偏左，以示与前三行性质不同，既可加强

"赐"字的特别重要性，又可突出自己的"签名"和签名的位置（近代人签名也往往如此）。且显得是总结。

（十二）至于书法，我认为此铭也是高手，虽然显得随便写来，却是疏密有致，结构整严；线条灵活生动，伸缩适度。（你如不相信我的赞美，请用钢笔照写一通吧，看四千年后的现代人，比他或她写得更好吗？）这种书法，我以为不妨通俗就叫它作"古文草书"。王愔已是南北朝时人，他的说法本无据；即史游亦已是汉元帝时人，不必以他的书法来定此古体。至于写刻的程序，我看是陶坯初干未干之际，用锐笔划上去，然后再烧焙的。

我判断此陶片不属于唐尧时代，而是夏代早期，上文已对勘《尚书》，可以作证。再则邹平和龙山镇紧邻，自民国十七年（1928）首次在此发现龙山文化以来，它的绝对年代，据胶县三里河的人骨标本碳十四测验，最早和最晚的年代是公元前：

  2405 加或减 170 年

  1805 加或减 145 年

这一时期，不妨与刘歆《三统历》所拟古帝王年代对照：

  帝喾 前 2435—前 2366 在位
  帝挚 前 2365—前 2357
  唐尧 前 2356—前 2256
  虞舜 前 2255—前 2206
  夏禹 前 2205—前 2198（夏亡于前 1766）

这些记载当然不必可靠，但董作宾所校正的，往往只差二三十年，如他所定禹年为前 2183—前 2177。可见这几代可能与龙山文化约略相当，所以我们或可用这几代的记载或传说来对照研究此陶文。丁公村陶片的绝对年代，据《光华》杂志报道，经碳十四测验为公元"前二千二百年（误差正负一百年），距今约四千二百多年"（35页），和舜、禹年代相当。当然陶文文字技巧既已如此高度发展，则中国文字的起源，可能已在当时三四百年以前，真要到黄帝（前2697—前2598）和仓颉时代了。这自然还无法肯定，不过我们以后若在这种假设的基础上来研究，也许还算务实吧。

最后要说：饶公说得对，本文这种尝试"吃力而不讨好"。何况我远居"四海"之外，手头数据缺乏，真只望抛砖引玉而已。

1993年10月29日匆草于美国威斯康星州陌地生市之弃园
（原载于香港《明报月刊》，1993年12月及1994年1、2月）

补正

（一）顷蒙远流出版公司发行人王荣文先生惠赠《光华》杂志，得见较清晰的陶文影片：第十字椭圆中确有缭绕的曲线，应摹写作 ⌬，仍宜读为"易"字。第二字右面斜线穿入尖圆圈内，应摹写为 ⌬，仍宜读作"子"字。第七字的直线上部似有左曲线，应摹写作 ⌬，此当系一种书法姿态。字仍应读为"左"。

（二）又本文上期所载："第三字 ⌬ 的左面自来是厶（见本刊1993年12月，138页下栏）"来"字应删去。此句下，即"自是厶"之下，应加一句："甲骨文及金文皆作 ⌬"，下面仍接"右面乃人字"云云。

六　周教授龙山陶文考释书后
饶宗颐

　　这一片陶文，由于书写刻画非常熟练，决非一般初学或伪作者之所能为，且有成文的句子，是行草写法，自成一种风格，故极为历史学家及书法家所珍视。破译之事，还待大家共同努力。

　　考释古文字是一件苦差，凿险缒幽，吃力而不讨好。从事这一行的人们都有同感，何况丁公村陶片还有人以为本身尚有问题，至今仍存在不同的看法。我在《明报月刊》三三四期，作首次的试读，只是轻描淡写，提出一些假定，想不到策纵兄却花了那么大的气力狮子搏兔地去上下求索，企图把问题作全部解决，他求知的彻底精神，令人起敬！可是在未有坚牢不破的结论以前，大家仅能作一种猜想来看待，而周先生在文章题目上竟标名曰"文史纪实"，似乎大有商量的余地。这一片在灰坑 H1235 出土的刻有十一个字的陶片，刻画手法高明，字很微小，原物在上海博物馆展览，亦经正式在《中国文物精华》（第三届）印出，该书风行一时，我想周先生应该见到了。国内学人对这一陶片的真确性，仍在纷纭争议之中。有的古文字学家竟公然说：该陶片是从陶片堆中检出来的，文字风格和甲骨文的写法全不一样，可能是靠不住的！但考古学者则绝对承认陶片本身毫无可疑。马承源馆长说他选取这片陈刊之前曾持与龙山陶片比对，完全没有问题，北京方面考古发掘专家亦持同样意见，可以释疑。至于文字的考释，形构的审辨，文义的推证，还要大家进一步仔细讨论。

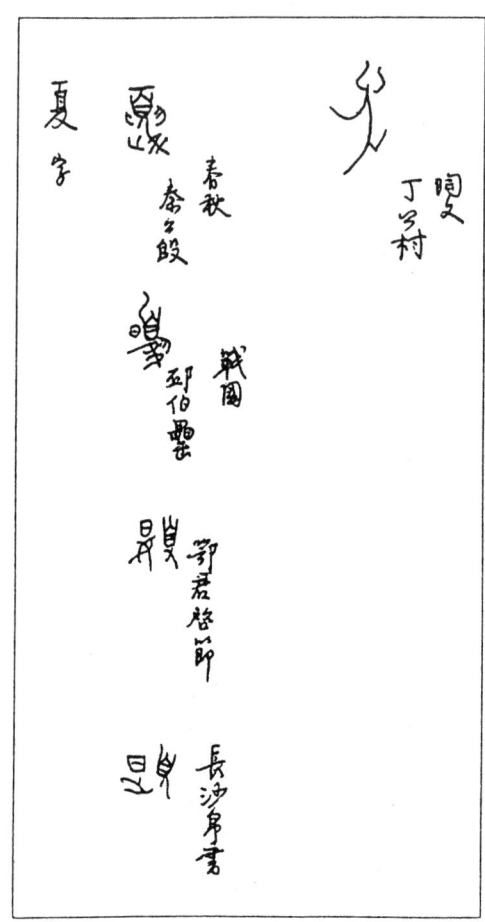

我是作为第一个试读的人,我绝对没有成见,亦不坚持自己的假设看法,有几个字我觉得有改订的必要。周先生的大文有若干个字基本上和我是一致的,尤其二三个关键性的字,像地名的河、菏,物名的龟、官,爵名的子与长,周先生作了不少补充,不必多费唇舌来讨论。我最不同意的是"夏"字一说。因为夏字在金文、帛书及战国文字右旁从页十分明显,和🙰形全不接近,周君提出"夏长"一名,尤为不词。至于易字、望字,在字形结构上亦说不过去,不拟多谈。这些一时还不能解决,它的读法,是左读抑右读,便很难决定了。至于"聪龟"一词,在古书所见只有灵龟,没有聪龟,亦乏佐证。

这一片陶文,由于书写刻划非常熟练,决非一般初学或伪作者之所能为,且有成文的句子,是行草写法,自成一种风格,故极为历史学家及书法家所珍视。破译之事,还待大家共同努力。

1993年在江苏省高邮市约距今四千五百年的龙虬庄遗址,采集到一片磨光黑陶盆口沿残片,上边有四行八个刻划记号,似可分成二组,一组是分明图画,一组很像甲骨文,与丁公村陶文同样笔画流畅,可能同属于东夷系统的早期文字。

周先生的鸿文，征引繁富，花了好大的篇幅，连续数期，想读者不免有点厌烦。《明报月刊》编者要我写几句读后礼貌上的响应，我不愿再作考证文字对读者给以太多的疲劳轰炸，就此搁笔。所有我们二人的意见都不能看成"纪实"的东西。仍须继续研讨。我在此谨向周先生表示感谢他对我的看法一些支持的地方。

（原载于香港《明报月刊》，1994年4月）

七　龙山陶文考释答饶宗颐教授

很高兴读到《明报月刊》4月份饶宗颐教授对我去年12月到今年2月在本刊三三六、三三七、三三八期发表的《四千年前中国的文史纪实》一文的《书后》。

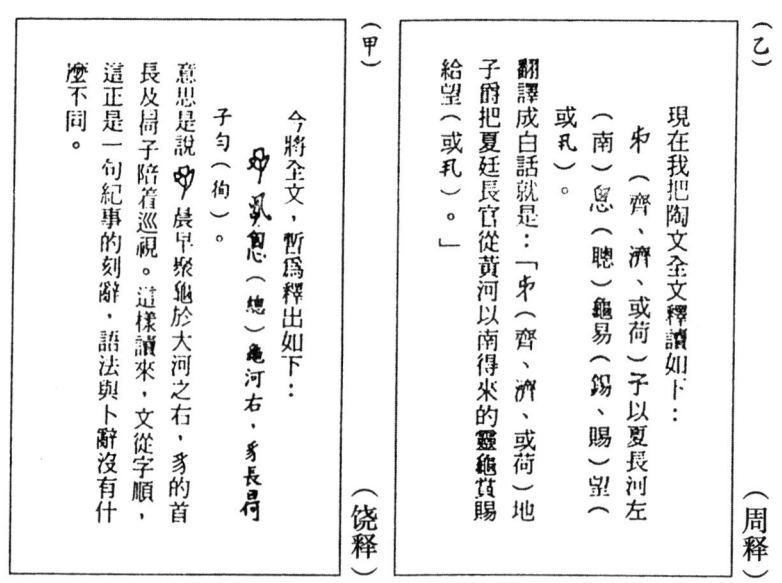

现在为了讨论方便起见，且先把我们释读的结论引录下来。为恐排错，希望能影印原文。饶先生的是：（看上引文甲）我的原文是：（看上引文乙）

饶教授在《书后》的开头说：他

作首次的试读，只是轻描淡写，提出一些假定，想不到策纵兄却花了那么大的气力狮子搏兔地去上下求索，企图把问题作全部解决，他求知的彻底精神，令人起敬！可是在未有坚牢不破的结论以前，大家仅能作一种猜想来看待，而周先生在文章题目上竟标明曰"文史纪实"，似乎大有商量的余地。

我当然承认，我们的释读还"未有坚牢不破的结论"，我在文末说："真只望抛砖引玉而已。"正是希望有人能提出比我更适当的解释。我绝对不会自认为全对，我也自然承认所有的提议都还只算是一种假设，如有新的证据或更好的释读，当然可以部分修正或全部推翻。凡作这种文史考证工作，此乃理所当然的事，也用不着处处多说了。

饶教授特别指出我"企图把问题作全部解决"，好像野心太大。其实他和我的"企图"并无两样，正如上文所引我们两人的结论，都明说将"全文"释读，不同的只是结果，他有一字"未识"（即他的第一字），我则识作"易"字（即我的第十字，这是因为他从左读到右，我是从右读到左的结果）。我相信比我们见到陶文较早的学者可能有些人都"企图"过作全部解决，至少最初释读人该是大陆的一些学者，如李学勤先生等，其次是日本的松丸道雄教授等人，我虽未能见到他们本人的说明，却从《光华》杂志得知一鳞半爪，我当然承认并感谢他们和饶先生的各种贡献和努力。只是各人所能，或假定所能认识的字数多少，有不同而已。在这一点上，我也许是首先假定我已将全文十一字都已读释了，而且认定于史书中有文字关联之确证的人。宗颐兄从这点来批评我，我当然必须招供不讳，恭敬接受。

饶先生又说我"在文章题目上竟标明曰'文史纪实'，似乎大有商量的余地"。这话如是怀疑陶文为伪作的人说的，我当然无话可说，可是饶教授既已说过这片陶文"决非一般初学或伪作者之所能为"，又说过"这正是一句纪事的刻辞，语法与卜辞没有什么不同"。（见上引他的结论）他在原文的下文又说：这陶文"可能指龟人某聚龟取龟于河上；亦可能是秋收之际，负责官吏的工作记录"。又引《尧典》，说："此陶文即记'平秩西成'之事，不仅与祭祀有关，也是日常生活的写照。"这不是说那是"文史纪实"了么？可是他竟自我否定了这点，逼着我把确认陶文为"文史纪实"这一主张，只好算作我自己的"首罪"或"首功"了。

真正说来，我和饶先生的不同，只是释读内容的不同。他认为陶文是记载唐尧时有某人在早晨聚龟于河右，叫一些官长来巡视。我则认为是记载虞夏时齐（币）地子爵以夏廷长官从河左（南）得来的灵龟赏赐给某人（某人因作此陶器以为纪念）。虞舜统治的最后十七年或二十年，夏禹已当权。我不认为陶文属于唐尧时，因为即使照饶教授的读法，聚龟何必巡视，且与《尧典》无关，《尧典》并未说到龟卜。若读龟作秋，则《管子·四时》篇原书中"聚收"和"徇时"并非连文，聚与收是平列的两个动词，上下文有"聚彼群材，百物乃收"可证。原文又说："顺旅聚收。"注称："谓顺时理军旅，聚而收之也。"原文说："三政曰：慎旅农，趣聚收。"旅和农是二事，则聚和收亦为二事，"聚收"非动宾格可明，何能换称"聚秋"？"徇时"如孙星衍所说，徇同循，乃顺之意，《白帖》即引作"顺时"，并非巡视。

我把那个像直立人形或猿形的字读作"夏"（山东大学历史系早已读作"夔"）。饶教授则读作动物"豸"字，释作地名。可是从来就没有这个地名，不知何以与邶相近。他在《书后》文中说：

我最不同意的是"夏"字一说。因为夏字在金文、帛书及战国文字右旁从页十分明显，和形全

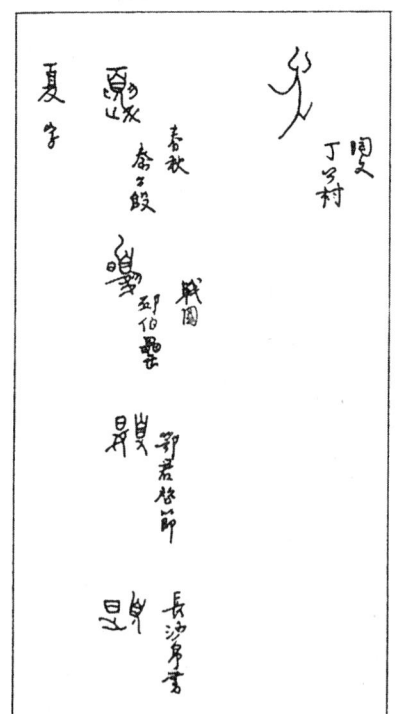

不接近（见附表），周君提出"夏长"一名，尤为不词。至易字、望字，在字形结构上亦说不过去，不拟多谈。这些一时还不能解决，它的读法，是左读抑右读，便难决定了。至于"聪龟"一词，在古书所见只有灵龟，没有聪龟，亦乏佐证。

这段话具体批评到我的考释之一部分了，我非常欢迎。现在分别答复如下：

关于"夏"字说，我很惭愧未能使他相信，他当然可以否定它，可是他所举的唯一理由："夏字在金文"等"右旁从页十分明显"，和陶文那字形"全不接近"，并且附了一表来对照，这倒使我有点诧异起来。他的附表是：

他举了春秋、战国文字来表示夏字从"页"，和陶文"𤴐形全不接近。"可是大家都知道，《说文》云："页，头也。"夏和夒字都从页，甲骨文和早期金文那个王国维释作夒字的字，上部都作头形，可见夒字所从之页在甲骨文中形状和在春秋、战国时代的页并不全同，则夏字所从之页，亦可类推，即它所从之页不必与春秋、战国之页形状全同，而可能只和甲骨文夒字的头形较接近。丁公陶文此字的上部是头形自无问题，只是较甲骨文夒字的头较圆整而已。无论如何，我们不能以"夏"字从页为理由，便说它不会写成像丁公村陶文那种头形。因为"夒"字之页在甲骨文中早已写成头形，与春秋、战国的页已不全形似了。我在《文史纪实》一文已举了好些甲骨文和金文例子，指出丁公村陶文那个字的头部偏向椭圆形，而《秦公毁》和《秦公钟》及古文夏字的头部外廓也作椭圆形或圆形。现在饶教授把陶文上部摹写得像两根头发，左线不曲盖在上；不提到甲骨文和金文的夒字；又把《秦公毁》夏字的最上部分摹写成一"笔直的"横线，当然两者便不相似了。《秦公毁》夏字上面应如我所摹，是左方与下相连的曲线，此字原拓本上部虽有残损，但左面与下相连作曲线并无可疑，容庚《金文编》所摹也和我相同。饶教授也许把先秦的金文写成秦汉以后文字或隶楷了吧？

我把甲骨文、金文夒字和夏字头部的外廓来和丁公村陶文那字的头

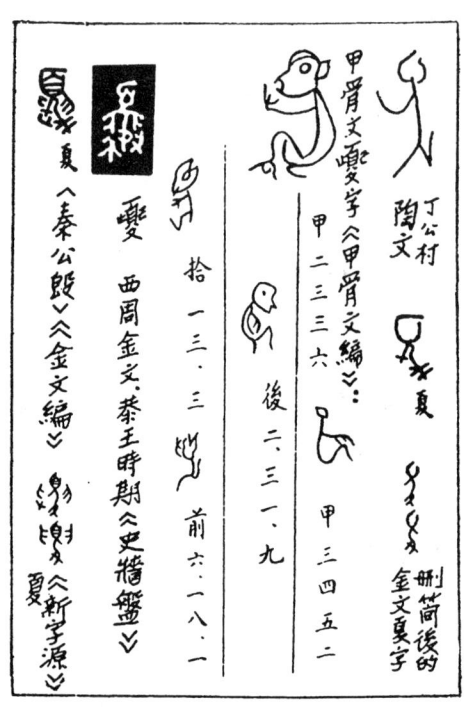

部比照,并非完全虚构,因为甲骨文夒字的头部内固然多有圆圈或线条以示目形,有些却只有头的外廓,如《甲编》3452,《前编》六、一八、一等不一而足。金文《史墙盘》亦然。其次,若把《秦公毁》夏字两旁不连接的手指符号删去(此在夒字的甲骨文及早期金文原亦无有),则与丁公陶文便颇为相似,左方伸出之手尤为接近。小川环树等编《角川新字源》所引籀文固不知其所据,亦不妨参考。现作成表,可与饶表对看(见上表)。

我本来认为上表中《前编》那个夒字和丁公陶文最形似,若释作夒,和我的整个解释仍相合。如我在《纪实》文中已指出过,夒原是禹在舜时的同僚,后又为其臣属。不过从陶文和夏字古文头部偏向椭圆形或圆形看来,我仍趋向认定那是夏字。我当然承认这都是假设或推测,但和我们释读"龟"字方式比较起来,也不算完全凭空。

饶君又说:"'夏长'一名,尤为不词。"他也许认为那是不能成为词语或词汇吧。其实国名加职称,在古书中颇常见,如"郑相""周史""楚将"等,曷胜枚举。本文首所引饶教授自己的陶文结论中即用"豸长"一词,说豸是地名,意谓"豸的首长"。但夏亦国名地名,"豸长"可用,为什么用"夏长"就"尤为不词"呢?我真百思不得其解。

至于"易"字、"望"字,他说"在字形结构上亦说不过去,不拟多谈"。我释"望"字时,本已说过:"陶文此字,可读作'乩',也可能是'望',还难肯定。"因为这两字和陶文都不全同。我也建议过,这也许是"挚"字的初文。但如读作"望",则颇有史事可证。饶教授读释作"夙"(晨早)。可是"夙"字从夕,陶文此字并不从夕,所以我认为应是人名。关于"易"字,他说"可能是一人名或氏姓,未识"。他既不同意我的释读,又未提出新释,只好听之了。

关于"聪龟",我早也知道古无此词,只有"神龟""灵龟"等。但我也征引过扬雄以"聪""灵"对文;说明"聪"的本义是"心智明慧"和"神明""灵明"相似,"聪龟"是"神龟""灵龟"的渊源词。如果设定夏代的每一个词汇商、周时代都还存在又相同,这是可能和合理吗?即是商代的称谓,周代及以后便常已不存在,卜辞中的"大邑商""妇好""受㞢又"等,古书中怎能找到?这当然并不是说,这便证明"聪龟"一词夏代一定已存在;这只是说,饶教授不能用古书没有此词作为唯一的或最强的理由,来否定我的释读。

饶教授说他的文章"只是轻描淡写",而我"却花了那么大的气力狮子搏兔地去上下求索"。其实据《明报月刊》编者前言所说,他那文章原是为"国际古文字学术会议"提交的论文,当然非常正式严肃,我十分敬视;"轻描淡写"只是谦词或具见举重若轻的功力。他的大作发表于去年 10 月,我于 10 月中旬才收到,花了 10 来天去找大陆的材料而一无所得,只好用了一个星期(我还得全时间教书),于 10 月 29 日匆匆草就该文;我无充分时间,也无狮子之力,陶文更非"兔子",西人当称作 Monster 或"猛兽"。蒙老友"礼貌",不肯责我,其实应该说"兔子搏狮"才对(我恰好生年属兔)。这是真心话。

饶先生又说我"花了好大的篇幅,连续数期,想读者不免有点厌烦"。因此他"不愿再作考证文字对读者给以太多的疲劳轰炸,就此搁笔"。这全是实情,使我惭愧难过极了。我太啰唆。我该深深感谢编者给我那王大娘裹脚布刊登的雅量。我居然还曾经敢要求做一期刊出,真不自量。那时恰逢本刊正出两大专号,幸蒙分三期刊出了,占了宝贵篇幅。我一定已给编辑先生"为难"过了。世人多喜欢读大小杀人犯的故事,而我竟违背时代潮流,以为"文化中国"的同胞,知识分子,怎好不普遍关心祖国发现了可能是最早的文字?(以前所发现早于甲骨文的只是孤立的记号，不成文句，是否为文字或仅是装饰的花纹，学者还在争论之中。）现在我真自觉大错了，连我的老朋友古文字学大家都读得厌烦，阻塞了他再作考证文字的兴致，真是"一粒耗子屎，打坏一锅汤"。"我实愧则有余，悔又无益，大无可如何之日也！"

当然，我也不能不替自己辩白几句：我那拙文花了五分之一（两页）的篇幅去讨论荷水、济水的问题，还画了幅地图，也不为无故。因为饶教授引了《元和郡县志》："兖州鱼台县下为邹县。"又指出荷泽在定陶县，荷水距金乡县十里。结论说：

"曷子"即荷泽封地之王子，其地距邹平不远。今定此字形为曷，与甲骨文正是一脉相承。

鱼台、荷泽、荷水、定陶、金乡等地的确和"邹县"很近，可是离"邹平"却很远。甲骨文的"曷"字从日从何，不是"荷"字。我为了想要厘清邹平县和邹县不同，指出荷水和济水的关系，并说明济水古写作沛水，与陶文第一字形似；要辨清一两件隐晦埋没而搞混了的问题，愧我无能，就只好流于繁琐了。这当然还需要大家来严格批判。

这好像又是废话了，但我还是希望古文字学专家和博学多才的宗颐兄发表高见。还有我假设的"河左（南）"，与联系《禹贡》"九江纳锡大龟，……达于南河"等问题，都待愈辩而愈明。饶先生说他"绝对没有成见，亦不坚持自己的假设看法，有几个字我觉得有改订的必要"。这态度很好，我亦当服膺。何妨把那几个字都明白说出来，使我们有所遵循。我知道《明报月刊》不是纯学术刊物，但《光华》杂志又何尝是呢，它在一期里就花了十六大页来报道解说，当然那是趣味性的。不过饶教授也一定能写出深入浅出、简要而又有趣味的文章来。千万不要因我啰唆的毛病就耽误吧！

1994 年 5 月 25 日夜于美国威州陌地生市

八 答周策纵教授

策纵教授吾兄史席：

拜读 5 月 25 日大文，深佩锲而不舍之精神，令人起敬。在我们讨论之中，弟觉得最有说服力的是舄及河二字的确认，见于地理上的地名，与出土地点正相吻合。兄力辩荷水与济水之异，推进一步，此为尊作重要贡献。虽稍嫌词费，而搞清问题也需要如此不愧扛鼎之力作。其次为"恩龟"二字，兄用拙说而读恩为聪，于义可通，不妨两存。

惟"夏"一字，弟仍以为不可，兄引《史墙盘》，原文云："上帝司夒。"夒及甲骨文之夒字与夏完全无关。《说文》夏字下只有"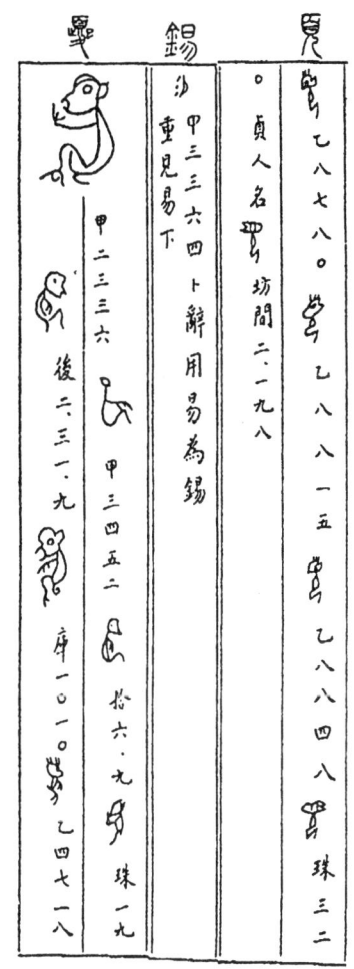，古文夏"。未闻有籀文夏字。兄文中引《角川新字源》之籀文，但尊表中不注明是籀文。该两夏字应是金文，二者混淆不清。尊意欲从页字推断夏字，须知卜辞自有"页"字，字形完全不同，仍以阙疑为是。尊文云"夏禹已当权",既定夏为夏禹之夏,又云"夏亦国名、地名"。但夏墟、夏县在山西,河南亦有夏遗址,不在山东。以王朝之夏,不宜称之为令长之长,弟所以说为"不词"者,以此。至于易字、望字,卜辞习见(俱见附图),无庸深论。

  端此布覆　顺颂
著祺

弟宗颐　7月12日

（原载于香港《明报月刊》，1994年8号及10月号）

九 从王士禛和赵执信的诗论
与诗试评"谈龙"争辩

由于近年来对赵执信（1662—1744）的《谈龙录》已有了不少的研究和评论，所以我不想在这里全面检讨此书所牵涉的各种问题，只打算就此书第一则所叙洪升（昉思）（1659—1704）和他的老师新城王士禛（1634—1711）用龙作比喻谈诗所引起的争论，以及赵执信当时参加的意见，作为评论的基点，依照王、赵二人的诗论和诗作，略加论断。①
《谈龙录》第一则叙述此争论的源起，全文如下：

> 钱塘洪昉思升，久于新城之门矣。与余友。一日，并在司寇宅论诗。昉思嫉时俗之无章也，曰："诗如龙然，首尾爪角鳞鬣，一不具，非龙也。"
>
> 司寇哂之曰："诗如神龙，见其首不见其尾，或云中露一爪一鳞而已，安得全体？是雕塑绘画者耳。"
>
> 余曰："神龙者屈伸变化，固无定体，恍惚望见者，第指其一鳞一爪，而龙之首尾完好，故宛然在也。若拘于所见，以为龙具在是，雕绘者反有辞矣。"昉思乃服。此事颇传于时。司寇以告后生而遗余语，闻者遂以洪语斥余，而仍佞司寇往说以相难，惜哉！今

---

① 近年的主要研究有吴宏一的《赵执信〈谈龙录〉研究》，载《中国文哲研究集刊》创刊号，台北："中央研究院"文哲研究所，1991年3月，323—360页。其他书目可参看 Daniel Bryant 在《中国文学》(CLEAR) 14（1992年12月）所英译王士禛《秦淮杂诗》的注6所列。

出余指,彼将知龙!①

赵执信这段记录是否完全真实,我们已无法知道。不过他这书的自序署作"康熙己丑夏六月",即康熙四十八年(1709),在王士禛去世前两年,未见王否认,也许大致是真实的。不过赵在文末既说王"以告后生而遗余语",王只是没有提起赵当时说的那段话,并未把洪升的话当成是赵说的;王是否听见赵当时说过那段话,或是否是那样说的,恐怕也不无疑问。赵接下去却说"闻者遂以洪语斥余",好像是那些人听了王的话才"以洪语斥余",这却有点近似于影射嫁怨了。不论如何,我们只好根据赵的记述来作评论。

自从《史记》记载齐国人因驺奭言辞善于文饰便称他作"雕龙奭",② 又经刘勰用作《文心雕龙》书名,以"雕龙"比喻文辞修饰,已很普通。所以洪升"诗如龙然"的说法本不足异;而且把诗文比作龙,的确有其妙处,龙非实物,诗文不管是本于什么,总须通过作者的思想、感觉或情感而得来,可说在若有若无之间。正如西洋诗歌传统中喜欢用"飞马"(Winged horse)以喻诗的灵感一般,若更神话化一点,就成了 Pegasus,王渔洋建议的"神龙",就和这更相近了。《淮南子·说林训》:"神龙不匹。"③《楚辞》贾谊《惜誓》:"神龙失水而陆居兮,为蝼蚁之所裁。"这种观念可能追溯到《管子》。④ 及至唐朝司马贞补《史记·三皇本纪》又说:"有娲氏之女,为少典妃,感神龙而生炎帝,

---

① 赵蔚芝、刘韦鑫:《谈龙录注释》,济南:齐鲁书社,1987,6—7页。
② 泷川龟太郎:《史记会注考证》,台北:宏业书局,1977年影印五版,卷七十四,列传第十四《孟子荀卿列传》,13页(总922页)。
③ 刘家立:《淮南集证》,上海:中华书局,1934年再版,卷十七,14页。
④ 洪兴祖:《楚辞补注》(四部备要本),卷十一,3页。洪注并引《管子》:"蛟龙水虫之神者也。乘于水则神立,失于水则神废。"纵按:此语见《管子》,卷二十,《形势解》篇,30页。其实该书卷十四《水地》篇云:"龙生于水,被五色而游,故神。欲小则化如蚕蠋,欲大则藏于天下;欲尚则凌于灵气,欲下则入于深泉。变化无日,上下无时,谓之神。龟与龙,伏闇能存而能亡者也。或世见,或世不见……"(75—76页)这可能便是"神龙"观念最早的出现和解释。

人身牛首。"① 就更为一般人所习知了。对于渔洋"诗如神龙"的比喻,赵执信似乎并不反对,他反对的别有所在。

就一般常识和逻辑说来,洪升完全没有错,龙必须有首尾爪角鳞鬣,就是必须有其必具要素,才能叫作龙,诗也必须具备诗的构成要素,才能叫作诗。失去部分就不是全体。不过这样的命题也未必都真,这要看缺少的是什么部分:缺少一鳞半爪,人们未尝不可认定那仍是一条龙;押错了一个韵还不失为一首诗。然而问题还不止于此,所谓"诗如龙",是指语言文字所构成的那首实在的诗吗?如果这样,则所谓首尾爪角不具,既可指诗意不具,也可指诗有阙文。洪升他们所说的当然不是这样,他们所讨论的乃是一种理想中的诗。照王士禛的了解,也应该是洪升和赵执信的共同了解,所谓"龙"或"神龙",只是指理想中的"真诗",或"真诗"所要表达的东西。因此,争论的焦点便在于:这种真诗或真诗所表达的,必须得其全么?洪升说:不有其全便非真诗。王士禛却说:诗只能表达出一部分,但如果这一部分是最紧要的,我们便可探得那"神龙"了,用不着像雕塑家或画家一样,想塑画出全体形象来。诗人只能是选择性的呈现,诗不能说尽,诗所表现出来的只是诗人所拣炼出来的那一部分。这当然也可能牵涉到哲学上认识论的问题,我们可能知觉到客观实在的全体吗?甚至于要问:客观实在能全部呈现出来吗?若不能,诗人便只能选择最精粹的那一部分表达出来,照王的说法,那就是诗之"神韵"了。关于"神龙"的讨论,渔洋本未提出要独尊"神韵",如说神龙不全见,诗不全述,他的说法其实是非常合理的。

赵执信事实上并没有否认这个看法,他的解释只是说:诗虽只能表达所要表达的一部分,但从这一部分也就可想象得到或推测得出那背后的实质全体。也就是说,鳞爪之后,本有全龙在。据我的看法,他这种解释,根本没有推翻王士禛的说法,因为王说"诗如神龙"时,当然早已承认有个完好的龙在那儿,并不是说龙只是那一鳞一爪而已。他当然知道诗所要表达的部分,原有个实质全体在背后。赵蔚芝、刘韦鑫合著

---

① 《史记会注考证》,卷首,3页(总7页)。

《谈龙录注释》^①固然自有其贡献，但他们却要说王渔洋这段话是主张"艺术可以不顾现实仅凭兴会妙悟去选择题材"[②]。而赵执信这段话却是主张"艺术要在客观现实的基础上去选取题材"[③]。这实在是无中生有，凭空捏造来任意褒贬了。

在"谈龙"这个问题上，固然赵执信并没有创立出什么新说，但他自己所假设的那个稻草人靶子，倒多多少少反映出了他和王士禛诗论与诗作的差异，这就是他所假定的："若拘于所见，以为龙具在是，雕绘者反有辞矣。"这个假设，如我上面已说过的，就"谈龙"辩论本身而言，固然只是虚构，但若结合他们两人平日的诗论和诗创作来看，倒可显示出他们的差异来。赵以为王派往往以神韵兴会即是诗之全，乃适得其一偏；他自己却要尊奉冯班、吴乔的主张，要做到"诗中有人"[④]，"诗外有事"[⑤]。王、赵两人的注重点自然不同。

不过即使如此，我们也很难认定王渔洋要做到"诗中无人""诗外无事"。注重"神韵"和注重"言外之意"的诗中即有这种诗人在内；而渔洋的诗，如《蚕租行》写民家夫妇因受不了催租而自缢，[⑥]怎能说是"诗外无事"？渔洋诗集中"诗外有事"的诗还有不少。而且"意在言外"的观点与"诗外有事"的说法其实也有相通之处。

若从赵执信仅有的《论诗二绝句》来看，他大致上附和王士禛的诗论，不过在某些方面似乎又企图突破王，但实际上却未能做到。现在不妨录出此二诗来与王的一些论诗绝句作比较：

画手权奇敌化工，寒林高下乱青红，
要知秋色分明处，只在空山落照中。

---

① 《史记会注考证》，卷首，2页。
② 9页（对《谈龙录》的第1条《说明》）。
③ 同上。
④ 《谈龙录》，第7条引吴乔语（《谈龙录注释》，18页）。
⑤ 《谈龙录》，第16条引苏轼语（《谈龙录注释》，39页）。
⑥ 金荣：《渔洋精华录笺注》，台北：中华书局，1968年影印本，卷一，19—20页。

九 从王士禛和赵执信的诗论与诗试评"谈龙"争辩

> 无弦只许陶彭泽，会得无弦响更长；
> 若使无弦亦无响，人间悦耳足笙簧。①

这儿的第一首写得很美，立意也很恰当。从画入手论诗，正合王士禛所推重的王维诗境。他说的"秋色分明处"当然是指画和诗都要表达的"境界"。而这种境界却"只在空山落照中"。"空山"是虚静之地，"夕照"是临去刹那之时，此空灵、仓促临别的顷刻境界，最能使人起顿觉、顿悟之感，和低徊无尽之情。这样把空间和时间巧妙结合，导出诗情画意，也正是王士禛生平极力提倡的法门，与善于运用的手法。试看他的《戏仿元遗山论诗绝句三十二首》的第三十和三十一首：

> 溪水碧于前渡日，桃花红是去年时。
> 江南肠断何人会？只有崔郎七字诗。

> 曾听巴渝里社词，三间哀怨此中遗，
> 诗情合在空舲峡，冷雁哀猿和竹枝。②

这前一首的首二句引的是渔洋的门生崔华的诗，渔洋在《池北偶谈》和《香祖笔记》里都一再引用称赞过。这两句诗的好处是把当前的美景，和消逝了的良辰很天然地联系起来，也正是空间和时间的巧妙结合。后一首的末二句："诗情合在空舲峡，冷雁哀猿和竹枝。"据他自己在《分甘余话》里说，是借用胡棪的意思，胡曾说过："吾诗思若在三峡间闻猿声时也。"③但王士禛故意用上空舲峡的"空"字，赵执信的"空山"与此巧合。王在"哀猿"上更加了"冷雁"，雁是候鸟，增强了时间的因素，与"夕照"有类似的功能。王士禛写《论诗绝句》是在康熙二年(1663)三十岁时（实年二十九），那时赵信执还只有两岁（实年一岁），

---

① 赵执信：《饴山诗集》（四部备要本），卷七，6页。
② 《渔洋精华录笺注》，台北：中华书局影印本，卷二，46—47页。
③ 吴世常：《论诗绝句二十种辑注》，西安：陕西人民出版社，1984，199页。

赵后来也写"论诗绝句",可能受过王诗的影响。

现在再来看看赵的第二首:"无弦只许陶彭泽",这不妨拿王士祯《论诗绝句》第七首来对比:

风怀澄澹推韦柳,佳处多从五字求,
解识无声弦指妙,柳州那得并苏州?①

王在这里所品评的虽然是韦应物和柳宗元,但他用来品评的标准却正是"无声弦指",而赵则说成"无弦"之响。王的"无声"之妙,也许是用来比拟像司空图说的"不著一字,尽得风流"②和严羽说的"羚羊挂角,无迹可求",以至于"意在言外"之类的诗境。③赵大约也是以"无弦响更长"来比拟"不著一字,尽得风流"。他承认"无弦只许陶彭泽",只有陶潜那种优越诗人才能做到"无弦之响""弦外之音"和"言外之意"。要是一般作者,既无弦,亦无响;既无言,亦无意;既无一字,也不得风流;那就只好让人世用笙簧箫管去悦耳也就足够了。这首诗很能显露出赵秋谷诗的特殊风格,与王渔洋诗作风不同。赵诗峻刻,往往富于反讽(irony),也多紧张度(tension 或 intensity)。王诗通常不大用到这些,只一字一句入神,轻轻一指,不细说、明说,让人于他所指点处自己去设想咏味;而诗句音韵铿锵悠扬,最能引致哀怨(pathos)缠绵之感。我这里借用了艾略特(T. S. Eliot)所说好诗的三个要素。惟依我个人的体验和认识,我以为中国沉重的抒情诗主流,还是多奉后者为上乘。若用音乐作比,则琴丝、笛竹,尤为知音者所赏嗜;而钟鼓喤嗒,往往只见重于廊庙或流俗。当然,诗亦有豪放、雄健、高超、顿挫之美者,然当此种壮美与缠绵哀怨的幽美相融会,就更以沉郁、苍凉、超逸、高古、悲壮等为贵了。依此而论,难怪王渔洋的《秋

---

① 《渔洋精华录笺注》,台北:中华书局影印本,卷二,40—41页。
② 《诗品·含蓄》,台北:世界书局,1962,2页。
③ 《沧浪诗话·诗辩》,台北:世界书局,1962,2页。

柳》诗,和"行人系缆月初堕,门外野风开白莲"①及"好是日斜风定后,半江红树卖鲈鱼"②诸句,会传诵一时了。

王、赵的创作最能反映到他们"谈龙"之辩的差异者,是某些诗篇透露王只求探得诗的神髓,而赵则颇喜细陈以求竭,就是想呈现"全龙"。这里不妨选用两首主题全同的诗来比较一下,两首的主题都是"来到泰山下作诗"。王士禛的题作《岳下作》。此所谓"岳",即东岳泰山,他用的是五言律诗体,全诗如下:

岳路清和候,氤氲望不稀。林园收宿雨,石濑溅人衣。
班马红亭渡(自注:泰山有红亭),溪禽白练飞(自注:白练、红练,鸟名)。买山随处好,终日恋清晖。③

这诗显得自然不用力气;写景是轻描淡写;尾联写情也悠然远逸,颇有不尽之意。赵执信用的题目是《泰山下作》。他写了一首五言古诗,共四十句。全诗是:

昨行泰山东,白云蓊天门。但疑霄汉近,岂谓冈峦尊。
今晨路南转,北面朝丈人。秋风生西极,万里开朝暾。
披豁盛大容,摆簸雷雨痕,洒然耳目前,赫矣神灵存。
两观耀日月,指顾引越秦。三溪郁参差,秀色相吐吞,
左映万碧瓦,松柏晴犹昏。禅亭久芜没,辇道方增新。
右拥千寻壁,瀑布悬天绅。冉冉水帘垂,一一白鹤驯,
喷薄冰玉碎,腾攫蛟龙伸。谁掬沧海波,濯此青鳞峋。
匡庐抱银河,失意空南奔,眇兹峄与蒙,亭亭复云云。
我如蓬藋士,意外睹九阍。崴嵬但睋视,虎豹无轻嗔。

---

① 《渔洋精华录笺注》,台北:中华书局影印本,卷一,42页。
② 同上,卷二,30页。
③ 金荣:《渔洋精华录笺注》,台北:中华书局,1968年影印本,卷四,29页。

> 平生几緉屐，咫尺惭逡巡。终当结茅宇，长与神房邻。
>
> （自注：天绅、白鹤、水帘，皆西溪瀑泉名。数十年来，今为最盛。）[1]

这诗格调还算高峻，意象丰密。固然由于五律和五古体制、长短、音节都不同，作法和效果当然也有别。但他们以同样的主题而采用不同的诗体，也可见两人所要写出的东西，企图大异。赵执信是刻意描绘，想要使全龙"宛然在也"。王士禛却只想得其神致而已。

近数十年来，中国大陆有好些学者于评论王、赵"谈龙"争辩时，把王士禛描写成唯心主义者，形式主义者，空虚而脱离现实；把赵执信却打扮成个革新的现实主义者等模样。这种评论终究会禁不起事实的考验。我们对他们两人的诗论和诗，还得有更深入更公正的研究和论断才好吧。

（原载于王靖宇编《清代文学批评》，香港大学出版社，1993年）

---

[1] 《饴山诗集》（四部备要本），卷七，1页。

十　陈致："不"以有涯随无涯，殆已
　　周策纵先生访谈录

对《原学》的观感

　　问：周先生，上次呈交给您的《原学》第一期，不知道先生是否得闲翻看了一下？可不可以请您谈谈对这本书的印象？《原学》的编者们很希望能得到先生的指点和批评。

　　答：这本刊物我选看过了。就我所看的那几篇文章而言，我觉得这个刊物办得还不错。李泽厚先生的访谈录我看完了，还有日本学者福井文雅的那篇《从汉学走向中国学》，还有《夸父》那篇文章，我看了它讲夸父的那部分；还有讲《易经》，讲嵇康自然观的那两篇文章也看过了，另有几篇也浏览了一下。

　　问：李泽厚先生和福井文雅先生都谈到了海外中国学的研究情况。是否可以请先生谈一谈您对美国汉学界的印象？

　　答：我个人所知很有限。再加上美国汉学界情况也很复杂，要想全盘了解也不大可能。因为第一，分散得太厉害了；第二，发表的文章、出版的专著太多了，每年作出来的博士论文就不知道有多少。依我看，应当有专门的机构对美国、日本、欧洲以及东南亚这些地区的汉学研究每年进行翻译整理、编辑、摘要。近些年，台湾和香港做了一些。个人方面，早期如我的一些朋友邓嗣禹、费正清、刘广京教授等，以及台湾的梁容若和郑清茂教授对日本的中国研究和汉学都有些介绍。继起者不乏其人。中国大陆有外文系，可是外文系是以语言文学为研究对象的，

也许还包括得不够广阔。社会科学院情报研究所编的《美国中国学手册》等这类书，大致很好和有用，但往往不免有误，待改进处很多。这类手册当然不会有批评性和深度。我以为这种书应和批判、分析以及历史性介绍同时并行，才能勉强得到比较全面的印象。

"汉学"或"华学"

问：各外文系的确大多是以外国文学为研究对象的，基本上不关心外国的汉学。

答：早期西洋人对中国问题的研究，叫作"汉学"，就是所谓的"Sinology"。似乎 Sinology 在范围上比较窄一点，后来又使用"中国研究"（Chinese studies）这个名词，范围宽泛，重点也略有不同。

问："Sinology"给人的印象是不是更偏向于 19 世纪以来欧洲的汉学传统，侧重于中国经典的翻译介绍和文献的考证研究？

答：说起"Sinology"，话就长了。我以前曾多次提到，我认为把"Sinology"翻译成"汉学"不太合适。中国以前有"汉学"一词，我们都知道那是指汉朝的学者对中国经典的研究，主要是汉代经师的训诂之学，是与"宋学"相对而言的。19 世纪以来，欧洲的那些研究中国的学者称这个学科为 Sinology，可能是依照 Egytology，即"埃及学"的说法。译成中文，便成了"汉学"。这个"汉学"当然与中国以前的"汉学"一词不同。Sinology 的本义就是"中国研究"或"中国学"，它所研究的范围包括中国传统的一切：经、史、子、集、语言、文学、历史、经典、哲学思想等等。比"汉学""宋学"的汉学，范围广得多。所以将"Sinology"译成"汉学"，很容易混淆。我的一位老友周法高教授在 20 世纪 60 年代写了好些文章讨论"汉学"问题，后来收集成一本小书，题作《汉学论集》，值得参考。不过法高教授却是主张用"汉学"一词的。我曾以为对"汉学史"应有人作更详尽而有系统的研究。

再有一点，我觉得用"汉"字来代表中国也不太恰当。"汉"本来是水名（汉水）、地名（汉中）。秦亡以后，项羽封刘邦汉中、巴、蜀，为汉王,所以后来统一中国就叫作汉朝,由于汉朝声威远著,外国人后来便称中国为"汉"。可是蒙古和满洲人统治中国后,"汉"就多指"汉族"了。中国现在有五十六个民族,汉族人口虽然占了93％以上,但究竟还有许多少数民族,如果仅以"汉"取代其他,也容易引起误会。因此,就语言、种族而论,"汉学"这个名称也不太恰当。

所以,多年以前我曾提出"华学"这一概念。"华"即"华夏""中华",不限于一个种族,一种语言。同时海外的中国人都称"华人""华侨",他们称中国语言文字为"华文""华语"。后来台湾也有人提倡用"华学"这一名词。前几年,我在新加坡"汉学的回顾与前瞻"那个国际会议上,也提到了这个问题。其实,我以为Sinology这一英文词汇并没有错,我只是说这个名称中文不如译作"华学"较妥。不过大家既已把"汉学"用惯了,约定俗成,也就未必不可了。这本来并不是什么重要的问题。

Sinology 或 Chinese studies

问:当然,名称本不重要,只是研究的范围、主题、角度、方法和态度却很重要,这些都要看实际上如何去做。那么依先生之见,"Chinese studies"与"Sinology"有什么不同呢?

答:这两个词很难有明确的界分,从来也没有一个大家公认的解释。我只能谈一谈我个人的观感。近三四十年来,在西洋,"Chinese studies"这个词才普遍起来,差不多有点要取代Sinology这个词的趋向。这有几方面的原因:第一,Sinology也许是从阿拉伯语称中国为Sin(秦),后来经过希腊语、拉丁语和法语而形成的,不易懂,一般人未必理解。再有,提倡"Chinese studies"的人多半认为Sinology偏向于中国传统学问,虽然涉及经、史、子、集等多方面,但都是细节性、纯学术性的研究。"Chinese studies"照一般理解就宽多了,既有一些老年学者仍旧从事传统学术工作,也有一些中、青年人运用西方近代社会科学方法和比较文学及语言学方法来研究中国问题。研究范围除学术以外,包括整个中国的政治、经济和文化。还有一点,就是"Chinese studies"对近代、现代、当代中国研究得很多,尤其是对当代历史和政治的研究特别多。这些是过去的"Sinology"所未曾涉及的。

问:现代这些学者提出"Chinese studies"这一概念是否包含某种否定、取代欧洲汉学传统的味道?

答:这不纯粹是取代。他们在研究近现代中国时并不排斥对古代中国的研究,在采用近代社会科学方法的同时,也适当继承了 Sinology 的方法和作风。有人还公开主张应该这样做,我的一位朋友 Denis Twitchett 教授二十多年前在《亚洲研究》学报上就这样说过,当时萧公权先生也参加过这种讨论。传统汉学家写文章的题目都很小,脚注都很长,很周到。现在的中国学家很多也是这样。

问:您觉得现在这两个词哪个用得更多一些?

答:这两个词都很常见。1963 年我刚到威斯康星大学来教书的时候,曾经要我们的学生组成一个"汉学界"(Sinological Circles)。我当时就想既要继承欧洲的"汉学"传统,同时也采纳社会科学、比较文学的方法来从事教学研究工作。"汉学界"中有很多学生来自东亚系以外,如政治学系、历史系、哲学系、社会学系、考古系和比较文学系等等。现在在美国研究中国或东方的几个重要刊物中有些偏重传统汉学,有些偏重社会科学角度。《亚洲学报》(*Journal of Asian Studies*)里的文章比较注重近代社会科学的方法,有时候研究近代、现代多一点;《美国东方学会会刊》(*Journal of the American Oriental Society*)的文章有点儿偏重汉学的传统,不过现在也吸收了一些社会科学的方法。另外,《哈佛亚洲研究学报》(*Harvard Journal of Asiatic Studies*)原来是侧重汉学,后来也开始兼重比较文学、社会科学的角度。欧洲的重要刊物,像荷兰的《通报》(*T'oung Pao*)和英国的 *Asia Major* 本来也都是传统汉学刊物,后来也受到一些现代社会科学和比较文学的影响。这两种方法(就是汉学的现代社会科学与比较文学和语言学的方法),我觉得中国学者也应该多兼顾学习。

日本方面稍有不同。日本当然也受到过欧洲汉学的影响,但它本身又有自己的传统。日本汉学家用功很勤,人数也多,历来特别注重资料的整理和工具书的出版，似乎不太发展理论性的解释，近些年自然也有了好些改变。

对大陆学术界的印象

问：先生对中国大陆学术界的印象，可否谈一谈？

答：大陆学者中，许多老先生受了乾嘉学风和"五四"以后"国学研究"或"整理国故"作风的影响，他们在这方面做得非常好，可惜后来受政治的影响，损失了很多时间和精力。"文革"以后恢复学术研究，他们的功夫当然都仍然很扎实。但另外一方面，除了时间、精力的损失之外，我觉得最大的问题是思想上的损失。很多很好的学者，尤其是中、青年学者，在改革开放以后力图摆脱原来的思想框框，可是无形中还是摆脱不了很深的影响。就是我自己的师友中，也可看到这种现象。

还有一点，就是四十年来把实事求是和精密求证的良好学术著作加上一个"繁琐考证"的怪帽子，一棍子打死。这种最不科学的态度大约是因政治化势力和懒人哲学发展起来的吧。虽然这在表面上看来是些小事情，不过很值得注意。多年来的思想习惯是很难一时摆脱的。在这一点上，西方的学者研究中国时也难避免。他们也往往摆脱不了他们原有的思想模式，拿这种固有的思想模式来套中国，有时难免也会有隔靴搔痒的毛病。

西洋汉学家的特点

问：周先生，您在《胡适对中国文化的批判与贡献》那篇讲演中，提到胡适在整理国故这方面提倡一种"祖孙的方法"。您说到胡适结合了西洋经典考证方法、西洋汉学家考证方法和中国传统的、尤其是乾嘉时代发展起来的考证方法。能不能请先生谈一谈在您看来这两种方法显著不同的地方在哪儿？

答：谈到华学（包括汉学与中国学），它和乾嘉的考据学与西洋汉学都有相通的地方。不过乾嘉考证比较窄一些，他们多半是训诂之学加上考证作者和书本真伪、年代等问题。当然，从广义说，这也非常复杂，牵涉到思想问题，艾尔曼（Benjamin A. Elman）教授在他的《从哲学到语言文字学》（*From Philosophy to Philology*）一书里对乾嘉考证学有相当详细的分析，值得参考，我这里只谈到一部分。大致上仍可说：西洋19世纪以来的汉学兴趣范围更广一些。在研究方法上，西方汉学常常是追根究底。乾嘉学者在书本文字上，在考订年代作者版本上做得非常周到、精致；而西方汉学家们力求深入，富于联想。比如说一个猿猴的"猿"字，中国传统的学者在面对这个字的时候，会从典籍中搜求这个字的起源，再征引一些经典、诗歌中的例子，指出什么地方有猿、有猿啼。最多讲这一些就算了，没有哪个学者会就这么一个小问题来写一本书。可是西洋汉学家就不一样了，高罗佩（Van Gulik）专门就这个字写了一本小书。他一定要弄清楚猿在生物学上是哪一种，在中国古文字中有些什么样各种不同的写法，中国诗人有多少写诗都以猿为衬托。不但如此，我们常常说"猿啼"，事实上很少有人听到过，可是高罗佩自己居然养了一些猿，有照片，并有猿叫的录音附在他那本小册子后面。所以，我还是从他的录音磁盘里第一次听到猿的叫声。我是想说西洋汉学家的传统和作风是从一个看起来很小的题目，穷根究底，其结论并不小。虽然会有些错误，像语言的隔膜和数据的不完备，但他们是尽量从各个角度把一个具体问题弄得很周到、很透彻。

中西基本概念和模式的不同

问：您刚才提到语言隔膜的问题。我想起很多西方汉学界争论的问题都是由这个造成的，特别是在文学研究中。比如说诗六义中"赋、比、兴"的"比"是否就是西洋文学批评中的"Metaphor"；再如"小说"一词，中国传统文学分类中的"小说"是不是与西方文学概念上的"fiction"一词可以对译。像这些问题一直是汉学界争论的热点。于是有些人觉得西方汉学更注重转介中国的学术到西方来，而不在追求学术本身的发展，并且进一步认为中国的学问似乎还得中国人来做。当然很多汉学家不以为然，像薛爱华（Edward Schafer）就说这是一种"种族批评主义",就像是说只有亚里士多德才能研究荷马一样。不知道先生是怎么看的?

答:关于"赋、比、兴、风、雅、颂"的观念,尤其是它们的初义,我在《古巫医与六诗考:中国浪漫文学探源》一书里曾有详细的讨论,却没有引起人太大的注意。我认为"比"和 simile,"兴"和 metaphor 的确相近,但不全同。至于 fiction 一词,我多年来在中国文学批评史班上就指出和传统中国"小说"一词意义不同。1988 年我在斯坦福大学讲授中国小说批评史,对"小说"一词的初义曾有详细的分析。中国传统词汇中实在没有像 fiction 这种名词,因为传统文论太重视写实,往往不作兴说是凭空虚造。司马相如公开使用"子虚""乌有先生"和"亡是公",可说大胆极了,但没有提出这种文类。直到金圣叹还把小说当成"因文生事"和"凭空虚造"看待,虽然他已能推重这样写作了。如果要把 fiction 恰当对译成原有的中文,就只能用拼凑的办法,译作"虚构故事"。当然这并不是主张把约定俗成的"小说"这个通名废掉,只不过是指出传统中国实在并没有 fiction 这一文类的观念。

至于"种族批评"主义的问题,我觉得中国学术倒不一定非得中国人才能研究。西方学者即使华文讲得很好,汉字看得很多,因到底不是母语,很难像中国人那样花那么多时间来看这么多的数据,看得那么广,这一点固然是他们的缺陷,但也不尽然如此。即使有许多人如此,这却也成就了他们的好处。他们如果研究一个问题很小,那部分资料尽量收到以后,就可以进行分析。他们的分析能力、逻辑训练往往比较好。再有,他们从旁观的角度看问题,有时候中国人不识庐山真面目,倒是西方学者会有一些新的想法。像高罗佩研究猿那样,题目看起来很小,资料也还不够完备,但他研究的角度、态度和方法都很新,既能看出他所具备的西方学术传统的训练,也能看出他自然科学方面的训练。

我觉得在做学问上,有两个基本的问题。一个是材料的充分掌握,还有一个是材料的充分理解。研究中国诗也好,中国文学也好,历史也好,哲学也好,要研究得很深入一定要对原文有透彻的了解,而且要掌握有关的全部资料或大部分资料。不管是中国学者还是外国学者,如果对资料掌握得不充分，理解得不透彻，研究起来都会有隔膜的，要透彻理解并不容易。举我自己的一些例子来说，最近几十年来，我花了很多时间探究对经典原文的理解。像《〈庄子·养生主〉篇本义复原》《〈易经〉"修辞立其诚"辨》《说〈论语〉"史之阙文"与"有马者借人乘之"》《〈孟子〉"义利之辨"别解》，还有在《红楼梦》研究中对"一从二令三人木"的解释。这些问题看起来很琐碎，事实上在中国文学、历史、思想和经典上却都相当重要。比如对《庄子·养生主》篇义和对《孟子》中"义利之辨"的理解牵涉到对他们的哲学、经济思想等多方面的理解。如果在文本上没有充分理解，就大谈孟子、庄子的哲学，常常会导致误解。所以几十年来我花了很多时间就这些最困难、最容易引起误会的问题想提出合理的解析，虽然我不能使每个人都信服，也不能说没有解释错，但起码应当有人做这种努力。每个问题都澄清了以后，再谈大问题似乎更稳当一些。这并不是说我反对研究大问题，我自己也讨论过大问题。我在写《"五四"运动史》的时候，谈到"五四"知识分子对中国传统和西方文化的态度，这本身就是个很大的问题。"五四"时期，顾颉刚先生和疑古派把中国古史都怀疑了，这对中国学术发展的影响太深远了。以前的中国古史好像是一个很精巧、很完整的花瓶。在疑古派手里，这个花瓶被打碎了，只剩下碎片，很难再凑成完美的图景。但是人人都有一种心理，都希望过去的历史是一幅完美的图画，于是大家都致力于花瓶的重建工作。可是如果那些具体的问题没有研究好，那些碎片很脆弱，没有粘补好的话，重建的花瓶还是很容易打碎的。做学问就是先把每一个重要的具体问题都解决了，在所能掌握的已有材料的基础上再建一个完美图景。

近代的汉学或中国研究，它的主要趋向是依照西洋思想体系和模式，强调分析和历史观念。这种研究方式，胡适之先生的《先秦名学史》和《中国哲学史》（上卷）有它的开创功用。这种方式优点很多不须细说。在另一方面，当然西洋思想的基本观念和模式也难得尽合于中国的传统思想模式。比如说，拿"哲学"这一词汇来取代"理学"或"义理"也未必能恰好相合。所以像钱穆先生就偏向用中国传统的观念、词汇和体系来解说中国传统。这种方式，好处在较能不太扭曲原义原貌，缺点是分析得仍不明白。由于西洋思想体系和模式，包括它的基本观念和词汇已在世界文化思想界形成了压倒的趋势，要避免或忽略当然已不可能，不过后一种研究方式（approach）也可用来矫正前者的缺失。我认为这代表两种基本方式和派别，问题很大很重要，值得深思明辨，进一步研究。

和胡适的同异

问：您觉得您所提倡和采用的这些研究态度和方法是不是受到胡适的影响？

答：我当然受到过他的影响，不过我觉得自己与胡适先生稍有不同。胡适主张"你有几分证据就讲几分话"，这也是一种乾嘉考证作风和西方科学的态度。杜威也是这么认为的。可是我在《古巫医与六诗考》中，提出了一个问题：在讨论历史或某个文化问题的时候，如果没有百分之百的证据，是不是可以在八分数据上作十分的推断呢？我认为在某种情况下可以。不过得声明这是一个假设或推断，并且指出证据是不充分的。这个假设当然有推翻的可能。希望将来找到新的证据，提出新的问题，得到新的解决办法，这就是学术的发展。在《古巫医与六诗考》那本书中，我自己有时候采用的就是以八分数据作十分推论的方法。还有，我对宗教不像胡先生那么持否定的态度，因此论诗文时也比较注重朦胧、"沉郁顿挫"和"言外之意"的好处。我对文言的功用，旧体诗词的成就也比较肯定，虽然我也充分承认白话文和新诗的优点、贡献和远大的前途。

对青年学者的期望

问：先生是不是可以谈一谈您希望我们这一代有志于国学研究的青年人采取什么样的态度和方法？

答：我觉得还是得从分析具体的问题做起，当然也可以综合，但需要很广博的知识才能做到。我在《"中外为体，中外为用"》那篇讲演稿中（原是为香港中文大学建校三十周年纪念会讲的，后载于《中国文化》1994年2月号）谈到过这个问题，对于宇宙、人生等等形而上学的问题，在小问题没弄清楚之前，我们当然会有一种哲学或思想倾向在里面，我们也希望有一套综合系统的看法，这样也会有益处。

关于分析和综合的基本思想，过去欧洲大陆重理性主义，英、美重经验主义。前者重演绎，后者重归纳。现在派别名目都很复杂了。恐怕重点还是如此。如何兼顾，实是问题。不论如何，学术研究的出发点也许会牵涉到认识论。比如说英国分析哲学里提出了一个 Sense data（感觉资料）的概念来区分实在的外在世界与我们所感觉、感知到的外在世界，这种假设可以解释很多问题，自成一个体系，这当然可作一出发点。我一直以为中国应多提倡学习逻辑和认识论作基础。浅近的形式逻辑，尤其是三段论法和归纳法，以至于认识论应该从小学和初中就开始灌输教育。国文一科应该分成创作和研究两方面发展。研究当然也可包括考据和义理，包括上面说的这些范围。

我们作具体研究的时候，也可以做一些大的题目，关系到原理、原则的大问题。但要作这方面的研究，最低限度应当把近代以来有关的研究成就、研究资料都掌握到了，对个别的一些技术问题（包括计算机信息等）也掌握到了才行。

有些问题看起来很小、很简单，但实际上也可以牵涉到很大。比如说研究一首诗、一首词，当然简单啦，可是我们也可以挖掘它为什么用那么一个主题，用那样的意象表达出来，而读者为什么又能欣赏呢？进一步可以联系到文言诗为什么会用这种表达方式，为什么如此运用就很美呢？

新诗和旧诗的世界

问：说到诗，周先生既是学者，又是享有盛誉的诗人，既写旧诗，又写新诗，旧诗的造诣很深，新诗也很有成就。先生可否谈一谈您个人是更喜欢写旧诗呢，还是更喜欢写新诗？有没有取舍？

答：新诗和旧诗有很多相通的地方，文字上、意象上都有相同、相似之处。割断传统的新诗创作也有，这种作品会给人一种新鲜的感觉；但如果有了旧诗的修养，再在新诗中发展新的意境也可以。如果新诗中有旧诗的意境，最要避免的是陈腔滥调、旧的套套。写旧诗更是如此，旧诗要写得好一定要有自己的话，即使不完全是自己的话，也要有自己新创的意境，把旧的语言创造成新的意境。总之，不管是新诗还是旧诗，新意境是第一重要的。

还有一点就是新诗和旧诗是两个不同的世界。几千年来旧诗的传统，形成了一种特殊的语言、意象，特殊的习惯，这是一个诗的宇宙。你得进入它那个世界里面才会知道它美在哪里，写旧诗得进入这个世界才写得出来、写得好。新诗也有它自己的世界。每一种诗歌传统都有其整体意境和境界在那里。再从小处说，每一个诗人、每一首诗也有它独有的世界。我们所说的世界和宇宙，过去都说"意境"，意义本相同，其实"意境"比较准确，因为这和"境界"都是心意所造成的，现在为了表示包含比"境界"更广，所以就用了"世界"和"宇宙"。

《红楼梦》的世界

不光诗是这样，其他文学形式也一样。小说家曹雪芹的《红楼梦》也有它独特的世界。这个世界不一定是大观园，大观园也不一定就是作者的理想世界。我个人觉得，《红楼梦》的理想世界应该是从每一个细节、每一段对话中反映出的作者所喜欢见到的全体，不是大观园，也不是太虚幻境。《红楼梦》的世界是作者创作的小说中所表现的整个意境，这个意境是从书的表面文字后面发现的，有时透露了一点，有时含而不露，它不一定是理想的，也可能是个大悲剧。这个整体意境就是这小说的世界。这个意境是很抽象的。

1980年我开了一个《红楼梦》研究班，当时我讲到《红楼梦》的世界有很多：首先是《红楼梦》本身所塑造出来的世界；其次是曹雪芹的理想世界；此外还有大观园那个小世界；还有太虚幻境那个梦中的世界；甚至每个人物和他的内心也可各有一个世界。理想世界须从文字背后去探求。《红楼梦》全书的世界应该包括其他的各个世界。后来我的班上的一个学生余定国,就根据这个看法写了一篇英文论文叫《红楼梦的"第三世界"》,曾在第一届国际《红楼梦》研讨会上宣读过。定国当然也有他自己的一些新看法。可惜我们这些看法很少受一般红学家的注意。

问:您刚才提到传统的诗也好,词也好,小说也好,都有一种独特的世界。我想年轻的学者在旧学的根基上、语言文字的修养上一定不及以前的那些国学大师,而西方的汉学家也会有语言隔膜问题。这对于他们进入和理解这种世界会形成一种障碍吗?

答:我想不会的。这种世界一方面是作者用文字所表现所暗示出来的,另一方面这种意境也不是全由作者本人所决定的。在没有读者的时候,这首诗、这篇小说是死的,也没有什么世界。在读者接触了、了解了这些文字之后,境界才生发出来。英美人喜欢用"generate"一词,好像阴阳极接触生电一般,书本一定要和读者接触才能生出意义和境界来。但读者的了解有多少、深浅、视角的不同。如果是一个很好的学者,对中国诗和小说的修养很好,可能他的了解会深入完备一些。可是不同的人,所得到的感觉和认识也就会不同,这和各人的性格、心情、文学修养,以至于文化背景都有关系。

诗的创作与翻译

问:那么您是否主张年轻人写旧诗呢?

答:如果旧诗的传统训练不够,与其写半通不通的旧诗,不如写新诗;写旧诗一定要读很多,一定要合于旧诗传统的整个世界。词曲也一样。这些东西不是不可以作,而是要作好才可以作。我在替萧公权先生的诗词集写的序中提到:胡适先生他们认为文言文已不是口头语言,所以不能用文言文来进行文学创作,要用白话。可是中国文言文是一种特殊的现象,与拉丁文、古希腊文不一样。这种书面语与口头语分离的现象在中国古来就如此。古代人也不用文言文讲话,起码南北朝以后文言文已开始逐渐衍变成了纯粹的书面语。它好比一种简化了的符号,像打电报的电文一样。它的好处在于不像口语那样容易改变。口语的音调、词汇、句法都在不断地变。文言读音可能变化，但字形不变，字义也比较稳定一些。所以我们可以读古人的原作，与古人沟通。再有，诗这种文体是最精致、简练的语言，有很多跳跃性、隐喻性，文言文恰好合乎这一特点。古人说话用白话，至少是近乎白话，写诗却用文言，像《红楼梦》里所表现的，自有他的道理。

几千年来中国诗的传统，乃是用这种文字所表达出来的。如果你把一首旧诗翻译成白话，你翻得再好，味道也不同，意境也不同，整个诗的世界也就都变化了。

问：要是中文诗翻译成英文或者其他文字呢？

答：更是如此。把中文翻译成英文或别种文字，要完全恢复原有的意境，绝对不可能。

美国诗人福劳斯特（Robert Frost）说过一句很有意思的话，他说："诗是什么呢？诗就是一首诗经过翻译后所遗失的那一部分。"这一方面说明了诗不容易下界说，另一方面也说明了诗无法翻译。当然诗仍有翻译介绍的必要，我自己也翻译过一些诗，只能尽其在我罢了。

问：那么好的翻译在您看来是不是就是好的创作？是不是在于译者自己所创造出来的境界呢？

答：好的翻译还是要尽量接近原诗所具有的意境，两种意境之间的差距越小越好。不过最成功的翻译一定是译出来的东西往往就像好的创作，是不是接近原作倒是次要的问题了。爱尔兰19世纪诗人菲茨杰拉德（Edward Fitzgerald）翻译11、12世纪波斯诗人兼数学家和天文学家莪默（Omar Khayyam）的"绝句"（Rubaiyat）百来首，美国诗人庞德（Ezra Pound）翻译中国诗，都为读者所喜欢，影响极大。这种翻译可说是最好、最有名的例证，虽然译作和原文有了很大的差别。

问：不同的诗歌传统之间也有相互间的影响。像中国新诗的世界不是受到西洋诗的影响很大吗？如果反过来，把大量的中国好的旧诗和新诗翻译介绍到西方去，翻译得好的话，会不会也对西方的诗界产生影响呢？学术上是不是也是这样，中国学者治学的方法与西方学者有很多不同的地方，把中国的学术文化介绍到西方来，会不会也会带来一种新鲜空气呢？

答：基本上我觉得把中国学问刻意推销到外国去，这有点传教士的作风。适当的介绍当然可以，过分地揄扬就有点自我吹嘘的味道了。中国文化早已超出了中国本身的范围，对西洋和其他文化早已有了不小的影响，这是毫无疑问的。近年来有人提出了"文化中国"这个概念，这一点李泽厚先生的访谈录中曾提到过。我在五十年代和费正清（John K. Fairbank）教授讨论过这个问题。我们两个人的共同看法是，我们谈中国，不限于政治意义上和领土概念上的中国，应该包括它的文化所影响的区域，因为它的影响远及日本、朝鲜和东南亚。后来费正清先生写了一本介绍哈佛东亚研究中心的小册子，其中就提到了这个观点，说中国作为研究对象应该是文化概念上的，而不是政治概念上的。

其实把中国的东西介绍到外国去和把西方的东西介绍到中国来一样，都是使人类丰富知识、发展知识。把自己探求来的知识让别人知道，不管东方还是西方都一样，本身就是一种学术上的创作，会有一种发现知识的快感。

我觉得不管在哪个学术领域，都应该采取发现和不断创新的态度，这种动机比较圣洁。在中国文化中特别应该提倡这种好奇心理和探索精神。西方很富于这种传统，像浮士德精神，这很值得我们学习。

我喜欢读《庄子》，可是《庄子·养生主》篇第一句话我最不同意，它说："吾生也有涯，而知也无涯，以有涯随无涯，殆已！"我多年以前就想，这上面该加一个"不"字才比较合适，"不以有涯随无涯，殆已！"人生有限，而知识无穷，若不时时刻刻不断大力探索，那才落伍，才真是危殆。其实庄子本人正是在不断追求，他学识渊博、思想深刻，实由于此。所以，他那句话只能反着看。他书中的话本来就有许多"吊诡"，许多是"正言若反"。

对《原学》的期望

问：最后，想请先生谈一谈对《原学》有什么希望。

答: 第一要创新,要有新的观点。当然是在承认前人研究创造的成果上创新,不能跟着别人跑,人云亦云。

再有就是在学术研究工作中,资料上要力求完备,要用累进的方式求知识。以前中国的学者学术著作写得最好的都是经过对前人的研究检讨和思索过的。像钟嵘的《诗品》序、刘勰的《文心雕龙·序志》篇,都透露出曾经历过这种过程。

还有一点,现在有一些人用中文写东西、用新方法来分析研究问题的时候在方式上有个缺点,就是很喜欢加入些时髦的词汇,新出的词语很多。其中有些当然是非用不可,因为它本身就是一个新概念,不用新词解释不清楚,可是也有很多人颇为生吞活剥,不能把它融汇到中文里去,显得很生硬、难懂。这一点胡适他们那一代人做得相当好。他们在介绍西方的学术和新概念时,用非常流利自然的中国语言表达出来,合乎中国的语言习惯。我希望《原学》也提倡这种文风和学术风气。

(原载于《原学》第四辑,1996年6月)

十一　对《中国北方诸族的源流》一书的几点看法

朱学渊博士把 2002 年 5 月北京中华书局出版他的书《中国北方诸族的源流》寄来，说准备在台湾出修订版，并要我写一篇序。我早先就读了他第一篇文章《Magyar 人的远东祖源》，他说 Magyar（读"马扎尔"，即匈牙利），事实上就是中国历史上的"靺鞨"族。他从"语言、姓氏、历史故事和人类互相征伐的记载中"，勾画出了一个"民族"的始末来，旁征博引，我认为有很大的说服性。后来他又讨论了通古斯、鲜卑、匈奴、柔然、吐火罗等许多种族和语言，一共收辑了九篇论文，还有"附录"和"后记"，就成了本书。

大家都知道，19 世纪下半期以来，欧洲一些汉学家由于兼识多种语言，而对中亚、远东诸族的姓氏和源流，多有研考，成绩可观。如斯坦因（Sir Aurel Stein，1865—1943）、沙畹（Edouard Chavannes，1865—1918）、伯希和（Paul Pelliot，1878—1945）、马伯乐（Henri Maspero，1883—1945）等尤为显著。中国的冯承钧（1887—1947）翻译了不少他们的著作。其实是应该全部都译成中文的。中国学者懂这些语言的太少，像陈垣、陈寅恪都已经去世了，季羡林教授又已年老，将来只能靠年轻一代。

学渊这本书远远超过前人，对北方各少数民族不但索源，并且穷流，指出亚、欧种族和语言融合的关系，发前人所未发。尤其难得的是，他本来是学物理学的，能不受传统人文学科的拘束，独开生路，真是难能可贵。读了学渊《中国北方诸族的源流》一书之后，不免有许多感想，这里只能提出几个问题来讨论。

"族"的观念

第一，中国人"族"的观念起源很早。至少于三千五百年前甲骨文中的"族"字，就是在"旗"字下标一支或两支"矢"（"箭"）。丁山解释得很对，族应该是以家族氏族为本位的军事组织。这种现象在北方诸族中，就可以看得很清楚，如《旧唐书·突厥传下》说的：

> 其国分为十部，每部令一人统之，号为十设。每设赐以一箭，故称为十箭焉。……其后或称一箭为一部落，大箭头为大首领。

这里的"箭"，本义为"权状"或"军令"，后来则转义为"部落"了。又像满洲"八旗制度"，将每三百人编为一"牛彔"（满语 niru，意为大箭）。因此"八旗制度"和"十箭制度"，也都在"旗"下集"矢"，是军事性的氏族组织。"族"与"矢"的这种关系，可以说中原汉族和北方民族是息息相通的。学渊说北方诸族是从中原出走的，这或许是个合理的证据。

箭是人类早期最重要的发明之一，对这个字的研究，自然非常重要。它在匈牙利语中是 nyil，芬兰语中为 nuoli，爱沙尼亚语中为 nool，竟都与满语的 niru 如此相近；而汉语中的"弩""笴"等字，是否与之相关？也很值得深思。中国古文字研究，重"形"和"义"之解释，固然有其特殊贡献，但忽略"语音"的构拟，已经被诟病得很久了。总有一天是要兼走这条路的，而舍比较语言学的方法恐怕不能成功。

唐太宗征辽东之役

关于唐太宗征辽东（高丽）的战争，正史中很多记载并不真实。在学渊的《Magyar 人的远东祖源》一文中，他详细叙述了这场战争，但引用的却多是中国官史的说法。多年前，好像柏克莱加州大学一位美国朋友赠我一文。他根据高丽方面的记载，说贞观十九年（公元 645）六月安市城（今辽宁海城南）之战，因高延寿、高惠真率高丽、靺鞨兵十五万来救，直抵城东八里，依山布阵，长四十里，抵抗唐军。唐太宗亲自指挥李绩、长孙无忌、江夏王李道宗（太宗的堂弟）等攻城，然而经过三个月还不能攻下。后来因为太宗中箭受伤，只得在九月班师。

可惜这篇文章一时找不到了，我只能从中国史料来重构一些真相，而中国官方记录都是一片胜利之声，实在离真事很远。据《资治通鉴》说安市之战时，李道宗命傅伏爱屯兵山顶失职，高丽兵夺据土山。太宗怒斩傅伏爱以徇，李道宗"徒跣诣旗下请罪"。太宗说"汝罪当死"，但"特赦汝耳"。据我看，太宗中箭，大约即在此时。而靺鞨兵善射，太宗可能就是中了靺鞨之箭。

《新唐书·黑水靺鞨传》说："高惠真等率众援安市，每战，靺鞨常居前，帝破安市，执惠真，收靺鞨兵三千余，悉坑之。"同书《高丽传》所说的"诛靺鞨三千余人"，当是同一件事。太宗对高丽军都很宽恕，独对靺鞨人仇恨，必非无故。九月班师，《通鉴》说是"上以辽左早寒，草枯水冻，士马难久留，且粮食将尽"，其实都只是借口。

《通鉴》又说，这年十二月太宗突然患痈疽，"御步辇而行"；"至并州，太子（李治）为上吮痈，扶辇步行者数日"。还有侍中兼民部尚书和礼部尚书刘洎，本是太宗的亲信大臣，"及上不豫，洎从内出，色甚悲惧，谓同列曰：'疾势如此，圣躬可忧。'"太宗居然用"与人窃议，窥窬万一，谋执朝政"的罪名，赐他自尽。其实他不过是透露了太宗受箭伤的消息，竟惹来了杀身之祸！

《通鉴》还说，二十年二月，"（太宗）疾未全平，欲专保养，庚午（阳历3月29日），诏军国机务并委皇太子处决。于是太子间日听政于东宫，既罢，则入侍药膳，不离左右"。褚遂良谏太宗多给太子一些闲暇，说明太宗已把责任都交给太子了。二十二年五月，太子率更长史王玄策击败天竺（印度），得其方士那逻迩娑婆寐，自言寿二百岁，有不死术。太宗令他"采怪药异石"，以求"延年之药"。据我看，太宗是想要治箭疮。二十三年（公元649）五月己巳（阳历7月10日），太宗服丹药反应崩驾，他死后四天才发丧。当时宣布他年五十二，实际只有五十岁。中国后世史家，甚至写唐史的人都很少留心敌人方面的记载。我只注意到钱穆先生的老师吕思勉在他的《隋唐五代史》里就怀疑官方的说辞。他说：

> 《新唐书·高丽传》曰：始行，士十万，马万匹，逮还，物故裁千余，马死什七八。船师七万，物故亦数百。《通鉴》曰：战士死者几二千人，马死者什七八。此乃讳饰之辞，岂有马死什七八，而士财（才、仅）丧百一之理？

当然，他还没有注意到高丽方面的记录，可是有此见解已很不容易了。

李唐家族血缘与长孙皇后

关于李唐家族的血缘，前人也有些研究。陈寅恪曾发表两篇论文，认为唐朝皇室基本出于汉族。日本学者金井之忠发表《李唐源流出于夷狄考》一文反驳。陈寅恪又写了《三论李唐氏族问题》来答复。陈说：李唐祖先李熙及妻张氏皆汉族，其子李天赐及妻贾氏亦皆汉族，其子李虎自系汉族，虎妻梁氏固为汉姓，但发现有一例为胡人，乃只好作为可疑了案。陈寅恪是依传统，以男性血缘为主，所以终于认定李唐为汉族。

依照我从男女平等的看法，张姓本多杂胡姓，李唐皇室早已是混血种。李虎之子李昞本身已可疑，其妻独孤氏（即匈奴屠各氏，后改刘氏）当是胡族。他们的儿子李渊（高祖）必是汉胡混种，胡血可能在一半以上。李渊的妻子窦氏（太宗之母）乃纥豆陵毅之女，更是鲜卑族胡人。所以唐太宗的胡血，至少有四分之三。太宗的妻子长孙皇后（高宗的母亲），是拔拔氏（史亦称拓拔氏，也就是拓跋氏），高宗身上汉血的成分已很少很少了。

据陈寅恪考定，高宗做太子时，即烝（上淫曰烝）于太宗的"才人"武则天，太宗死后便直接娶了她。为了避免显得他是直接娶了父亲的爱妾，便又伪造武则天先在感业寺为尼，然后才把她娶来的假故事。

这虽像掩耳盗铃，但于胡血甚浓的李唐家族来说，从"父死，妻其后母"的胡俗，又有什么可惊怪的呢？皇族还可略加追索，至于一般老百姓，当然更是一篇糊涂账。

中国历来对姓氏和血缘的研究就不用心，章太炎在《自述学术次第》中说："姓氏之学……所包闳远，三百年中，何其衰微也！"姚薇元于抗战前师从陈寅恪，他在1963年出版《北朝胡姓考》，于"绪言"中说自己是"以蚊负山"，也不为无故。

这里还必须指出，太宗的妻子长孙皇后，于贞观十年六月己卯（阳历7月28日）因病去世，实年仅三十五。她的英年早逝，对唐朝的命运关系重大。身为皇后的她，既好读书，又反对外戚弄权。她的哥哥长孙无忌与太宗是"布衣交，以佐命为元功，出入卧内，帝将引以辅政，后固谓不可"。她向太宗说："不愿私亲更据权于朝。汉之吕、霍，可以为诫。"（《新唐书·后传》）太宗不听，任无忌为尚书仆射，即宰相之职，她却勉强要哥哥辞谢了。她一死，无忌就当了权，扶持了外甥李治做太子。亲征高丽时，有人建议直取平壤，无忌却主张先攻安市，结果有太宗的中箭。

后来高宗因常患"风眩"，一切由武则天控制。她把唐朝宗室几乎杀尽，连太宗的爱女和女婿，和她自己的儿女也遭诛杀。长孙无忌遭贬谪赐自尽，褚遂良则死于贬所。武则天终于篡了天下，做了皇帝。说来，在玄武门事变中，太宗把同母兄太子建成射死；自己后来也因中箭伤而崩驾，可谓报应不爽。而他让人把胞兄建成和胞弟元吉的头割下来示众，还把他们的十个儿子都杀光。时元吉仅二十三岁，想必他的五个儿子不过几岁，小孩又有何罪？

赵翼在《廿二史札记》里说："是时高祖尚在帝位，而坐视其孙之以反律伏诛，而不能一救。高祖亦危极矣！"《通鉴》则评得更痛快："夫创业垂统之君，子孙之仪刑（模范）也，后中、明、肃、代之传继，得非有所指拟（摹拟），以为口实（借口）乎！"那几代皇帝都要靠军队平难，方能继位。太宗虽然是一个历史上的好皇帝，但他也为本朝后人树了坏规矩。上述的这些恶果，多少与长孙皇后和魏征的早死有关。魏征死于征辽之前两年。太宗在战事失败后，曾叹曰："魏征若在，不使我有是行也！"

太宗服丹药丧命，也是皇室的坏榜样，赵翼的书中就有《唐诸帝多饵丹药》一条。贞观二十一年高士廉卒，太宗欲去吊唁，房玄龄谏阻，"以上饵药石，不宜临丧"。长孙无忌更一再拦阻。这还不是那印度方士的药，但可见他早就在服丹药了。多年后，李藩对唐宪宗（806—820年在位）说，太宗"服胡僧药，遂致暴疾不救"。说的才是那印度方士的药。至于好色和乱伦，更是唐朝皇帝们的家常便饭了。

阿伏于？阿伏干？

最后，我想质疑学渊在《Magyar 人的远东祖源》的一个说法：他引用马长寿的结论说"阿伏于是柔然姓氏"，并且推论说：柔然是继匈奴、鲜卑之后，称霸漠北的突厥语族部落，公元 508 年被高车族重创。又据欧洲历史记载，一支叫 Avars 的亚洲部落于 568 年进入东欧，曾经在匈牙利地区立国，并统治巴尔干北部地区二百年之久，865 年为查理曼帝国所灭。欧洲史家认为 Avars 是柔然之一部；学渊以为 Avars 就是匈牙利姓氏 Ovars，或"阿伏于"的别字。很可能是在 9 世纪末，Avars 与 Magyar 人融合，而成为匈牙利民族的一部分。

我原来以为学渊的推测很巧妙，可是一查他在注释里引马长寿的《乌桓与鲜卑》一书中所说的，不是"阿伏于"，而是"阿伏干"。再查马氏所根据的《魏书·长孙肥传》附其子长孙翰传曰：

> 蠕蠕大檀入寇云中，世祖亲征之，遣翰率北部诸将尉眷，自参合以北，击大檀别帅阿伏干于柞山，斩首数千级，获马万余匹。

马氏认为入寇云中是在公元 424 年。我查得柞山是在绥远界内，今属内蒙。

据陈连庆著《中国古代少数民族姓氏研究》（吉林文史出版社，1993年初版，198 页）说：

《魏书·官氏志》说："阿伏于氏后改为阿氏。""于"字系"干"字之误。《姓纂》七歌、《氏族略》均不误。《广韵》七歌误作"于"。

陈氏又说：

《魏书·高祖纪》云："延兴二年（公元472）二月，蠕蠕犯塞，太上皇（献文帝拓跋弘）召诸将讨之，虏遁走。其别帅阿伏干率千余落来降。"

为什么在四十八年之后，阿伏干又来投降北魏？我再查手头的中华书局标点本，原来陈氏又将"阿大干"错写作"阿伏干"了，他们不是一个人。我以为"阿伏干"读音，最接近"阿富汗"（Afghan），而阿富汗人多数说的是一种属于伊朗语言（Iranian language）的普什图语（Pashtu）。当然阿富汗之名的由来还须查实，1970年版《大英百科全书》说Afghan的名称是6世纪印度天文学家Varaha-mihira首先提到，当时用的是Avagana。同时期的中国历史似亦有线索，《魏书·西域传》记载过"阎浮谒，故高附翕侯，都高附城"，古之"高附"，就是今之喀布尔（Kabul）；莫非"阎浮谒"就是阿富汗？此事还望学渊作进一步探索。

我在这篇序里要强调的有几点：

（一）凡对外、对内关系或战争，都应该要比较对方的记录，平衡判断。（二）官方的宣传和记载，不可尽信。（三）偶发事故，像长孙皇后和魏征之死等，往往可有长远重大的后果，历史并非有必然定律可循。（四）美国素来以世界诸族熔炉自豪，当然可贵，但还只有三数百年发展；中国却早有三数千年的民族融合了。语言、血族、文化、文明的和平交流融会，更可能是将来的趋势。我看这也是朱学渊博士此书最重要的贡献。

2002年10月5日写成于美国威斯康星州陌地生市之弃园

（原载于台北《历史月刊》，2003年1月）

十二 说"来"与"归去来"

汉语中作为虚词用的"来"字,其演变经过与意义,自来尚无确切的解说。裴学海所著《古书虚字集释》对这字的第一个解释是这样的:

> 来:犹"哉"也。"来"与"哉"叠韵,古通用。《书·立政》:"是罔显在厥世",汉石经"在"作"哉"。《皋陶谟》:"在治忽",《史记·夏本纪》作"来始滑"。是"在""哉""来"三字古皆通用,故"来"可训"哉"。
> 《孟子·离娄》:"盍归乎来!"
> 《庄子·人间世》:"尝以语我来!""尝",试也。又:"子其有以语我来?"
> 《大宗师》:"嗟来桑户乎!"
> 《礼记·檀弓》:"嗟来!食。"此"嗟来"与《孟子·告子》"嘑尔而与之"之"呼与"同义。……①

这儿释"来"为"哉",本是很有意思的假设。"来"与"哉"叠韵,"在"与"哉"古通,都无问题,但他所举"在""来"相通的孤证,还不能成为充足的理由。"在治忽"一词,《史记索隐》已称:今文《尚书》作"采政忽"。而《汉书·律历志》则作"七始咏",《隋书·律历志》作"七始训"。于省吾以为应作"在司训",因"在"字金文作ㄓ,

---

① 裴学海:《古书虚字集释》,台北:广文书局,1974年版,515页。

七作╈，形似而讹。① 按"在"与"来"形、声也都相近，很难说"来"字不是"在"字之误。而且若把"有以语我来"读成"有以语我哉"，似乎失去了命令语气。

王引之在《经传释词》里把作为虚词的"来"分为"句中语助"和"句末语助"两种：

> 来，句中语助也。《庄子·大宗师》："子桑户死，孟子反、子琴张相和而歌曰：'嗟来！桑户乎！'""嗟来"犹"嗟乎"也。
>
> 来，句末语助也。《孟子·离娄》曰："盍归乎来！"《庄子·人间世》曰："尝以语我来！"又曰："子其有以语我来！"

这样把"嗟来"当作句中语助似乎没什么道理。杨树达却认为这种"来"字都是"语末助词，无义"。这种"无义"的说法最不妥当，因为每个字自有它的功用和意义，否则何必要它！但他又接着说："按今语之'咧'，疑由此字变来。"他没有列举理由。

"来"字变成叹词，恐怕有它独自的根源。如果音义上与"在""才""哉"有什么关系，也许还是稍后的牵连，但仍有其区别。《说文》云：

> 来，周所受瑞麦，来麰，一来二缝（夆），像芒束之形。天所来也，故为行来之来。《诗》曰："诒我来麰。"凡来之属皆从来。

这里对"来"字的本义和后起义说得很明白，似乎也很近理。甲骨文"来"字作来，自是象形。殷代早已有麦，固不仅为周所受，但周以农业而兴，则此种传说也并非无理。但这字何以成了叹词或衬字，却还没有很满意的解释。我颇疑心，这字作为发声词与"和（龢）"字的情况相似，或系由于禾麦管可吹出声音，或系由于古代耕稼时人们多哼出歌

---

① 于省吾：《双剑誃尚书新证》，台北：艺文印书馆，卷一，7、8页。

声,既祈求禾麦之丰盛,心理上自不免自然地唱出这两个音调来,便成了最普遍的和声词。

不过在甲骨文中"来"字便已用作到来之来了,所以当成叹词用时,还往往带有这个含义。这大约是从呼唤声"来!"而起的,希望麦来,与呼唤人来或别的东西来,都可能用这唤声。这字大约也可写作"勑"、"徕"或"倈"。《说文》"来"部:

勑,《诗》曰:"不勑不来。"从来,矣声。徕,勑或从彳。

今本《诗经》中没有这句诗。但《尔雅·释训》有:"不俟,不来也。"陆德明《经典释文》注此称:"俟应作勑",并说:"事已反。待也。宜从来。本今作俟字。"又《说文》彳部:"待,竢也。从彳,寺声。"言部:"诶,可恶之辞。从言,矣声。一曰诶然。"按"诶""竢""勑"三字制作的原则也许很相近,"诶"(唉)是普通的叹词,"竢"是叫对方立待的声音,"勑"则是叫对方来的声音。段玉裁注《说文》"勑"字道:

"江有汜"(22)之诗:"不我以",古作"不我勑"。"勑"者,来之也。"不我勑"者,不来我也。

段氏这说法是对的。"来之"不仅是唤来之意,而且是唤"来"之声。例如《战国策》颜斶说齐王,有"斶前!""王前!"、《庄子·天运》有"子来乎!"《庚桑楚》有"小子来!"《让王》有"回(颜回)来!"《盗跖》有"使来前!"及两唤"丘(孔丘)来前"。古人以"来""矣"合文,也许近于我们说"来啊"吧?作这种叹词用的"来""勑",有时也写作"徕"或"倈"。"彳"在甲骨文中作"㣔",是十字路口"行"(行)的一半,这儿以象形表示有行路之意。"来"字本已有行走的意义,后来加"彳",只是一种分类符号。这种例子很多,我尝把它叫作中国古代最详细的"标"点符号,不应叫作"意符"或"形符"之类,因为这样易和基本的"会意"字等观念混淆。至于从"亻",则是为了表示一种状态或发声。《说文》中这种例子也不少。又例如《楚辞·九辩》云:"去乡离家兮徕远客。"王夫之云:"徕,一作来。"

"来"字古音与厘相似。古"咍""之"韵属一部。《诗经》及屈原赋中"来"常与"思"叶韵。《诗·周颂·思文》:"贻我来牟"句,《汉书·刘向传》引作"厘牟"。《尔雅·释草》:"厘,蔓华。"《说文·艸部》:"莱,蔓华也。从艸,来声。"徐锴云:"厘与来音同。"陆德明(公元556—627)《经典释文》往往注"来"字音为"厘"。他自有所本,但他连这种常用字也特别注音,也许唐代这字即已和"厘"字读音有区别了。至少作动词用和作叹词用的"来"字读音已略有不同。[①] 试看宋本《广韵》对下列各字注音的情形:

上平"咍"部:落哀切:

来——至也,及也,还也,又姓,俗作来。
逨——至也,又力代切。
徕——还也,又力代切。

上平"之"部:里之切:

厘——理也,一曰福也。
倈——倈、来,见《楚辞》。

上平"皆"部:

唻——唱歌声,赖谐切。

上声"海"部:

唻——啰唻,歌声。来改切。又力谐切。

上声"止"部:床史切:

竢(俟)——待也。又音祈。

[①] 高本汉所注"来"字的上古音、中古音及现代国音为 eg/lâi/lai;"厘"字为 lieg/lji/li。

> 秾（徕）——不来也。《说文》引《诗》曰："不秾不来"。

这末条训"秾"为"不来"，显然是误以肯定为否定了。北宋末年，吴县人范成大（公元1126—1193）便好像只知吴语"来"读作"厘"，且不确知汉以前便如此。他说：

> 吴语谓"来"为"厘"，本于陆德明。"贻我来牟""弃甲复来"，皆音"厘"。德明吴人，岂遂以乡音释注；或者古本有厘音耶？（《吴郡志》卷二）

他更不知古代"来""厘"有时是通用的。

"来"字作为呼唤叹词的最早记载，还不易确定。《诗·小雅·四牡》（162）："岂不怀归？是用作歌，将母来谂。"这"来"字似乎已不是纯粹到来的意思了。西周的诗句说到到来的"来"字时，有时下面接有叹词。如宣王（前827—782）时的作品《出车》（168）道：

> 我出我车，于彼牧矣；
> 自天子所，谓我来矣！
> ……
> 昔我往矣，黍稷方华；
> 今我来思，雨雪载途，
> 王事多难，不遑启居；
> 岂不怀归，畏此简书。

又同时代的，也见于《小雅·采薇》（167）：

> 曰归曰归，岁亦阳止。
> 王事靡盬，不遑启处。
> 忧心孔疚，我行不来。

……
昔我往矣，杨柳依依；
今我来思，雨雪霏霏。……

这儿的"来矣!"可能是说"来了!"或"来哪!"而值得注意的还有"来思"与"往矣"两次为对文。"往"和"来"相对的，本来就很多，这里的"思"和"矣"也就相类似。"来思"和"来矣"意义或许相近，"来思"恐怕更近于现在的苏白"来哉!"这种例子在《小雅》中还有《南有嘉鱼》(171)的"烝然来思"，《无羊》(190)的"尔羊来思""尔牛来思"及"尔牧来思"。

《诗经》中的"来"字已有只表示一种普通向前动作的意义，而不表示"到来"之意，比上举"将母来谂"之例更清楚的还不少，作为命令语气的如《大雅·江汉》(262)的"来旬来宣"。此外也有当"去"的意义用的。

而最值得注意的则有平王（前770—720）东迁后在洛城附近的民谣《丘中有麻》(74)。这诗说：

丘中有麻，彼留子嗟；
彼留子嗟，将其来施。

丘中有麦，彼留子国；
彼留子国，将其来食。

丘中有李，彼留之子；
彼留之子，贻我佩玖。

这里的"将其来食"很可和春秋时代黔敖说的"嗟来食"对照看。《礼记·檀弓下》这段原文如下：

齐大饥，黔敖为食于路，以待饿者而食之。有饿者蒙袂辑屦，贸贸然来，黔敖左奉食，右执饮，曰："嗟来食！"扬其目而视之。曰："予唯不食'嗟来'之食，以至于斯也。"从而谢焉，终不食而死。曾子闻之，曰："微与！其'嗟'也可去，其谢也可食。"

从饿者的答语看来，"嗟来"两字似乎是连着说的，再从曾参（公元前505—?）的话看来，则"嗟"似乎是比较不受欢迎的叫唤声。《诗》中的"食"字，《毛传》训作"子国复来，我乃得食"。与"嗟来食"的"食"字相似；《郑笺》则读作"飼"。从上下文"施""贻"看来，作"饲"或许较确。"将"字恐非如《楚辞》中常用的发语词"羌"。"其"字大约也非语助词，不是表示愿望或疑问的意思。① "将其来食"的"来"字前即使有叹助词，但是否为直接叫唤声，仍颇难断言。事实上，作为自我独白看来也未为不可。《魏风·陟岵》（110）有：

父曰："嗟！予子行役，夙夜无已。上慎旃哉！犹来无止。"

下文重叠句尚有"犹来无弃""犹来无死"。这"犹"字过去《毛传》训"可"，朱熹训"尚"，实无定论。② 我现颇觉此字是助词或叹词。《礼记·檀弓下》有"咏斯犹，犹斯舞"。郑玄注、孔颖达疏都认为"犹"是"摇"之误。我想也许是《说文》释作"徒歌"的"䚻"（谣）字，徒歌即是"足之蹈之"而歌。《诗》中的"犹来"，"犹"字也许如"曰""咨"等字一般而成了叹词，也说不定。

约作于公元前 8 世纪的《石鼓文·而师》石残文有：

······
昊蒦（获）信（字残）复，

---

① "将其"之"其"，本义似为箕。秦汉间人犹常以饭器为名，如"郦食其""审食其"。《史记集解》引郑德曰："郦食其音历异基。"又《正义》云："历异几三音也。"看下文论"朅""弃"字一段。

② 董同龢译：《高本汉诗经注释》，台北，1960 年版，282—283 页。

□（字缺）吴肝来。
□□其写，
小大吴□。
□□来乐，
天子□来。
嗣王始□，
古（故）我来□。

此石乃秦王渔猎归来后所作，道其盛况。"肝"字原拓作"𣪘"。旧多释"肝"，自是错读。郑樵释"肝"，郭沫若从之，但字书没有这个字。强运开也作为肝，但引《尚书·吕刑》："王曰：'吁来！'"及孔安国传："吁，叹也。"与"吁，马作于。于、於也"。说："窃疑《鼓》言'肝来'亦即'吁来'也。"我以为这假设是对的。这字的基本形式本来是"于"，后来加"口"或加"月"，作为标号。正如《说文》肉部的"朒"字"读若《诗》曰：'啜其泣矣'"。其实"肝"字正是《说文》中的"訏"字。这书训"訏"字的或义为"訏謇"，而于"謇"（謘）字则云："咨也，一曰痛惜也。"段玉裁即云："今字作吁嗟。"

"吁"在古代是一种较长较大的呼唤声。（《韩非子·解老》："竽也者，五声之长者也。"《方言》："于，大也。"）凡祈祷什么东西来降时，往往用吁嗟之声。如"雩"字《尔雅》"释训"便说是"舞号雩也"。《礼记》"月令"郑玄注更说："雩，吁嗟求雨之祭也。"可见"雩"之名即由这种吁声而来。

古代人在丧事之初，有"招魂复魄"的风俗。周人叫作"复"。人初死，不可即葬。必使招魂的人——"复者"，戴着特殊的头巾，披上特殊的制服，拿了死者的衣服，爬上屋顶，北向高声三呼死者的名字，叫他（或她）回来。随即把那死者的衣抛在前面的箧里，然后穿在尸体上。初意大约是尚欲待死者的复活，同时，其旧衣使死者易认识也。后来便成了一种固定的仪式。《仪礼·士丧礼》说：

十二 说"来"与"归去来"

士丧礼：死于适室，幠用敛衾。复者一人，以爵弁，服簪裳于衣左，何之，扱领于带。升自前东荣中屋。北面招以衣。曰："皋！某复！"三。降衣于前，受用箧。升自阼阶以衣尸。复者降自后西荣。

《礼记·丧大记》也有这样的记载：

复，有林麓，则虞人设阶；无林麓，则狄人设阶。小臣复。复者朝服，君以卷，夫人以屈狄，大夫以玄赪，世妇以襢衣，士以爵弁，士妻以税衣。皆升自东荣。中屋履危。北面三号。卷衣投于前，司服受之。降自西北荣。其为宾，则公馆复，私馆不复。其在野，则升其乘车之左毂而复。复衣不以衣尸，不以敛。妇人复，不以袡。（注：嫁时上服）凡复，男子称名，妇人称字。唯哭先复。复而后行死事。

《礼运》篇也说：

及其死也，升屋而号。告曰："皋！某复！"

又《檀弓下》对"复"作下面的解释道：

复，尽爱之道也。有祷祠之心焉。望反诸幽，求诸鬼神之道也。北面，求诸幽之义也。

这儿说的"皋！某复！"恐怕是周人的官话或方言。段玉裁认为"古'告''皋''嗥''号'四字音义皆同"。郑玄注："'皋'长声也。"这"皋！复！"与"吁！来！"形式上颇相近。但古书上的直接呼唤声用"皋"与"复"的很少见。我颇怀疑，也许"吁！""来！"更近于口头语，也许是殷人或南方或东南方人更常用的口语。《仪礼·士冠礼》曾说：

> 周弁。殷冔。夏收。

《礼记·檀弓下》也说：

> 周人弁而葬。殷人冔而葬。

又《王制》云：

> 有虞氏皇而祭，深衣而养老。夏后氏收而祭，燕衣而养老。殷人冔而祭，缟衣而养老。周人冕而祭，玄衣而养老。

"冔"字从"冃"从"吁"。《说文》："冃，小儿蛮夷头衣也。"可见冔是葬、祭礼时所用的头巾。但字从"吁"，则与呼唤有关。是否殷人的"复"便戴这种头巾并作这种呼嗟呢？

"复"字和"往""来"在周代早期的文献中颇常见。《周易》中有"复"卦。① 《说文》彳部："复，往来也。从彳，夏声。"盖往而重来为复。古但作"夏"。《说文》夂部："夏，行故道也。"甲骨文作 🐾 或 🐾，颇像人着大冠，难索行故道之义。陈邦怀以为像亭形，但细审亦不似，若其上半为《说文》所谓"人所为高丘"之形的"京"字一部分，恐有死者回复之意。或者作为"复者"的象形似亦可通。

古人本来相信人死了便是"归"去了。所以《礼记·檀弓下》记着孔子描述延陵季子举行葬礼，于既封之后，"且号者三，曰：'骨肉归复于土，命也。若魂气则无不之也，无不之也！'"又《祭义》篇："众生必死，死必归土。"《庄子·田子方》："死有所乎归。"《说文》也说："人所归为鬼。"《尔雅·释言》更说："鬼之为言归也。"郭璞注引《尸

---

① 陈·沈炯：《归魂赋》序云："古语称：收魂升极。《周易》有'归魂卦'，屈原著《招魂》篇，故知魂之可归，其日已久。"

子》①:"古者谓死人为归人。"《左传》子产说过"鬼有所归,乃不为厉"的话。《礼运》篇也说:"魂气归于天,形魄归于地。"《左传》"昭二十"及"襄三"并有"归死"一词。

因此"复"在招魂的这一意义说来,实是归而复来了。这种失去而再来的观念在《易经》的"复"卦里说成"反复其道,七日来复"。即所谓阳气由剥尽而来复。这种意义也牵涉到"来归"一词。本来自外而来,都可叫"来归"。如《诗·小雅·六月》(177):"来归自镐。"② 但用到妇女方面,却把出嫁叫作"归",回娘家则叫"来",而被休弃回娘家则叫"来归"。如《谷梁传》隐公二年(前721):"妇人谓嫁曰归,反曰来归。"《左传》庄公廿七年(前667):"凡诸侯之女,归宁曰来,出曰来归。"而《公羊传》同年也说:"大归曰来归。""大归"用于妇女是被出,是来不再归。但这一词若用到人生方面却有"死"之义。《庄子·知北游》说:"魂魄将往,乃身从之,乃大归乎!"这是由于认死是归去的缘故。

相反的,出生则有"来"的意思。这种看法可能起源很早。《周易》"离"卦"九四"的繇词说:

突如:其来如?焚如?死如?弃如?

这一条的意义似乎从来就没有释对。旧释以"突如其来如"为句,以致造成"突如其来"的成语。《象》传释为"无所容",固是望文生义,王弼、孔颖达等以"明道始变"说之,亦为穿凿。即近人高亨,仍采丁晏、丁寿昌旧说而补充之,说是对不孝子的刑罚:"不孝之子,既逐出焉,彼复来焉,则罪重者焚焉,其次死焉,更次弃焉。"我以为这只是卜流产的爻辞。(宋)吕祖谦《古易音义》说:

---

① 亦见《列子·天瑞》篇。
② 《荀子·议兵》篇:"虚腹张口归我食。"义别。

突，晁氏（北宋晁以道：《古周易》，书久佚。）曰："京（房）郑（玄）皆作㐬。"

"突"应作"㐬"。《说文》云部云：

> 㐭，不顺、忽出也。从到子。《易》曰："突如其来如。"不孝子突出，不容于内也。凡㐭之属皆从㐭。㐬，或从到古文子，即《易》"突"字。

按《说文》不另见"㐬"字，但㐬部有"㳅"字，云："水行也。从㐬、㐬。㐬、突忽也。流、篆文从水。"这儿以"突忽"释"㐬"，可见"离"卦中或作"突"或作"㐬"，不为无故。婴儿突忽出生，未全长成，是为"㐬产"。㐬之初义殆为产子流血之象。今甲骨文中有 ，， ，， ，， 诸字，现皆释作"育"字。王国维说：

> 此字变体甚多。从女从 㐬。（倒子形，即《说文》之㐬字。）或从母从 㐬，象产子之形，丷、丷、丷者，则象产子时之有水液也。从人与从母从女之意同。以字形言，此字即《说文》"育"字之或体"毓"字。毓从每（即母字）从㐬（即倒子），与此正同。其作 、 者，从肉从子，即育之初字。而 字所从之 ，即《说文》训"女阴"之"也"字。其意当亦为"育"字也。故产子为此字之本谊。①

王说颇谛。惟甲骨文这字所从之"子"，有倒顺之别，其头在下与在上者是否应有区别，颇有可疑。《说文》训"育"为"养子使作善也"。而

---

① 金文育（毓）作 或 ，可参看。

对"㚹"的解释则为"不顺忽出"或"突忽"。婴孩出生,头先出为常。篆、籀诸字现皆从倒"子",恐已失去最早如甲骨文中倒顺有别之意了。倘头在下的作"育"字,则头在上的或为逆产的"突"或"㚹"字,此从"弃"字所从之"子"字头在上可推知也。《说文》"突"字或训"滑",当指㚹产。

不论如何,"离"卦这则繇词应释作:"忽有流产啦,是生育么?该烧掉?弄死掉?抛弃掉?"("弃"字甲文作🖼,即是两手持箕弃婴之状,是初义本如此也。又上引王弼等以"明道始变"释此词,固然不对,但"变"字或有所据。"流"有"化"义,《广雅·释诂》卷三上云:"流、变,化也。"按"化"字本系孵化之意,是或为"流"原有生育谊之一证。汉代作品中常有"流化""流弃""流离"诸词,固有他训;然颇似古义之遗迹,且"离"卦爻辞之影响,或可见也。)《谷梁》庄三年传:"三合而后生。"《楚辞·天问》有"三合""何化"。

如果上面的训释可信,则"来"字似有生命到来或出生的意义。当然,"来"字的普通意义多为"到来",但这生命到来的含义使我们更易了解,何以在古人招魂时或求神灵下降时多用"来"或"归来"。如《九歌》:

灵之来兮如云。(《湘夫人》)
儵而来兮忽而逝。(《少司命》)
灵之来兮蔽日。(《东君》)

招魂之风,盛于南方,也许由于徐、楚与殷商文化关系较密之故。《楚辞》中的《招魂》,王逸说是宋玉所作以招屈原的生魂。后人据《史记·屈原传》认为是屈原所作以招怀王生前或死后之魂。也有认为系屈原自招之辞。然此篇大抵是公元前3世纪的作品,似无问题。通篇都用"归来"为召唤词。如:

魂兮归来!去君之恒干,何为四方些?……

> 魂兮归来！东方不可以托些！……
> 归来归来！不可以托些！……

至于《大招》，王逸以为或系屈原作以自招，或系景差所作。梁启超认为是汉人所作。这里招魂的唤词则用"归徕"或"徕归"。如：

> 魂魄归徕！无远遥只！
> 魂乎归徕！无东无西，无南无北只！……
> 魂乎归徕！国家为只！……

王逸给这前两个"归徕"都注道："一作徕归。"而对这第一个"魂乎归徕"又注说："一云：魂乎归兮。"这样看来，"徕归"仍旧像上文说的对妇女用的"来归"一般，妇女出嫁为"归"，回娘家为"来归"；魂魄离体他去是"归"，（但照《庄子》则亦称"大归"，乃与用于妇女者有别，引见上文。）回躯壳则叫"徕归"。倘依王逸异文，"归徕"一作"归兮"，则"徕"字似乎又像一个叹词了。也许我们可以这样假定，早期"归"字可用以说是死去，但"来归"或"归来"，在招魂的习惯上，却是唤回生命之意，也就是《招魂》篇中所谓"魂兮归来，反故居些"之意，"故居"即躯壳，是魂魄的娘家。妇女的娘家并非她的归宿，正如人世并非生命的归宿，生命的归宿却是死去。故庄子名之曰"大归"或"归"。《齐物论》说："予恶乎知恶死之非弱丧而不知归者邪？"亦是此意。

前文我们曾谈到《诗经》中的"将其来食"和《礼记》中的"嗟来食"，觉得"来"字是否已全无"到来"之义很不易肯定。公元前8世纪的《石鼓文》中的"吁来"，自是唤来之声。但在前4世纪时，"来"字可用作纯粹的助词，更无问题了。《孟子》中的"盍归乎来""来"字在"归乎"之后，似为助词。《庄子》中的"嗟来"，原文写子桑户的朋友孟子反、子琴张如下：

十二 说"来"与"归去来"

> 子桑户死,未葬。孔子闻之,使子贡往侍事焉。或编曲,或鼓琴。相和而歌曰:"嗟来!桑户乎!嗟来!桑户乎!而(汝)已反其真,而我犹为人猗!"子贡趋而进曰:"敢问临尸而歌,礼乎?"二人相视而笑曰:"是恶知礼意!"(《大宗师》)

依照当时的丧礼,桑户初死未葬之前,应为他招复,照《仪礼》和《礼记》的说法便该三呼"皋!桑户复!"若像《楚辞》的语气,似乎也应该叫"归来!"或"魂兮归来!"这里孟子反和子琴张却不用"归"字,而"嗟来!桑户乎!"的语气,似乎仍有点像招复,这可能带有摹拟而讥嘲"复"礼的意味。这儿从前后文看都没有招桑户之魂回来之意。而文曾说:

> 古之真人,不知说生,不知恶死。其出不䜣,其入不距。翛然而往,翛然而来而已矣。不忘其所始,不求其所终。受而喜之,忘而复之。是之谓不以心捐(损?)道,不以人助天。(同上)

下文孔子又说这二人"以生为附赘县疣,以死为决疯溃痈。夫若然者,又恶知死生先后之所在?"可见他们一定不会有意招桑户之魂魄回来。

可是这也不全可靠。歌词的后半,本有羡慕桑户反真,而憾自己尚为人之意,所以前半也未尝不可解释成:你回来吧!不能让我们单留在这里。而且子贡只责他们"临尸而歌",并未责他们不招复。不过这也许由于"歌"更不合礼。而且他们朋友三人原已约定"相忘以生,无所终穷"的。恐仍以释"来"字为纯粹叹词而无招来之意为较妥。至多只能解释成半开玩笑的反语:回来吧!桑户啊!你去得真好,返了本真;可是我们还累赘地活着呢!

除了招魂的用语之外,"归来"的"来"字自周代以来即可能只当叹词或"去"字解。如《战国策·齐策四》中有名的故事,孟尝君的食客冯谖三次弹剑而歌:

>   "长铗归来乎！食无鱼！"
>   "长铗归来乎！出无车！"（《史记》作"舆"）
>   "长铗归来乎！无以为家！"

冯谖当时既住在孟尝君处，且明说"无以为家"，自然只能说是"归去"。而下文："左右曰：'乃歌夫"长铗归来"者也。'"而且"来"下接"乎"字，似乎"来"字当叹词用的可能性较小。

在周代较早的文献中，"归"字当愿望口语用时，已很少单独使用而不以叹词相连。通常都和叹词连用，如《尚书》中的"归其有极"（《洪范》），《诗经》中的"归哉归哉"（《召南·殷其雷》19），"曰归曰归"（《小雅·采薇》167）等。此外，《论语·公冶长》有"归与归与！"王引之《经传释词》云："曰归曰归犹言于归于归。"这可与"呼来""嗟来"比照。若非如此，也须与"不"字相连，如"胡不归"。（《邶风·式微》）

这种习惯到汉以后似乎还保留。而且如上文所引，自《楚辞》以降，"归"字作愿望口语用时便时常和"来"字相连。例如前二纪中叶淮南"小山"的《招隐士》于间接陈述语气及用到"不"字时说"王孙游兮不归"。但于直接愿望口语时，便加上一个"来"字了：

>   王孙兮归来！山中兮不可以久留。

先秦书籍于间接陈述句中，"归"字多单用，或与别一动词连用，如《诗经》："公归不复"（《豳风·九罭》159），及"还归"（《王风·扬之水》68），"归处"（《曹风·蜉蝣》，150）等。《庄子》有"归到东门之外"（《盗跖》）之句。但我很少见到用"归去"一词。可能是后来才有。《说文》厶部"去，人相违也"。字从大从厶，厶是"以柳为之"的盛器，大是人形或器之盖，过去无定说。今甲骨文"去"字多作 ⿱大凵，亦间有作 ⿱大凵 作 ⿱大凵 者，凵为盛器，上为人形，似颇无疑义，但何以有"人相违"

的意义呢？今人饶炯著《说文解字部首订》云："人相违义与来对文，本字当为弃。今人言去取犹曰弃取，去来犹曰弃来，可证古言尚传于遗俗。"此说尚难证实。凵与凷皆为箕类物殆无问题。惟《说文》"弃"之重文为𠔲，而甲骨文中不省箕。但"去"字之古义确为除去、离去、灭去或遣去。与弃义固近。"离"卦"来如"下于"焚""死"之后即接"弃如"。"去"字在汉及以前之经籍中往往训为"杀""灭"或"弃"（看《经籍纂诂》所引）。因此在古代"归"与"去"都可用以说"死"去。虽然这都只能说是引申义之一。

但我们知道，当"魂兮归来"这种思想流行的时候，"归来"与"去"便可相对而言了。如此"来"字为助词，则至少"归"与"去"是可对立了。相传为田横门人所作的挽歌《薤露》的说法和上引《左传》及《礼记》等以死为归刚好相反：

  人死一去何时归？

我们在前文引到《庄子·大宗师》，以"往"比死，以"来"比生。"往来"或"往徕"为对文，古来常见。而在庄子中也可见"去""来"对比了：

  去而来，不知其所止。吾已往来焉，而不知其所终。（《知北游》）

《商君书》也说过：

  去来赍送之礼。（《垦令》）

"归去"一词何时及如何起源，也颇成问题。《公羊》隐公二年说"妇人谓嫁曰归"。而《尔雅》则云"嫁，往也"。古文《广雅·释诂一》说："归，往也。"《谷梁传》庄公二年更说："王者民之所归往也。"往来、去来既是相对词，若可说"归往"，也就很易有"归去"一词了。《本草》释杜鹃时称："其名若曰：不如归去。"说亦见《蜀王本纪》及《禽经》。《禽经》虽说是春秋晋师旷所作，但《崇文总目》及以前各目皆未载，而始见于北宗末年陆佃（1042—1102）之《埤雅》，我以为大约就是陆所著。《本草》一书，旧题神农撰，固不可信，但《汉书·艺文志》已有神农黄帝《食药》七卷之著录，"本草"一词亦见于《汉书·平帝纪》，梁启超以为"此书在东汉三国间盖已有之"。似属可信。则"归去"已见于汉末。但这还未能十分证实。而且这"归去"的"去"字恐仍有"离去"的本义。如已有指方向的意思，也不过是指离开所在地的方向而说，并不像今语指所要去的方向。

一个更困难的例子乃是陶渊明（365？—427）的《归去来兮辞》。在进行讨论之前，请先来看看"去"字。这字在古代文字中已常与问语词有关。明杨慎（1488—1559）《升庵诗话》中"曷来"一则云：

今文语词，曷来、聿来，不知所始。按《楚辞》："车既驾兮曷而归，不得见兮心伤悲。"（宋玉《九辩》二）旧注："曷，去也。"又按《吕氏春秋》卷十五《贵因》：胶鬲见武王于鲔水曰："'西伯曷去？（纵按：今本作"西伯将何之？"）无欺我也！'武王曰：'不子欺，将伐殷也。'（今本'伐'作'之'）胶鬲曰：'曷至？'武王曰：'将以甲子日至。'"（今本作："将以甲子至殷郊。"）注："曷，何也。"若然，则曷之为言盍也。若以解《楚辞》，则谓车既驾矣，盍而归乎！以不得见而心伤悲也。意尤婉至。则今文所袭用曷来者，亦谓盍来也，非是发语之辞矣。《文选》注："刘向七言曰：'曷来归耕永自疏。'"颜延年《秋胡妻诗》曰："曷来空复辞"义皆谓盍来，始通。（纵按刘向七言此句见《文选》卷二十一颜延年《秋胡诗》注引，又见卷二十九张景阳《杂诗》第六首注引，张诗云："曷来戒不虞，挺辔越飞岑。"）（卷十二）

又明张自烈（1564—1650）《正字通》说：

> 遏,发语辞。遏来犹聿来。今诗家以遏来为去来。

汉人作品里"遏来"一词颇不少。司马相如(前179—前117)《大人赋》有"回车遏来兮绝道不周"。(《汉书》卷五十七下《司马相如传》)张衡(78—139)《思玄赋》有"回志遏来从玄諆"。(《后汉书》卷五十九《张衡传》)《思玄赋》的"遏来"下唐章怀太子李贤(651—684)注云:"遏,去也。音丘列反。"惠栋引"韵书曰:遏,却也,去也"。可见前人对这词中的"遏"字训释至杂,训去,训何,训盍(曷),训聿,训却,不一而足。但几乎都以为"来"是动词,而"遏"则为语词或动词,其作为动词看时,恐怕也只是一种偏义复词的用法。顾炎武《日知录》卷二十七论"《通鉴》注"时,释"为爱憎所白"云:"爱憎,憎也。言憎而并及爱,古人之辞,宽缓不迫故也。"还举了"得失"为失,"利害"为害,"缓急"为急,"成败"为败,"同异"为异,"赢缩"为缩,及"祸福"为祸诸例。后人论此者益多。刘盼遂在《燕京学报》第十二期发表《中国文法复词中偏义例续举》,加举了不少。其中列有"遏来"一词。可惜我目前窜居"西北",手头没有此文。

我颇以为,对待字复合词恐不仅有固定的偏义,有些也许还有任取的偏义,即可因所用地位或上下文而异;更有一些于寻常复合义之外,或甚至因情况而有偏重之义。"遏来""去来"等恐怕有时也比较复杂,这儿未及细论。

但我们这里可注意到,"去"字何以与问词有关。《说文》厶部"遏,去也。从去,曷声"。曷字在此是否全为声符,实成疑问。即使全是声符,我们也须问:"曷"字为什么会成为问词,而"去"字又何以会与"曷"连成一字。《尔雅·释言》:"曷,盍也。"郭璞注:"盍,何不也。"《广雅·释诂三》:"害、曷、胡、盍,何也。"高邮王氏父子乃称:"盍为何不,而又为何;曷为何,而又为何不。声近而义通也。"(《经传释词》四"曷、害"及"盍、盖、阖"二则下引其父念之说)"盍"字《说文》列在血部,云:"盍,覆也。从血、大。"徐铉等以为上部是"盖覆之形。"因此过去都把这字写成"盇"。这字现尚未见于已释之甲骨文。但古钵此字作󰀀，上部从古"去"字（看上文引，金文相似），则《说文》必有误。又《说文》曰部"曷，何也。从曰，匃声"。又亾部"匃，气也。逯安说：亾人为匃"。（古代切）按金文匃作󰀀，甲骨文作󰀀，皆从亾作。似乎逯安说颇有据。可是"曷"字现亦不见于甲骨文，连金文中也不见。又都找不到"朅"字。惟古钵"竭"字作󰀀，①曷似从"其"。《说文》立部"竭，负举也，从立，曷声"。（渠列切）段注云："凡手不能举者负而举之。"并引《礼运》注云："竭犹负戴也。"这字的本义是以头负箕。然则"曷"所从者似乎是箕而非从亾人。若从亾，则字与"去""弃"的本义很相近。而且上文所说，"弃"字也是从手捧"其"。"其"字固是箕形，甲骨文中即已作问词用，如"其雨？"《诗经》中尚几次用"何其？"也作为问词或愿望词用。（今湘语尚有"何斯"。关于这种"其"字，我以前曾有文稿论及。）上文也曾引《诗》"将其来食"。"将其"本义应为"拿着箕"，但后人却认"其"为愿望词或命令词。综合说来，"朅来"的"朅"字也许已大致有"何"或"却"等语词之义，而明代诗人所用的"去来""去"亦为发语词，这种说法也许是可信的。

但汉代人说的"归来"一词，这个"来"字似已略示有指示归的方向与说者的相关地位之别。《汉书》卷六十三《武五子传》戾太子传说：

> 上怜太子无辜，乃作思子宫，为归来、望思之台于湖。

颜师古（581—645）注云："言已望而思之，庶太子之魂来归也。"潘岳（247—300）《西征赋》引此事云："作归来之悲台，徒望思其何补？"此台为一台或二台，旧注都未标明。"归来"与"望思"乃对文而非连语，来思为韵，故暂假定为二。"来"字和"思"字在这儿本来皆可当成叹词，也可当成动词之一部分。我们在上文论及《楚辞》中的

---

① 丁佛言：《说文古籀补补》，及罗福颐：《古籀文字征》引《铁云藏印》。

"归来",曾说有愿望口语的意味。其实这"来"字当然也可暗示向作者的地位而归来。而且汉末如果已有"不如归去"的说法,则说话人是否已在所欲归之地便颇有区别。汉武帝和淮南"小山"所说的"归来"是要别人向他们而来,"不如归去"则是说要离开说话人所在地而到尚未归之地。愿望叹声的"归来归来!"似乎不能全没有这种方位的意义。

不过"来"字在一动词之后时,指方位的意义有时很薄弱,比"去"字还弱。"来"字有时也成了别的助词或复词之一部分。《晋书》卷一〇五《石勒载记上》说他二十余岁被卖为奴时,

> 每耕作于野,常闻鼓角之声。勒以告诸奴。诸奴亦闻之。因曰:"吾幼来在家恒闻如是。"

陶渊明于晋义熙元年(405),即乙巳岁十一月,辞去彭泽令,随即写《归去来兮辞》,辞首及辞中两次用到"归去来兮"一语。于是自唐、宋以来"归去来"三字便常被引用,却很少人追问这三字连用到底是什么意义。如李白就有诗道:"渊明归去来,不与世相逐。"(《九日登山》)"陶令归去来,田家酒应熟。"(《寻阳紫极宫感秋作》)杜甫有:"先生早赋归去来,石田茅屋荒苍苔。"(《醉时歌》)高适有"转忆陶潜归去来"。(《封丘县》)至于白居易的"效陶潜体诗"里则更用了好几个"来""去"字:"口吟归去来……归来五柳下……先生去已久……我从老大来。……"又《乐府诗集》卷六十八"杂曲歌辞"也引有唐张炽《归去来引》云:"归去来,归期不可违。相见故明月,浮云共我归。""自序"称陶辞"乐天知命,故去之无疑也"。他们似乎都不感到"归去来"三字有什么特异之处。

到了宋朝,柳永已有"归去来"的词牌。苏东坡更增删陶渊明的《归去来兮辞》以就声律,谓之"归来引"。他自己也有诗句道:"我歌'归来引'。"他算把"去"字删掉了。但宋人词牌中却还有"归去曲""归去难"及"不如归去"等。金、元以后,画家往往作"归去来图"。赵孟頫《题归去来图》诗云:"渊明赋归来。"又题画渊明诗说:"解印

归来去就轻。"宋张祁有归去来堂。至于以归来为园名堂名的更数见不鲜。好像宋人颇有认"归去来"便是"归来"的趋向。

但是陶渊明何以不只说"归去"或"归来"？这辞到底是归前或归后所作？一直没有定论。前人的看法，大略可分为五种：

(1) 认此辞乃归前所作，既归之事不应实叙。如金代王若虚（1174—1243）说：

> 凡为文，有遥想而言之者，有追忆而言之者，各有定所，不可乱也。"归去来辞"将归而赋耳。既归之事，当想象而言之。今自问途而下，皆追录之语，其于畦径，无乃窒乎！"已矣乎"云者，所以总结而为断也，不宜更及耘耔啸咏之事。……（《滹南遗老集》卷三十四"文辨"）

又据刘祁《归潜志》卷八说，他在兴定、元光间，在南京与王从之（若虚字）等"论为文作诗"，王说："渊明'归去来词'，前想象，后直述，不相侔。"这是转述王意，似有出入。我们应注重他自己说的"将归而赋"的看法。

(2) 认陶辞前后段也许应分开，原是两篇。如朱熹（1130—1200）说："首云'归去来兮'，中又云'归去来兮'，了无端绪，疑为二篇。"（见明郎瑛 [1487—?]，《七修类稿》卷三十引）朱熹算是最先看到这问题了，但没说多少原由。

(3) 认陶辞段落分明，并不棼乱。如上引郎瑛于引了朱说后便驳他道：

> 此文公或一时未尽看破也。李格非所谓"沛然肺腑中流出"，彼何较其端绪首尾者耶？余细观之，亦有端绪：共有五段，每段换韵，自然纯古，人不觉之。

金圣叹（? —1661）也说：

凡看古人长文，莫以其汪洋一篇便阁过。古人长文，皆积短文所成耳。即如此辞，本不长，然皆是四句一段，试只逐段读之，便知其逐段各自入妙。古人自来无长文能妙者，长文之妙，正妙于中间逐段逐段纯作短文耳。（引见日本安藤秉《文章轨范纂评》卷七）

清代文评家同此主张，而且指明段落的，如吴淇等人，为数亦不少。可是几乎没有人看出"来""去"的问题来。（以上可参看《陶渊明卷》下编，326—338页）

（4）清人中也有少数人见到了这问题，都认为"去""来"是就在彭泽与在家而言的。如林云铭说：

就彭泽言，谓之归去；就南村言，谓之归来。篇中从思归以至到家，步步叙明，故合言之曰"归去来"。（《古文析义初编》，卷四）

毛庆蕃也说："于官曰归去，于家曰归来，故曰归去来。"（《古文学余》卷二十六）可是这些人也没有提起：若在官说"去"，何以同时又用"来"字；若在家说"来"，为什么同时又用"去"字？至于吴楚材等所选的《古文观止》对前一个"归去来兮"注道："言去彭泽而来至家也。"对后一个则注说："再言归去来者，既归矣，又不绝交游，即不如不归之愈也。"也不知有什么根据。

（5）近人往往认"归去来兮"中的"来"字是助词。如王瑶便说"来，语助词，无义"（《陶渊明集》）。又如1964年北京出版的《古代散文选》也说："归去来兮，意思是'回去吧！'来，助词。兮，语气助词。"又如1962年北京大学中国文学史教研室选注的《魏晋南北朝文学史参考资料》也注道："'归去来'即归去之意，'来'是语助词。清林云铭、余诚等以为'就彭泽言谓之归去，就南村言谓之归来。'疑非是。"这种解释至少还未能解答两个疑问：以"来"为助词而于"去"字则无说。未解释辞中既已写到家以后之事，何以仍只说"回去吧！"

要探讨这问题，首先须判断这辞到底在何时何地所作。原辞自序有云：

> ……家叔以余贫苦，遂见用于小邑。于时风波未静，心惮远役，彭泽去家百里，公田之利，足以为酒，故便求之。及少日，眷然有"归与"之情。何则？质性自然，非矫厉所得；饥冻虽切，违己交病。尝从人事，皆口腹自役。于是怅然慷慨，深愧平生之志。犹望一稔，当敛裳宵逝。寻程氏妹丧于武昌，情在骏奔，自免去职。仲秋至冬，在官八十余日。因事顺心，命篇曰"归去来兮"。乙巳岁十一月也。

今按《祭程氏妹文》首称："维晋义熙三年（407）五月甲辰，程氏妹服制再周。"五月甲辰即五月初六日（阳历6月26日）。依丧服礼制，对已嫁的姊妹，应服"大功"之服，为期九个月。"服制再周"的意思便是说这天他的妹妹已死了满十八个足月了。由此上推，可知她死在义熙元年乙巳（405）十一月初六癸未（阳历12月12日）。

从彭泽到武昌有多少里，我手头无书，未能确查。惟渊明自云"彭泽去家百里"，现以彭泽在今湖口县东彭泽乡为度，柴桑乃在其西南的今九江县西南，大略可推知，从武昌到柴桑也许有六百里左右，从武昌到彭泽也许有七百里左右。从武昌到彭泽报丧，船行顺水，恐怕也得三四天吧？陶渊明得知妹丧当已在初十左右。即使如史传所说"即日解印绶去"，他辞职总是十一日左右，离彭泽恐怕已在十二日前后了。从彭泽坐船经长江到武昌，是上水，又是冬天逆风，恐怕要十来天才能到？这已是二十二日了。序文说"情在骏奔"，《诗·周颂·清庙》（266）有句云："骏奔走在庙。"乃是指祭祀。渊明急促奔丧，乃是去参加发丧祭祀，照常情似乎也得留住两三天。祭妹文中说起她有小孩而且很像已住在柴桑附近，（这从"寥寥空室，哀哀遗孤"及"遗孤满眼"可知。）她的遗孤家小及灵柩是否系随渊明同归，不得而知；若是一道，那就更需时了。现假定不是一道，恐怕也要二十五六才能离开武昌。这大约会乘船，但到岸时还有一段陆程。合计恐亦需三四天。这一月月大，到家时已是二十九或三十日。关于晋末这段路程旅行所需的时日，史书上也许可以找到，一时未克细查。惟当时内战时有，"风波未静"，旅行恐不很方便。按《居延汉简邮驿史料》，"界中九十五里，定行八时三分，实行七时二分"。（《甲编》第916号）乃指步行，且七时（即今十四小时）是加速到达。也有"界中八十里，书定行九时"的。（《甲编》第767）顾炎武《日知录》说："安禄山反于范阳，玄宗在华清宫，告急书六日而达。"这是特例。且系官邮。旧史多以为"宋始许臣僚以家书附递"，虽已不确，但宋以前在"小官下位"者实无此权。故陶渊明不大可能由官邮得他妹妹的死耗。

从上面这一推测，陶渊明只能在月底到家。而自序中说辞之"命篇"时即在十一月。在此情形下，恐怕命篇之始及前段数句，很可能起草于由武昌回柴桑的途中。自"归去来兮，田园将芜，胡不归！"到"乃瞻衡宇，载欣载奔。"明明是未到家的情景。归途经历，固可追叙，但引用《诗经·式微》的话"胡不归"却只能适合于未归之时。所以我们可以说，这开头两句必然是到家之前所作。

从"既自以心为形役"到"恨晨光之熹微"可能是在途中所作，也可能是到家后所作。

从"乃瞻衡宇"到"有酒盈樽"乃是描写初到家的情景。可能作于十一月底初到家时，也可能作于以后。

从"引壶觞以自酌"以下，都是到家后好几天才能写作的了。试看"自酌""园日涉"，都不像初到家时的语气。

第二个"归去来兮"以后这一半段，多说的是愿望和理论，与前半段叙了许多经验大不相同。前半段中自"舟遥遥以轻飏"到"抚孤松而盘桓"，说得非常具体，不能全凭想象而写，与《离骚》情形不能并论。后半段本来在任何时候都可以写，可是其中"农人告余以春及，将有事于西畴。或命巾车，或棹孤舟，既窈窕以寻壑，亦崎岖而经丘。木欣欣以向荣，泉涓涓而始流。"这几句写的显然是初春景象，写作的时间很可能是正月或以后了。

总括起来说，这辞前面两句或八句大约作于十一月中、下旬到家之前的途中，其余皆作于到家之后，从十一月底到十二月以至于次年春天。全篇可能非一时所作。所谓"十一月也"，只是指主要事实的大概。

当然，我们也未尝不可作另一种假设，认为全文依序描述，本来都是追叙。辞首亦未尝不可是假想未归前的口气。这种可能性并非没有，但就写作经验而言，到家以后来写"归去来兮，田园将芜胡不归"这种句子，实在很不自然。

至于另一种可能性，就是全部或系作于归途，辞中所述当成想象的情景。这种假设，就自序所谓时在十一月，及归家可能快到十一月底的情况说来，又就全文语气而论，本来都无不可。只是如我们上文提起过的，若不凭经验，是否能写得这么亲切，总不能无疑。我还另有一个理由，可证所述初归情景多是写实而非虚想。"饮酒"诗二十首究作于何年，过去颇无定说，多数人都认为是彭泽辞归后十二年，即义熙十三年丁巳（417），主要理由是第十九首中说"亭亭复一纪"，多认为指辞官（即上文的"归田里"）后而言。我现在倒觉得可能作于辞官后不久，说来话长，此不具论。总之，是《归去来兮辞》以后的作品是无异议的。这些诗中有好些句子和辞中的句意相近，用词也相似。如辞的自序说，"违己交病"，诗中则说"违己讵非迷"（第九首），辞末说"聊乘化以归尽，乐夫天命复奚疑"。诗中则说"临化消其宝"（十一），"日入群动息，归鸟趋林鸣、啸傲东轩下，聊复得此生"（七），"达人解其会，逝将不复疑"（一），其他如第四首与第八首讲到"徘徊"于"孤生松"等，都是实景。因此我颇相信辞中所写归家及在家的情形绝不是虚构的。

这些分析都告诉我们，就写作情况及全文语气而论，陶潜的"归去来兮"一语似乎可应用于到家前和后两种地位。

这个推断与当时"去""来"二字的惯用法颇相合。我们在前文曾说过"去"字的基本意义之一是"离去"，较古的"归去"一词恐仍是指所离去之地而言。这并不限定说话人必须在什么方位。这多半由于"归""去"等字原义与方向关系不太密之故。如《荀子》：

十二　说"来"与"归去来"

汤武非取天下也，……而天下归之也。桀纣非去天下也，……而天下去之也。天下归之之谓王，天下去之之谓亡。（《正论》）

《论语·微子》篇第二章"人曰：子未可以去乎？"与上章"微子去之"，说话人的地位即不相类。这情形亦见于汉初官文书中。如汉高帝十二年（前195）二月诏云：

与（燕王卢）绾居，去来归者赦之。（《汉书·高帝纪》）

颜师古注道：

先与绾居，今能去之来归汉者，赦其罪。

这批注大约是对的。只是我们须注意："去"字及"来""归"字下面都没有受词，而此所谓"去"，却是站在"来"了的这一方面而说的。这和前文刘邦做亭长时放纵所送徒役而说的

公等皆去，吾亦从此逝矣！

自然不同方位。又汉文帝三年（前177）七月诏曰：

济北吏民……与王兴居（居？）去来，亦赦之。（《史记·孝文本纪》）旧注："徐广曰：乍去乍来也。骃案：张晏曰：虽始与兴居反，今降。赦之。"

这诏书也见于《汉书·文帝纪》，但原文于"来"字下多一"者"字。颜师古在这句下面也注道：

虽始与兴居共反，今弃之去而来降者，亦赦。

刘攽以为高帝诏"与绾居",则此文亦应为"与王兴居居"。盖脱一"居"字。王先谦却说:

> "居"字不加,文意自明,非脱也。《史记》亦作"与王兴居去来"。去谓叛去,来谓来降。《集解》引徐广云:"乍去乍来也。"颜云:弃之去而来降,则"与"字意不了,信当如刘说添"居"字矣。(《汉书补注》卷四)

这儿恐怕还是应该补一"居"字,因照古文字写法,上有一"居"字,重复字即以"＝"代替,是容易遗漏,而且写刻者易因兴居为专名反误会不宜更出一"居"字,故而误删。因此,颜师古对"去""来"二字的解释,基本上是正确的。但王先谦释"去"为"叛去"亦可通,且更近于陶潜的用法(见下),此外还有一好处,因与兴居居者似尚非大罪,何必来降始赦?惟先曾与彼在一处,叛去我,后来降,乃赦之耳。

其实"去""来""归"的这种用法,在汉代可能相当普遍。西汉元帝(前48—前33)时史游所作的《急就章》就有这样一句:

> 去俗归义来附亲。(《四部丛刊续编》景明钞本,34页反)

这里颜师古也注道:

> 去其本俗,归于德义,附化而亲近也。(同上)

从这些例子里都可看出,"去"与"来""归"并用时,多系取其"离""弃"之义,和后来所谓"向什么方向去"的"去"不同,凡后面这种意义,古代多说"往"或"之"。如《易》爻辞"往来井"("井"48)及"往蹇来反"("蹇"39)等。这一点,我们在前文已说到。这里所须强调的乃是,先有"归往"一词,后有"归去"一词,而这"去"字本义与"往"颇不同,以后"归往"一词逐渐消失,"去来"与"往来"

的意义又渐趋接近，"去"字与"往"字都越来越与目的地关系加密，后来甚至可以说"往何处去"了。"来"字成为别的动词的助词，如在"归来""为我道来""从实招来"等词句中的情形，比"去"字发展成类似的功用，如元曲《汉宫秋》中的"且教使臣馆驿中安歇去"的情形，为时较早。但在陶潜时，"去"字也早已逐渐向这个方向演变了。这点可从陶潜作品中的"归""去""来"之用法看出来。

在薄薄的陶集中，用了"归"字至少在六十次以上，除普通的意义如"归园田""功遂辞归""殡胜如归""相鸣而归""归鸟""归家""人生归有道""望义如归""慷慨思南归"及"将归"之外，也有许多是像传统观念一般，以"归"为死，如本辞中的"聊乘化以归尽"及《连雨独饮》中的"运生会归尽"，以及"百年归丘垄"等，这儿且不具论。我们只需注意其中也有不少是后面跟有助词的，如：

吾生行归休。(《游斜川》)
朝起暮归眠。(《戊申岁（408）六月中遇火》)
乃逃禄而归耕。(《感士不遇赋》)
且欣然而归止。(同上)

陶集中"来"字作通常意义用的如下：

遗赠岂虚来?(《乞食》)
邻曲时时来。(《移居》)
时来苟冥会。(《始作镇军参军经曲阿作》)
凯风因时来。(《和郭主簿》)
晨鸟暮来还。(《于王抚军座送客》)
念来存故人。(《与晋安别》)
觞来为之尽。(《饮酒》,18)
翩翩新来燕。(《拟古》,3)
知我故来意。(同上,5)
盛年不重来。(《杂诗》,1)
风来入房户。(同上,2)

我来淹已弥。(《杂诗》,8)
微雨从东来。(《读山海经》,1)
托乘一来游。(同上,3)
当时数来止。(同上,12)
重华为之来。(同上,13)
悲乐极以哀来。(《闲情赋》)
问所从来。(《桃花源记》)
咸来问讯。(同上)
率妻子邑人来此绝境。(同上)
何由来此?(《晋故征西大将军长史孟府君传》)
外姻晨来。(《自祭文》)
(《有会而作》中"嗟来何足吝"系引典,今不计。)

此外用来表示时间经过的如:
旬日已来。(《有会而作》,序)
自从分别来。(《拟古》,3)
借问衰周来。(《咏二疏》)
从来将千载。(《咏贫士》,4)
向来相送人,各自还其家。(《挽歌诗》,3)
病患以来。(《与子俨等疏》)
与子相遇来。(《影答形》)(此"来"字犹"以来")

这种表时间的"来"字,有时与"往"相对,这大约仍从行走往来之原义而演化出来的。"往""来"对文或连词之例如:

往燕无遗影,来雁有余声。(《九日闲居》)
披草(一作衣)共来往。(《归园田居》,2)
其中往来种作。(《桃花源记》)
往迹浸复湮,来径遂芜废。(同上)
悟已往之不谏,知来者之可追。(《归去来兮辞》)

（"往"字之义，可参看"祭程氏妹文"的"如何一往，终天不返"及"祭从弟敬远文"的"悲一往之不返"。）

这最后一例，以"往""来"指时间过程，在汉、魏时已可用"去""来"二字，曹操的"去日苦多"即是一例。陶诗则有"知有来岁不"（《酬刘柴桑》）及"去岁家南里"（《与殷晋安别》）至于方向意味极弱的"来"字则有"曰余作此来"（《丙辰岁（416）八月中于下潠田舍获》）。

现看陶潜全集中的"去"字，几乎全是不脱"弃""离"的本义，只有指从什么离去之义，没有或很少有指向某处去之义。例如：

> 投耒去学仕。（《饮酒》，19）

这句颇像《史记·项羽本纪》中的

> 学书不成，去，学剑，又不成。

"去"是舍去之意，不是说"去学剑"。这种句法在陶集中还不少。下列诸例中有些即近似。

> 正宜委运去。（《神释》）
> 如何舍此去？（《辛丑岁（401）七月赴假还江陵夜行涂口》）
> 羲、农去我久。（《饮酒》，20）
> 从此一止去。（《止酒》）
> 平王去旧京。（《述酒》）
> 晨去越河关。（《拟古》，5）
> 日月掷人去。（《杂诗》，2）
> 我去不再阳。（同上，3）
> 家如逆旅舍，我如当去客。（同上，7）
> 重华去我久。（《咏贫士》，3）

功名者自去。（《咏二疏》）

叶燮燮以去条，气凄凄而就寒。（《闲情赋》）

彭泽去家百里……自免去职。（《归去来兮辞》序）

曷不委心任去留。（《归去来兮辞》）

曾不吝情去留。（《五柳先生传》）

诸从事既去。（晋故征西大将军长史孟府君传）

去乡之感，犹有迟迟。（《读史述》，二，箕子）

去矣寻名山。（《尚长、禽庆赞》，今本系据《艺文类聚》引）

上面的例子中，值得注意的是除"委运去"外的"舍此去""掷人去"等，"去"字在另一动宾词后当作一种补助词，若省去宾词，便可作成复动词"舍去""掷去"。上面另一例的"一止去"，即是这种形式。这种"去"字还见于下列诸例：

翳然乘化去。（《悲从弟仲德》）

化去不（一作何）复悔。（《读〈山海经〉》）

死去何所道？（《挽歌诗》，3。《饮酒》，11 有类似句，"道"作"知"。）

停数日辞去。（《桃花源记》）

这儿除第一条外，各"去"字都在一动词后作助词用，与"归去""归来"的形式极类似。而"去"字在这"化去""死去""辞去"中都是"离去"的意思，说话人或作者无论站在什么地位都可用。

陶诗中也常见"去去"一词，通常都有匆促急去之意，如：

去去百年外，身名同翳如。（《和刘柴桑》）

去去转欲速，此生岂再值？（《杂诗》，6）

家为逆旅舍，我如当去客，去去欲何之？南山有旧宅。（同上，7）

鸣雁乘风飞，去去当何极。（《联句》）

但也有表示决心和强烈愿望的,例如上文说到过的作于彭泽辞官后不久的《饮酒》诗第十二首便说:

> 长公曾一仕,壮节忽失时,杜门不复出,终身与世辞。仲理归大泽,高风始在兹。一往便当已,何为复狐疑?去去当奚道!世俗久相欺。摆落悠悠谈,请从余所之。

这里"去去"与"归去来兮"的句法自然不同,但这诗的措辞表情却与这辞很接近,这"去去"一词中所含的愿望与决断的意思,也许可供参考?

当然,更值得注意的还是陶潜自己在别处把"去""来""归"对待用时的含义。他在几次"去""来"对文的场合都把两字当动词用,"来"字指从他处来,"去"字则指离去或死去。如:

> 饥来驱我去。(《乞食》)
> 晨色奏景风,既来孰不去。(《五月旦作和戴主簿》)

惟集中有"飘飘西来风,悠悠东去云。"(《与殷敬安别》)自序云殷时"移家东下,作此以赠",则"东去"自系指东向而去,这"去"字恐仍有离去意,东方不是说去的目的地,此"东"字只是指离去的方向。按义熙七年(411)刘裕改授太尉,在建业(今南京),三月殷自浔阳经陶宅东下,到刘裕那里去当参军,陶家在建业之西,因可说殷"东去",其实这与说"东下"也相差不远,陶潜即使站在别的方位,也还可以这样说的。"来"字在这种用法时便有限制了。例如《楚辞·哀郢》中有"去终古之所居兮,今逍遥而来东。羌灵魂之欲归兮,何须臾而忘反。背夏浦而西思兮,哀故都之日远"。屈原这时已离郢在东部,"去"之宾词"终古之所居"与说话人可以不在(或在)一个方位。"来"字却不同,必须说话人尚在东方,才能说"来东"。而且陶只能说"东去",不能说"去东"。但非助、叹词的"来"字有时可与说话人的方位无关,

这须说者设想站在动作者的方位而说。例如《庄子》："尾生与女子期于梁下，女子不来，水至不去，抱梁柱而死。"（《盗跖》）

在《庄子》同篇里也可看到"归"字两种情况：它可用作别的动词的补助词，如"疾走归！""亟去走归，无复言之！"这"归"和"丘来前！"的"前"字略相类。其次，"归"字指一种行动，却用一助词使之与目的地相连，如"孔子再拜趋走，出门上车，……归到鲁东门外。"这儿用了"到"字，与"归根""归家"不同。这表示"归"字有时并不指示动作的完成，这种补助式，有时不用宾词，如《汉书》载杨王孙报祁侯书云：

> 且夫死者终生之化，而物之归者也。归者得至，化者得变，是物各反其真也。……使归者不得至，化者不得变，是使物各失其所也。且吾闻之：精神者，天之有也；形骸者，地之有也。精神离形，各归其真，故谓之鬼。"鬼之为言归也"。……（卷六十七，《杨王孙传》）

陶诗中的"归"字与"去"字在一起用时，往往两字各有其独立性。在同一句中，"去"与"归"所指的离开和归到的地方往往是同一个；而离去与归来的方向却是反对的。例如：

> 适见在世中，奄去靡归期。（《形赠影》）
> 羽奏壮士惊，心知去不归。（《咏荆轲》）

其中"归""去""来"三字同用在一两句内的，用法也大致与此相似。例如《挽歌诗》中的说话人是"我"，且系渊明自挽诗，其第二首全文道：

> 在昔无酒饮，今但湛空觞。春醪生浮蚁，何时更能尝！殽案盈我前，亲旧哭我傍。欲语口无音，欲视眼无光。昔在高堂寝，今宿

荒草乡。一朝出门去，归来良（一作夜）未央。

这儿"一朝出门去，归来良未央"像是预写未来，这个"我"目前还未被葬，所以"去""归来"如此用法。清邱嘉穗说这首是写"奠而出殡"（《东山草堂陶诗笺》卷四）也许很相近。但细读"昔在高堂寝，今宿荒草乡"句，则这个"我"应早已被抬到了荒郊，如何下文还说"一朝出门去"呢？而且下面第三首明写"送而葬之"，说"严霜九月中，送我出远郊"，本来正像邱说的"次第秩然"，不该在第二首里早已"宿"于荒郊了。这里只能认为，那个"我"今已"宿"于坟地，但尚未埋葬，即尚未如第三首说的"幽室一已闭"。可是那一朝所出之"门"是否指家门，以及这儿的"归来"，到底是指生之家还是指死去所归之处，由于他两种用法都有，这就不易断言了。《自祭文》中有"窅窅我行，萧萧墓门"之句，"门"似亦可指"墓门"，同文中又说："陶子将辞逆旅之馆，永归于本宅。"则《挽歌诗》中的"归来"恐仍以归到那"丘垄"中的"本宅"（即死之归所）为更有可能。"门"则是这"本宅"之门。总之，这里的"去""归来"似皆以这"本宅"为基点而说的。

再看《还旧居》诗说：

畴昔家上京，六载去还归。今日始复来，恻怆多所悲。……

这里的"去""归""来"也都用一个地方，上京，作基点的。

又前面提到过的《饮酒》诗第四首很类似"辞"中的"鸟倦飞而知还。景翳翳以将入，抚孤松而盘桓"。这诗是：

栖栖失群鸟，日暮犹独飞。徘徊无定止，夜夜声转悲。厉响思清远，去来何依依，因值孤生松，敛翮遥来归。劲风无荣木，此荫独不衰。托身已得所，千载不相违。（"厉响"二句一本作"厉响思清晨，远去何依依"）

这儿"去来何依依"乃说去而复来，终来归于孤松。也是以一个方位为基点。"去来"连文是值得注意的。这"去"字是指"出林"离去之意。《咏贫士》诗中的"迟迟出林翮，未夕复来归"，意颇相似。

陶渊明的全集中除了上述有"去来""来归"之外，也有"归来"一词，却不见"归去"单独连文。"祭从弟敬远文"有一段说：

> 余尝学仕，缠绵人事，流浪无成，惧负素志。敛策归来，尔知我意。常愿携手，寘彼众议。……

这显然是指彭泽辞官归田的事。上引《饮酒》诗第十二首末云"摆落悠悠谈"，与这里的"寘彼众议"正指同一情境，大约渊明归田时一定有人批评他不该弃官。而他则屡引汉张释之的儿子张挚（字长公）以自辨。（长公事见《史记》卷一〇二，《张释之传》末，仅云"官至大夫，免，以不能取容当世，故终身不仕"，《汉书》卷五十同。"不能取容当世"殆为渊明归田之最好自我解释，故其事虽简，却能予陶以如许深刻印象。至陶所见长公事，或另有详载，亦不无可能。）《读史述九章》末为"张长公"，原文正系用以表白自己辞官归去的：

> 远哉（《艺文类聚》作"达哉"）长公！萧然何事？世路多端（《类聚》作"皆同"），皆为我异（《类聚》作"而我独异"）。敛辔揭来，独养其志。寝迹穷年，谁知斯意！

这里极可注意的是"敛辔揭来"一语，与上引祭从弟文中的"敛策归来"非常近似，也和《饮酒》诗第四首的"敛翮遥来归"相仿佛。关于"揭"字的意义，前文曾有所论列，这儿把这三句类似句子比较的结果，大概可断言，这"敛辔揭来"即近似"敛辔去来"。这"去"字本可释作去官之意，但从前文所分析，"去来"或"归来"等多系以一个地点为准，则此处或仍以解作去家复返为较近，其实也还是说"归来"。《淮南子·说山》："以束薪为鬼，揭而走。"高诱亦注"揭"为"去"。

综括上面所有的分析,似可得出以下几点结论:(一)"归去来兮"既已有"兮"字,则"来"字似非叹词。(二)"归"字在这里是主要动词,它的基本意义是回家,但它本身不强调这行动的过程或完成。(三)"去来"在这里是"归"字的补助词,以补足及加强其过程之意,"去"可能原有"离去"其家之意。指"去官"本来也可通,但从陶集的其他例子看来,此所离去之地以指现所归来之同一地点,即其家,为更有可能。因此,"去来"本含有去而复来之意。这一词在当时可能是一种成语,"去"字原来的离去之义已逐渐变弱,"去而复来"即成为"回"的意思,不过仍有回返的过程之意味,故用以为"归"字的助词。(四)由于当时"去去!"已有表示强烈的决心与愿望之意,"来!"的声音也便于拖长而成为愿望助词或叹词,所以"归去来兮"在这里表示了这种坚强的决心与愿望。(五)"归去来"虽然表示这行动的方向是向家而来,但说话人或作者无论在到家之前或到家之后都可以用它。这种可能性是由于"去"本指离开,而"来"成为助词或叹词时对方向的限制已比较活动。

"归去来"可能是一成语,到唐代也许人们还不以为怪。今陶集中有《问来使》一诗云:

> 尔从山中来,早晚发天目。我屋南窗下,今生几丛菊?蔷薇叶已抽,秋兰气当馥。归去来山中,山中酒应熟。

这诗的真伪问题,自宋以来,至少已有七种不同的看法:(1)认为是真的。如宋蔡绦说:

> 陶集屡经诸儒手校,然有《问来使》一篇,世盖未见,独南唐与晁文元家二本有之。诗云(略)。李太白《浔阳感秋诗》:"陶令归去来,田家酒应熟",其取诸此云。(蔡著《西清诗话》)

洪迈(1123—1212),《容斋随笔》也有同样的记载和意见。(2)疑为李白的逸诗"后人谩取以入陶集耳"(严羽,《沧浪诗话》)。(3)认为是晚唐伪作的([宋]汤汉《陶靖节先生诗》卷四;清郑文焯那亦主此说)。(4)认为是苏轼所作,好事者混入陶集中。([明]郎瑛《七修类稿》,卷二)(5)谓"末二句有渊明意致,似非晚唐人所能作"([明]张自烈辑,《笺注陶渊明集》卷二)。(6)谓"此首太白极似之,以笔轻竟类唐人,然自有兴趣,但非公作耳"([清]方熊评,《陶靖节集》卷二)。(7)也有说"是后人拟陶者,并不是太白之作"([清]薛雪,《一瓢诗话》)。

现在我们且暂不管这作者问题,若姑信南唐版本中已有此诗,则晚唐人还可能写出"归去来山中"这种句子。这虽已改动了陶潜原句的愿望呼唤语气,但加上"山中"作宾语,仍能合于我们上面结论的解释;而且作者设想是在未归之前,仍用"来"字,与我们所解释的也不相抵触。

要把"归去来兮"译成现在的白话文恐怕已不容易了,除非利用某些地方的方言。今湘南俗语说"回去"为"回 he^5(入声)"。这"he^5"声很可能是"曷"字的音变或"盍""曷""害"古音之遗留。《广韵》入声曷韵注为"胡葛切"。湘语如表示愿望或催促回去之意,便高叫"回 he^5 le!"这"le"音轻读而拖长,在"嘞"与"啦"之间。这种"回 he le!"是否即"归去来!"的演化遗留固难断言,至少可说很类似。

"来"字成为助词且带有叹词性质,这在东晋末及以后其他文献中也可见到。宋郭茂倩《乐府诗集·吴声西曲歌下》引陈代沙门智匠撰《古今乐录》云:

"西乌夜飞"者,宋元徽五年(477)荆州刺史沈攸之所作也。攸之举兵发荆州东下,未败之前,思归京师,所以歌和云:"白日落西山,还去来!"送声云:"折翅乌飞,何处被弹归?"

这里的"还去来"恐怕和"归去来"很相似。《乐府诗集》卷二十五"梁鼓角横吹曲"中有"黄淡思歌辞"云:

> 归归黄淡思,逐郎还去来!归归黄淡百,逐郎何处索?心中不能言,复(《全梁诗》作"腹")作车轮旋。与郎相知时,但恐傍人闻。江外何郁拂,龙州广州出(《全梁诗》注云:"或作去")。象牙作帆樯,绿丝作怖縤。绿丝何葳蕤,逐郎归去来!

这儿"还去来"与"归去来"互用,可证其同义。按《乐府诗集》此题下有云:

> 《古今乐录》曰:思,音相思之思。按李延年造横吹曲二十八解,有"黄覃子",不知与此同否?

可惜我们不知道西汉这曲辞是否有这类似的句子。梁代的民谣也有"归去来"一词,可见这词不见得是摹仿陶词而来。《乐府诗集》卷八十九载《梁武帝时谣》云:

> 鹿子开城门,城门鹿子开。当开复未开,使我心徘徊。城中诸少年,逐欢归去来!

题下有解释道:

> 《南史》曰:梁武帝天监元年(502)十一月,立长子统为皇太子,时民间有谣。按"鹿子开"者,反语为"来子哭"也。后太子果薨。是时长子欢为徐州刺史,以嫡孙次应嗣位。而帝意在晋安王,犹豫未决。及立晋安王为皇太子,而欢止封豫章郡王还任。谣言"心徘徊"者,未定也。"城中诸少年,逐欢归去来"者,复还徐方之象也。统即昭明太子(501—531)也。

这儿最可注意的是以"复还"解释"归去来",与上文"还去来"的情形相似,也合于我们上面的结论认"去来"义近于"回"。

我们在上文提到《问来使》诗中"归去来山中",认为这种句法可能合于习惯。试再看《乐府诗集》同卷所载《陈初时谣》,或有所本:

> 日西夜乌飞,拔剑倚梁柱。归去来!归山下!(按此"柱""下"为韵,正类《九歌》中以"下""渚""余""女""苦"等为韵。)

"来"字由动词的助词演变成衬词或叹词,在南北朝代似颇显然。唐杜佑(735—812)《通典》卷一四五,及《唐书·音乐志》皆载有《杨叛儿》歌。《通典》说:

> 《杨叛儿》,本童谣也。齐隆昌(494)时,女巫之子曰杨旻随母入内。及长为太后所宠爱。童谣云:"杨婆儿,共戏来所欢。"语讹,遂成"杨叛儿"。……(《唐书》"叛"作"伴",按"杨叛儿"本事是否原与杨旻事有关尚成问题,今江西湖南俗呼男女轻佻为"阳畔",物不坚实而外美观为"阳畔货"不知何者先起,参看张亮采《中国风俗史》三编一章十三节 100 页及王运熙《六朝乐府与民歌、杨叛儿考》,98—101 页)

这歌词《唐书》及《通志》卷四十九"乐略"与《太平御览》卷五六八引《乐志》等皆作"杨婆儿,共戏来!"无"所欢"二字。使"来"字更明显地成为一种助词或叹词。《乐府诗集》卷四十九"清商曲辞六,西曲歌下"载有"月节折杨柳歌"。第一首"正月歌"有云:

> 春风尚萧条,去故来入新,苦心非一朝。……

这"去""来"表面上是相对词,但事实上"来"字已可能有"而"字的意义或衬字的作用,至少也成了复动词。又同书卷二十五"梁鼓角横吹曲"有《隔谷歌》:

> 兄在城中弟在外，弓无弦，箭无括，食粮乏尽若为活？救我来！救我来！

解题引《古今乐录》曰："前云无辞，乐工有辞如此。"这"来"字更显然成为叹词，像"啦"一般了。

上文我们引《古今乐录》叙《西乌夜飞》时曾提到"歌和"。按六朝民间歌曲的"和"声，往往用"来"字。这大约由于这字音便于曼声拖长之故。除上引的例子外，他如《唐书·乐志》说，刘宋临川王刘义庆于元嘉十七年（440）作《乌夜啼》，其和声为"笼窗窗不开，乌夜啼，夜夜望郎来！"这儿明用"望"字，可证我们上文所说这种"来"字有强烈愿望之意。又《古今乐录》载宋随王诞于元嘉二年（449）作《襄阳乐》其和声有"襄阳来夜乐"之句。梁天监十一年（512）武帝命仿古辞《三洲歌》的词句"啼将别共来"而作新歌，其和声有"欢将乐共来，长相思！"《古今乐录》载梁武帝于天监初（约502）作《襄阳蹋铜蹄》，沈约（441—513）作其"和"云："襄阳白铜蹄，圣德应乾来"（《西曲歌》）同书又称：天监十一年（512）武帝改《西曲》制《上云乐》七曲，其五为《玉龟曲》，这曲的和声是"可怜游戏来！"（见《乐府诗集》卷五十一）

还有，齐高帝（在位于479—482）命沈文季所歌的《子夜来》，近人推测当为《子夜歌》的和声。（看王运熙《六朝乐府与民歌》中《吴声西曲杂考》及《论六朝清商曲中之和送声》）《子夜歌》即可能由这和声而来。沈约《宋书·乐志》说：

> 《子夜歌》者，有女子名子夜造此声。晋孝武太元（376—396）中，琅玡王轲之家，有鬼歌"子夜"。殷允为豫章时，豫章侨人庾僧虔家，亦有鬼歌"子夜"。殷允为豫章，亦是太元中，则子夜是此时以前人也。

类似的鬼歌"子夜"的记载还不少，《唐书·乐志》更为之解释道："声过哀苦,晋日常有鬼歌之。"女子名子夜之说大约不可信。大概最早是女子歌唱渴望呼唤她的情人子夜来会,其歌乃以此名。今存《子夜歌四十二首》郭茂倩以为"晋、宋、齐辞"。其中有云:

> 夜长不得眠,明月何灼灼!想闻散唤声,虚应空中诺。

又说:

> 欢从何处来?端然有忧色,三唤不一应,有何比松柏。

《子夜来》最初也许就是这种"散唤声",甚至还可能受到一点古代招复、招魂风俗的影响。招复"三号",这儿说"三唤"。《子夜歌》的"声过哀苦"及屡有"鬼歌子夜"的传说,或可说是由于这歌与招魂的呼唤声相近之故。

《乐府诗集》卷七十五《杂曲歌辞》有《起夜来》曲。梁柳恽有依此曲所作之辞,其末云:"飒飒秋桂响,非君起夜来。"唐施肩吾所作末两句也说:"懒卧相思枕,愁吟起夜来。"同书引《乐府解题》曰:

> 《起夜来》,其辞意犹念畴昔,思君之来也。唐聂夷中又有《起夜半》。

聂诗的头两句是"念远心如烧,不觉中夜起"。由此可见《起夜来》中的"夜来"即类于"夜来风雨声"中的"夜来"[①],大约这些诗歌都有急切召唤情意。此外《南齐书·五行志》云:

---

① 但元剧中"夜来"却常指昨日。参看张相:《诗词曲语词汇释》,香港中华书局,1962年,701页。又朱居易:《元剧俗语方言例释》,上海:商务印书馆,1956年9月,144页。

> 永明初（483），百姓歌曰："白马向城啼，欲得城边草。"后句间云："陶郎来！"

这"陶郎来"大约也是和声。

又《乐府诗集》卷十八《鼓吹曲辞·汉铙歌下》有《雉子班》辞，下载李白《设辟邪伎鼓吹雉子班曲辞》一首，据该书引：

> 《古今乐录》曰："梁三朝乐第四十一设辟邪伎鼓吹作《雉子班》，曲引'去来'。"

可见"去来"在南北朝时期是曲引的专名。这《雉子班》曲辞是否与旧传所谓"雉噫"有关，颇成问题。明王圻《稗史汇编》引前人说云"雉噫犹歌叹之声，梁鸿五噫之类也"。恐"去来"引亦是曼声，与噫叹的歌曲相配。

"归去来"一词在佛经中往往出现。本来佛祖即译名"如来"，佛教对"来"这一观念原极重视。在敦煌千佛洞所发现的变文，写本年代约起于东晋，止于五代（4世纪末至10世纪末）。其中"来"字的用法，往往介于助叹词之间。《维摩诘经讲变文》中的"偈"说：[1]

> 幸有光严童子里，不交伊去唱将来！

下面紧接"经云：仏告光严童子，汝行诣维摩诘问疾"，下文更说光严当时正在座。可见这儿的"里"字介于"在这里"与"哩"的意义之间。又《〈父母恩重经〉讲经文》也有：

> 佛向经中说着里，依文便请唱将来！

---

[1] 以下所引变文皆见王重民等编校：《敦煌变文集》，北京。

这个"里"字则已几乎与"哩"相同。由于"里""来"在这里对用，也就可以看出"来"字的功能。而且可以断言"里""来"在这里读音是有区别的。

《〈维摩诘经〉讲经文》中又有"偈"云：

情愿相随也去来！

下面接着说白道："遂与居士相随，皆出王宫去也！"由此可见"去来"已和"去也"相似。同文又说：

各将菩萨相看来！

又不知名变文中也有：

道（倒）教这里忍饥来！

"来"都已介于助、叹词之间。

变文中"来"字和"着"字对文的也不少，如《八相押座文》中有：

愿闻法者合掌着，都讲经文唱将来！

从上面这些例子中已可看出，"唱将来"是变文中的常用词。这"将来"并无未来之意，只不过是说"唱起来"或"唱唱啦"罢了。有时候，如在《〈金刚般若波罗蜜多经〉讲经文》中，则"唱将来""唱将罗"与"唱唱罗"交杂使用。大凡在与"何""魔""歌"等字叶韵时则多用"罗"字，与"开""裁""灾"这种字叶韵时则多用"来"字。但"来"也有与"何"字叶韵的，"罗"也有与"徊""台"等字相叶的。由此可见当时"来""罗"二字音虽有别，却很接近。又按《乐府诗集》卷四

十二 说"来"与"归去来"

十九《清商曲辞·西曲歌下》有《来罗》曲四章,中有"听我歌来罗"之句。《古今乐录》说这曲是"倚歌"。同书卷二十五《横吹曲辞·梁鼓角横吹曲》中有《雀劳利歌辞》,"劳利"似取其双声,于义关系甚小。古代有"劳来"一词,此不具论。①

"来"字在元人剧曲中往往用于句中作衬词或用在句末作助词或叹词。用在句末的如:

> 这金锤是谁与你来?(《陈州粜米》)
> 和你且归私宅中去来!(同上)②
> 都是为你孩儿来!(《窦娥冤》)

至于用在句中作衬词的,张相在其《诗词曲语词汇释》中举例已不少,这里不具录,只选几条以见一斑:(见原书252—253页)

> 索甚么问天来买卦,莫不我与那刘员外合做浑家?(《鸳鸯被》剧二)
> 与他那结义的人儿,这几日离多来会少。(《隔江斗智》剧三)

有时"来"字亦作"倈"。如:

> 挥霍的是一锭锭响钞精银;摆列的是一行行朱唇倈皓齿。(《货郎旦》剧四)

---

① 关于变文中"里""着""在"字与"哩""呢"的关系问题,可参看蒋礼鸿《敦煌变文字义通释》,上海:中华书局,1962年,195—196页。又敦煌词中如《望江南》中有"不来过",《南歌子》中有"深夜不来归命"句,《阿曹婆词》中有"亶先来"。亦可看同书221、224、232页所附《敦煌词校议》。关于和声亦可看《文学遗产增刊》六辑中任二北《古歌辞中的和声与叠句》一文。

② 按此句颇可供了解"归去来兮"之一助,惟此处有"私宅"为宾词,且究系元人用语耳。

但有时这"俫"字不用于平列词之间,例如:

> 常言道好人俫不长寿,这一场烦恼怎干休?(《冤家债主》剧二)

而且有时在一句中"来""俫"同时出现,含义与功用似颇不同:

> 你向我这冻脸上不俫你怎么左掴来右掴!(《渔樵记》剧二)

作衬字的"来"字在明、清以来的民歌里很常见。例如明丘齐山编的《新镌分门定类绮筵雅令》中所载《杭城四句歌》说:

> 郎有心来姐有心,哪怕山高水又深。

又如清代浙江刊本歌谣集所载《孟姜女四季歌》:

> 春季里来桃花开满溪。

现尚流行的《孟姜女哭夫》首句在某些地方是:

> 正月里,是新春,家家户户点红灯。

有些地方则是:

> 正月里来是新春,家家户户点红灯。

至于现在流行的国语及各地方言中,"来"字作助词或叹词的更多,这儿暂且不谈了。

(原载于《王力先生纪念论文集》,1987年2月,香港三联书店)

下篇
"五四"及近代思潮

一　胡适之先生的抗议与容忍

绍唐兄如握：

四月下旬台北一叙为快。顷读到《传记文学》五十五卷一期（今年七月份）选载胡适之先生"最后一篇引起争议与围剿的演讲"：《科学发展所需要的社会改革》一文，不胜感叹。胡先生这演讲里有两点意见，我个人曾对他有些催动的努力或影响。一件是，他晚年正在大力宣扬"容忍"的重要时，我曾当面向他提醒，也不可忽略"抗议"的重要性。为了这事，我还特别在1960年11月30日针对胡先生的看法写了一篇《自由、容忍与抗议》，和他寄来的《所谓"曹雪芹小像"的谜》一文．一同发表在我和一批朋友所办的《海外论坛》月刊二卷一期（1961年1月出版）里。胡先生那篇引起争论的演讲，不但充满了抗议的精神，并且很明显地说："一个文明容忍像妇女缠足那样惨无人道的习惯到一千多年之久，而差不多没有一声抗议，还有什么精神文明可说？"这就把"容忍"和"抗议"对举，而且充分承认有时必须"抗议"了。我们固然并不认为中国传统文明中没有精神文明，但胡先生的用意只在反驳那些传统保守派所谓，东方文明是精神文明，西方文明只不过是物质文明的说法。结果引起卫道诸公口诛笔伐，我个人当时也不免感到歉然。我也许是怂恿"作弄"胡先生去做"魔鬼的辩护士"的人们之一。胡先生去世时，《海外论坛》由我编辑了一期《胡适之先生追悼号》（三卷五期，1962年5月1日出版），我便写了一篇《胡适之先生的抗议与容忍》长文来替他辩护。徐复观先生是我的好友，我也曾当面数次批评规劝他对胡先生的态度，他尚不以为忤。胡先生演讲中第二件事是提到"知识上的变化或革命"。这个观念也是我早些时候和胡先生讨论过的。1960年哈佛大学出版我的英文《"五四"运动史》之前，胡先生曾见到我的初稿，我这书的副标题是"Intellectual Revolution in Modern China"。我用"Intellectual"一词，不仅指"思想"，也指"知识"，当时中、日文有些书评也就把这副标题译作"知识革命"。我在书的结论里也曾指出用这字是采取广义。后来在一篇文章里也曾说明过："我把'五四'运动叫作一种广义的'知识革命'。"我当时向胡先生解释，我用"Intellectual Revolution"一词，比孙中山先生说的"思想革命"意义较广，中文没有恰当的翻译，勉强可说成"思想、知识革命"，但又太累赘了。胡先生也觉得不好翻译。他后来也许觉得不妨就强调作"知识革命"吧。由于《海外论坛》极力主张自由民主，也支持《自由中国》半月刊，所以在台湾不能流通。我上面这两篇与胡先生晚年那篇引起争论的演讲有关的文章，台湾读者也就未能见到。1961年《自由、容忍与抗议》一文，一直到去年四月才由张忠栋教授交《中国论坛》三○二期转载，但编者却删去了部分内容及我文末原署的写作年月日，也没有注明系转载自当年不能入口的《海外论坛》。二十八年以前的文章，好像变成了近作，对作者和读者来说，都不太公平了！我多年来提倡作者于作品末最好自署年月日地。这和你在贵刊提倡写信必书年代，用意相似。但往往被编者删去，不免使人白费心思。现在我写这信，并附上1962年那篇拙文《胡适之先生的抗议与容忍》，希望能在《传记文学》上重新刊出，使它能和台湾读者正式见面。这篇文字不但和胡先生那篇演讲以及他一生的思想态度有关，而且可能是首次详细指出胡先生和韦莲司女士的密切关系，和她对胡先生思想的重大影响。唐德刚教授后来为贵刊写《胡适杂忆》和夏志清教授替他写序，生动地描述到胡、韦轶事，似乎并未注意到我那篇早期的长文。其实拙文发表时，曾有几位海外读者，包括顾翊群先生，写信给"论坛"，认为是研究胡适思想极重要的文字。我想若重刊此文，也不是全无意义吧。匆匆草此，即祝

编安

弟　周策纵　手上
1989年8月2日于美国威斯康星、陌地生。

一　胡适之先生的抗议与容忍

胡适之先生的去世，好像在我们共同的日历上划下了一条大界限，使我们想起，中国历史上有这么一个狂风暴雨的转变时代；也好像一颗大星落了，余光灿烂地散到每个人身上。敬爱他的人有无限的悼惜，反对他的人似乎也不免惘惘然如有所失，至少是失去了一个人身攻击的对象了。

关于胡先生在各方面的贡献与得失，以后正需要大家作详尽的分析和客观的批判；这儿我只想把他一生做人和思想方面的基本态度与精神，作一个初步的检讨。

胡先生最后的重要见解——抗议

胡先生一生的基本态度与精神是什么呢？这在他最后的两年多当中自己说得最明白。1959 年在《容忍与自由》一篇文章里说，他自己"年纪越大，越觉得容忍比自由还更重要"。这可说是他对自己晚年的思想和态度最直率、最确切的重要表示之一。当时毛子水先生还很正确地替他的容忍论申述了一个"哲学的基础"。殷海光先生并且说，胡先生"这篇文章是近四十年来中国思想上的一个伟大的文献。这篇文章底意蕴是中国人应走的大方向的指南针"。

我那时读了，认为容忍固然十分重要，但还只说到了一面，胡先生早期的态度，和这点有程度上的差别，而且我们不应忘了这个问题在中国近代思想史上曾经有一度争论。所以特地在去年（指 1961 年）1 月号本刊（指《海外论坛》）发表《自由、容忍与抗议》一文，引述 1914 年章士钊和张东荪先生的辩论，并提出"抗议"一点来作补充，指出我们应该用容忍和抗议两个轮子来作为"争取自由民主的基本态度和精神"。

后来李经（卢飞白的笔名）先生读了我这篇文章便更明白地说，胡适之先生一生做人和思想的态度，实际上最能具备这两种因素。李经先生并且拿抗议和容忍来与孔子的"忠""恕"观念相比（见去年 3 月本刊"读者投书"）。我认为，虽然孔子忠恕的本义如何是另一个问题，对胡先生的这一看法却是很对的。其实，我在我上面那篇文章的末了，曾说到伏尔泰写过"容忍论"作抗议，并且同时具有抗议和容忍的精神，也就想暗示，胡先生的"容忍与自由"实际上也可看作一篇抗议书，而且他有和伏尔泰相类似的地方。本期本刊张君劢先生在他的《悼适之先生》一文里，甚至说胡适和伏尔泰在思想和作风上都"最为相似"了。我想，整个说来，胡先生似乎比伏尔泰更偏向于容忍一方面。但无论如何，我们仔细检讨胡先生的一生，可以肯定地说，抗议和容忍实在就是他的基本态度与精神。

　　胡先生对于我们所提出的"抗议"这个问题，虽然来不及参加详细讨论就去世了，但在他一生最后的一次重要讲演里，似乎接受了我们的一些看法。去年11月6日他被邀请到美国国际开发总署在台北所主办的亚东区科学教育会议开幕典礼中讲演，讲题是《科学发展所需要的社会改革》。在这篇讲词里，他说，"为了给科学的发展铺路"，我们东方人必须经过一种"知识上的革命"。这种革命有两方面：在消极方面，我们应该开始承认东方的"那些老文明中很少精神价值或完全没有精神价值"；在积极方面，我们应该了解西洋近代的科学和技术文明决不是纯物质的或唯物的文明，而实是"高度理想主义的""高度精神的"文明。这篇讲演发表后，台湾和香港地区的传统主义者曾加以猛烈的攻击。胡先生这个意见的本身原不是新的，在这里且不必讨论，但他为这一主张所提出的两点理由和态度，却值得我们注意。他所提的第一点，即消极的一面，最受反对者的攻击，那原文是这样的：

　　　　我认为我们东方这些老文明中没有多少精神成分。一个文明容忍像妇女缠足那样惨无人道的习惯到一千多年之久，而差不多没有一声抗议，还有什么精神文明可说？一个文明容忍"种姓制度"（the caste system）到好几千年之久，还有多大精神成份可说？……

　　很显然的，胡先生在这里把"容忍"和"抗议"并列，并且认定对某些不合理不人道的事，不但不应该容忍，而且非抗议不可了。这自然是对他那《容忍与自由》一文的一个补充或修正。

我在我那篇文章里曾经说过，单有容忍而没有抗议，"还可能成为奴隶的道德"。我举的例证之一便是中国妇女过去所受的压迫。我说："中国的妇女在旧礼教的束缚下不是容忍了几千年么，她们何尝得到婚姻上和经济上的自由？"这和胡先生这儿所举妇女缠足的例子意义也很相近，只是我说得比较广泛一点。本来胡先生在1934年也说过："讲了七八百年的理学，没有一个理学圣贤起来指出裹小脚是不人道的野蛮行为。"但现在则更明显地用"容忍"和"抗议"两个观念来表示了。

他这篇讲演，表面上讲的虽然是东西文明问题，实际上也反映他对容忍与抗议的看法。这从他的第二点理由，即积极的一面，也可以看出来。他在这儿仍旧用他在容忍论中引过的"理未易察"来证明科学和技术的文明实际上乃是极高度的精神文明，因为这需要"忘我的求真的努力"，需要能克服"足令人心灰气馁的失败"的耐性和毅力，而这些都是精神的表现。我在我那篇文章里也说过，"求真理的热忱和坚持真理的精神"与抗议的精神密切相关。这也就是李经先生说的"保持个人人格与判断的独立"。我们所说的原来也可包括在胡先生所说的"求真的努力"之内，不过他所注意的是在说那是"精神"，而我们则注重那是"独立"的精神罢了。

而且事实上，他这篇讲演的本身，便是针对当前一班假借"精神文明""物质文明"等名词以阻碍中国现代化或科学化与民主化的人们的一个抗议。他因这篇讲演而连受围攻时，也不曾气馁。在他去世的前几天，法新社驻台湾的记者为了这事问他自由主义以后在中国的命运将如何？他便答道："自由主义在中国没有死！"这更是一声严肃而强烈的抗议和号召！

所以我们有充分的理由相信，胡适之先生在他一生的最后时期，主张勇于抗议，教大家为理性主义和人道主义而抗议，用容忍的态度抗议。在这最后的日子里，他已把抗议看得比容忍还更重要或同等重要。我觉得这是我们检讨他一生时最值得注意的一件事，也是纪念他时大家必须记住的一个榜样。

早期影响他抗议与容忍的因素

用"抗议"与"容忍"两个观念来分析胡先生的做人和思想,固然不是唯一重要的方法,因为一个人的成就还得看这些态度用在什么方向以及其他的因素而定。可是我们把这些当成极重要的基本态度,把这种分析方法当成一个很重要的方法,也不是没有理由。一方面,我们认为一个人对人、对事、对问题所采取的态度和方法,并不仅是一个表面的现象;它们实际上与言行的本身原不可分离,而且往往可以决定或限制言行的成就与后果。再方面,胡先生的一生素来就特别注重态度和方法。而更重要的,他一生的言论行动本来就多半和抗议与容忍有关。不但如此,他早期并且曾经自觉地考虑过这两种态度的问题。所以用这个标准来分析他的一生,似乎特别有意义。

现在我们且先检讨一下他过去怎样形成这两种态度与精神以及对它们的看法,然后再来看这些态度与精神怎样表现在他的言论和行动里,怎样影响到这些言行。

胡先生小孩时所受最早的教育,似乎已给了他一些抗议和容忍思想的种子,他三岁零几个月发蒙读书时,最初读的是他父亲自己编的一部《学为人诗》。这书开头就说:"为人之道,在率其性,子臣弟友,循理之正。"又说:"义之所在,身可以殉。求仁得仁,无所尤怨。"还说:"为人之道,非有他术:穷理致知,返躬践实,黾勉于学,守道勿失。"这些都偏重抗议的精神,也就是忠于个人人格与思想的独立精神。这书里又说,人应该"谨乎庸言,勉乎庸行",应该"因爱推爱,万物同仁"。这又在教人有容纳异己的雅量,教人不要过度走极端。固然一个三岁多的小孩子不能懂得这些大道理,但胡先生后来在自述里郑重提出,可见这最早的教训给他的印象是非常深刻的。

胡先生最初看到的小说是一部最富于反抗精神的书,那就是他七岁多时偶然在废纸堆里发现的被老鼠咬剩了的《水浒》。他开始看到的便是"李逵打死殷天锡"那打抱不平和反抗的故事。这当然并不是说,李逵说的"便是活佛,也忍不得!"对胡适思想有什么特殊重要的作用。只是我们要知道,《水浒》对胡先生的抗议态度,绝不是没有影响。试看他二十岁时在美国再读到这小说时便在日记里写道:"偶一翻阅,如对故人。此书真是佳文。余意《石头记》虽与此异曲同工,然无《水浒》则必不有《红楼梦》,此可断言者也。"他第一篇小说考证便考的是《水浒传》。还认定它是"发挥宿怨"和"反抗政府的书"。而他那轰动一时的名言"四川省只手打倒孔家店的老英雄",也正是当他读《水浒传》时摹仿的句子。《水浒》对胡先生的影响自然只有那打抱不平和反抗的精神及文学技巧。这书所鼓励的手段却不见得是他所能完全同意的。

胡先生描写过他几个嫂嫂怎么没有容忍的性格,他说这使他渐渐明白:"世间最可厌恶的事莫如一张生气的脸;世间最下流的事莫如把生气的脸摆给旁人看。"他深深记得他母亲如何用容忍的态度来应付这些家庭的争吵。他说:"我母亲的气量大,性子好,又因为做了后母后婆,她更事事留心,事事格外容忍。"但她也不放过应有的抗议。他记得他母亲如何请人到场当众质问他五叔对她的诽谤。他说:"我母亲待人最仁慈,最温和,从来没有一句伤人感情的话。但她有时候也很有刚气,不受一点人格上的侮辱。"他在《先母行述》里也说:"先母一一处之以至诚至公,子妇间有过失,皆容忍曲喻之;至不能忍,则闭户饮泣自责;子妇奉茶引过,始已。"这种容忍与抗议平衡发展的态度,给她儿子一个好榜样。

九年家乡教育后,在上海的六年,尤其在澄衷学堂和中国公学,同学和朋友中有不少的革命党、革新派和积极闹风潮的人,这些对他的态度都不能没有影响。

可是对他思想和态度最有决定作用的还是他在美国所受的七年教育。尤其是 1914 年,可说是他一生的转折点。这时他留美已将近四年,他的思想起了一个大变化。抛弃了许多守旧的观念。过去他替中国的传统辩护,现在却采取更多的批判态度。他对现状和习俗越来越表示不满。总之,他从此变得更勇于抗议了。并且开始意识到容忍和抗议两者之间如何选择的问题。

引起这个大转变的,似乎有几个重要因素。原来他于 1910 年秋天到美国后,一直和基督教教会里的人接触很多,注意到"耶稣之容忍精神";后来所往来的却多属于理想主义和社会抗议的教派人士,例如"一尊派"(Unitarian)、"木尔门派"(Mormon)、"朋友派"(Quaker)等。1911年6月他甚至公开宣布"遂为耶氏之徒矣"。但不久就"深恨"那些教会"玩这种""用感情的手段来捉人"的"把戏"。所以入教不成事实。可是他的思想还是受了基督教一些理想的影响。1914年11月他还在一封英文信里说:"我虽然从来不曾标明自己属于哪一个宗教,但从某一意义说来,我是个一尊派。要是我们把耶稣看作一个人,而不是什么上帝的儿子,我对他会有更大的敬爱。"大家都知道新教原是因抗议而起来的,所以它的名称便是"抗议者"(Protestant)。而一尊派素来主张宗教自由,容忍异端。在十六七世纪时,这派人自己被教会当作异端看待,成千的被处死刑。它是较富于抗议精神的一个派别。我这儿只是说,胡先生曾受过这些社会抗议和容忍精神的影响。我们要注意,他终于对整个基督教以及其他一切现存的有组织的宗教都是拒绝的。

在另一方面,胡先生那几年在世界学生会(Cosmopolitan Club)里的活动越来越多。从1911年9月到1914年9月他一直在会所里住了三年,1913年5月起还做了一年康奈尔大学分会的会长。这个会里的许多人当时都是理想主义者和热心社会抗议的人。他受了这些朋友们的影响,同时也因为他和他们气味相投,所以热烈地反对战争,主张和平,反对狭隘的国家主义,主张世界大同主义。他的所谓"不争主义"实际上是要坚持一种"道义的抗拒"(Ethical Resistance),可说是一种具有容忍精神的抗议主义。

更重要的,在1914年,他所读的书渐渐地由古典主义著作转移到社会批判的著作。这时他组织了一个读书会,读了好些易卜生、霍仆特曼(Gerhart Hauptmann)和萧伯纳的剧本。人道主义对他大有吸引力。他似乎已接受了激烈的自由主义和理想社会主义的许多原则。这年9月他初游波士顿时和哈佛的一个中国学生谈到自由平等学说,便说:"今日西方政治学说之趋向,乃由放任主义(Laissez faire)而趋干涉主义，由个人主义而趋社会主义。"所以我们不该再拾西方 18 世纪放任主义这种"唾余"了。事实上他还深信自由平等之说和个人主义，但那已是经过 19 世纪社会主义批判后的自由平等学说和个人主义了。我时常觉得这应该叫作"社会的自由主义"和"社会的个人主义"，也就是他自己所说的"健全的个人主义"。这比他后来所用"非个人主义"一词也许更恰当一点。这种从 19 世纪的英国发展出来的思想，很具有容忍性的社会抗议的精神。

胡先生开始注意实验主义也是这紧要的 1914 年。在这年 1 月 25 日的札记里，他已经注意到中国所急需的是思想方法，他说："今日吾国之急需，不在新奇之学说，高深之哲理，而在所以求学论事观物经国之术。以吾所见言之，有三术焉，皆起死之神丹也：一曰归纳的理论，二曰历史的眼光，三曰进化的观念。"这几乎可说决定了他以后一生整个的思想和治学的方向。同一天的札记里又说他"近来所关心之问题"有下面三个："一、泰西之考据学，二、致用哲学，三、天赋人权说之沿革。"这三件事对他后来一生的关系真非同小可！这儿所说的"致用哲学"，即是他后来所说的"实效主义"，也就是那成为他"生活和思想的一个向导"与他"自己的哲学基础"的实验主义。第二年的夏天他更整个的把它研究了一番。他说："我在 1915 年的暑假中，发愤尽读杜威先生的著作，作有详细的英文提要。"这时他已申请准进哥伦比亚大学的哲学系念书，杜威是系主任。9 月里胡先生便进了哥大。我们要知道，当时杜威的思想乃是一种激烈的自由主义，他对社会和政治问题的看法，也往往和当时流行的习俗思想相反。例如他积极主张妇女参政，胡先生便看见过他亲身参加妇女运动者的集会游行。所以杜威思想给胡先生的极大影响也往往是批判的态度和抗议的态度，而杜威思想以主义学说为待证的假设，也就在认识论上给胡先生的容忍观念供给了一个理论基础。这方面都是直承 19 世纪英国思想体系，如穆勒、赫胥黎等而发展出来的。

"闺阁中历历有人"与"逼上梁山"

上面所说的因素都是比较广泛的。另外还有两种因素,却比较特殊而具体,对胡先生的思想和态度,尤其是抗议的态度,影响特别的大。一种是女朋友的吸引和鼓舞,另一种则是对环境和朋友们的抗辩。

我说女朋友的吸引和鼓舞,指的是他日记里最常提到的,康奈尔大学一位地质学教授的第二个女儿韦莲司(Edith Clifford Williams)女士。胡先生以前在上海时本来也很放荡不羁,但到美国后变了个老好人,四年中从来不找年轻的女朋友。不料也就在这我所谓他一生转折点的1914年6月8日的夜里,忽然心血来潮,"第一次访女生宿舍",去找起女朋友来了。大约就在这个夏天结交了这位"C. W."女士。

这位韦小姐可说是个天生的畸人。胡先生尝说她有像穆勒所说的"狂狷之行"(eccentricity),也就是说对流俗最有反抗精神。她"最洒落不羁,不屑事服饰之细"。穿的衣服,"数年不易。其草冠敝损,戴之如故。又以发长,修饰不易,尽剪去之。蓬首一二年矣。行道中,每为行人指目"。她母亲和姐姐屡次劝告她,她反而说,别人奇装异服,换来换去,才是怪事,怎好说我不变换是奇怪呢?

但她"极能思想,读书甚多"。胡先生说她"见地之高,诚非寻常女子所可望其肩背。余所见女子多矣,其真能具思想、识力、魄力、热诚于一身者惟一人耳"。可见对她估计之高。

这个女孩真可说是具有容忍性的反叛型女性。她能反抗她父母对她的拘束,但也没有过度地破裂,她往往坚持自己的意见,却又能用诚恳和大度对人。胡先生说:

> C. W.,女子中之有革命眼光者也。其家庭中之守旧空气,C. W. 对之如在囹圄,其远去纽约,终岁尽数归,未尝不为此故。此君盖可谓为"divine discontent"者也。

又说:

> 女士深信人类善根性之足以发为善心，形诸善行，因引嚣俄之《孤星泪》(Les Miserables)，证大度不疑之足以感人。……女士盖真能实行此道者。其待人也，开诚相示，倾心相信，未尝疑人，人亦不敢疑也，未尝轻人，人亦不敢轻之。其所交多贫苦之画师，其母恒以为惧，女士坦然处之，独居纽约如故。与女士谈论甚有益，以其能启发人之思想也。

这儿说的"神圣的不满"乃是引用19世纪英国小说家金斯莱（Charles Kingsley）的话，很可代表一种高尚的抗议精神。这儿说的"大度"，自然可说是一种容忍的态度。

我这样详细的介绍这位韦女士，只因胡先生和她曾有非常密切的友谊，而且在思想和态度上曾受她很大的影响，还没有被一般人注意。他从认识她后直到离美之前的三年中，都和她有不断的往来。有时在秋尽冬初，同游湖滨，"共行三小时之久""且行且谈""不觉日之晚也"。有时在初春"斜日未落"时同游河边作长谈。有时同"行月光中"，她便告诉他"其言甚艳"的"印度神话月中兔影"（胡先生后来参考佛经，把这故事写进《西游记》的第八十一难"里，成为那一回"伪书"的主题）。有时同去看戏。我以为1915年秋胡先生从绮色佳搬到纽约去进哥大，也许还一部分是为了她住在纽约的缘故。她住的地方离哥大不远，暑假里回绮色佳父母处时，这寓所就让给胡先生和朋友暂住。胡先生和她住在一个城市里也还时常通信。两年多他写给她的信有百多封，平均每星期一封。他们所谈的和信里所讨论的问题，范围很广，从哲学、伦理、政治理想、社会习俗，到个人关系等，样样都谈。1917年5月4日，胡先生缴博士论文的那一天，也就是"五四"事件的整整两年前，在札记里写道：

> 昨在韦女士处见吾两三年来寄彼之书一大束，借回重检读之，乃如读小说书，竟不肯放手。此中大率皆1915与1916两年之书为多，而尤以1915年之书为最要。吾此两年中之思想感情之变迁多具于此百余书中，他处决不能得此真我之真相也。

这句"他处决不能得此真我之真相也",说得多么重!我希望以后替胡先生写传记的人能充分利用这一部分资料。

他们到底是什么关系呢?我想道义和理想大约与感情有同样的多。而他的另一位女朋友瘦琴(Nellie B. Sergent)女士则可能偏于感情也说不定。胡先生和韦女士的关系也许是一种"升华"了的感情。她给他的信里讨论到"男女交际之'礼'",认为"最适合于最高尚的人"的,乃是一种"思想之礼"(propriety of thought)。她说:如果明知"性的吸引"已"没有用处"而抛弃不顾,把注意力转移到"更高尚的友谊",便无所谓"非礼"。这样,在两人之间,也只有在两人之间,便能有最亲密、最富于思想启发的关系。这真不失为胡先生所说的"见道之言"。结果他们的友谊能发展到最理想、最有益的方向去。这在普通一对二十多岁的青年是很不容易做到的。

我这样说,并不是否认他们间的特殊感情关系。胡先生说他自己生平"无'闲情'之赋",又"惧他日读者之妄相猜度也"。但他自己也承认1915年"重事填词,偶作绮语"。他的《满庭芳》和《临江仙》或者真是"语意一无所指",但"枝上红襟软语,商量定,掠地双飞。何须待,销魂杜宇,劝我不如归?""多谢殷勤我友,能容我傲骨狂思。频相见,微风晚日,指点过湖堤。"以及"共穿幽径趁溪斜。我和君拾甚,君替我簪花。""更向水滨同坐,骄阳有树相遮。语深浑不管昏鸦,此时君与我,何处更容他。"恐怕也不免"醉过才知酒浓",照他自己的"诗的经验主义",是不能不"有经验做底子"的。要不然,他这"绮语"为什么偏偏出现在1915年?我想胡先生终会宽恕容忍我们不愿"像张惠言、周济一班腐儒向晚唐、五代的艳词里去寻求'微言大义'",也不愿像汉儒说"诗"一般来读他自己的词吧。

胡先生对这一种友谊所给的益处,自己当时便已充分承认了。大概说来,有"专心致志"和"启发思想"两点。他能专心立志,选定哲学为专业而不流于"求博而不务精",便是和韦女士共同约定的。他给她的信承认她可能是他唯一"掌舵的人"(Steersman),能把他指引到专一而正确的航路上去。

一　胡适之先生的抗议与容忍　143

关于思想启发方面，韦女士给他的影响往往和抗议与忍容的精神有关。胡先生1914年11月3日的札记标题作"'容忍迁就'与'各行其是'"。这一条和他的思想与做人态度很有关系，全文如下：

> 韦莲司女士语余曰："若吾人所持见解与家人父母所持见解扞格不入，则吾人当容忍迁就以求相安乎？抑将各行其是，虽至于决裂破坏而弗恤乎？"此问题乃人生第一重要问题，非一言所能尽，余细思之，可得二种解决：余东方人也，则先言东方人之见解。昔毛义有母在，受征辟，捧檄而喜。其喜也，为母故也。母卒，即弃官去。义本不欲仕，乃为母屈耳。此东方人之见解也。吾名之曰"为人的容忍"（altruistic toleration）。推此意也，则父母所信仰（宗教之类），子女虽不以为然，而有时或不忍拂爱之者之意，则容忍迁就，甘心为爱我者屈可也。父母老矣，一旦遽失其所信仰，如失其所依归，其痛苦何可胜算？人至暮年，不易改其见解，不如吾辈少年人之可以新信仰易旧信仰也。其容忍也，出于体恤爱我者之心理，故曰"为人的容忍。"
>
> 次请言西方近世之说，其说曰："凡百责任，以对一己之责任为最先。对一己不可不诚。吾所谓是，则是之，则笃信而力行之，不可为人屈。真理一而已，不容调护迁就，何可为他人之故而强信所不信，强行所不欲行乎？"此"不容忍"之说也。其所根据，亦并非自私之心，实亦为人者也。盖人类进化，全赖个人之自莧。思想之进化，则有独立思想者之功也。政治之进化，则维新革命者之功也。若人人为他人之故而自遏其思想言行之独立自由，则人类万无进化之日矣。（弥尔之"群己权界论"倡此说最力，易卜生之名剧《玩物之家》亦写此意也。）吾于家庭之事，则从东方人，于社会国家政治之见解，则从西方人。

这里所谓"西方近世之说"，正是我在论抗议时所举的一部分理由。最有趣的是，同是穆勒的《自由论》一部书，胡先生在这二十三岁时觉得它倡"各行其是"的"不容忍"之说"最力",可是到了六十八岁时却又说这书在支持"容忍"了。我以为这并不纯粹是他的自相矛盾,而是我说的穆勒提倡容忍抗议,本来就包括容忍和抗议两种精神。主张思想自由的人单注意一方面是不够的。

韦女士这里所提出的问题虽然以家庭为主体,其实正牵涉到整个做人的态度和社会政治问题,胡先生把它扩充来讨论,而且说它是"人生第一重要问题",可说很对。可是他想在家庭与社会国家两者间来区别,却大有问题。因为"父母所信仰"的难道不往往也牵涉到社会国家的问题么?他这时还只领悟到感情和道义来支持容忍的说法,而尚未注意到知识论方面。他自己接受了父母包办的婚约,当然完全实践了这个原则。

其实这个观点在西方也有。所以韦女士立刻写信给他便引了英国毛莱（John Morley）子爵"调和论"（On Compromise）的话来印证胡先生的说法。毛莱以为唯有父母子女间可以忍痛沉默,但他又极力主张不顾习俗的观念而坚持自己独立的见解。韦女士在信里还引到刚多赛（Condorcet）的话:"单是做好的事还不够,还必须用好的方式去做。"她这样注重态度与方法,以及引起胡先生注意毛莱鼓励人勇于表白自己独立的思想,对胡先生都有积极的影响。

事实上,他这时早已十分同情韦女士对她父母的抗议了。他这时把"社会国家政治之见解"划归"各行其是"这一方面,抗议早已比容忍多得多,就是家庭方面,他也逐渐同情子女的独立了。后来韦女士的母亲问胡先生东方人对美国青年妇女惊世骇俗的性格想法如何,他回信便说了一大篇"教女儿之道",认为父母必须让女儿有自由,必须信任她,不可把她当成奴隶或傀儡。这种思想自然是受了易卜生主义的影响,但胡先生自己在1915年10月却承认,他对妇女独立解放的思想,关键还在认识了韦女士。他说:

> 吾自识吾友韦女士以来,生平对于女子之见解为之大变,对于男女交际之关系亦为之大变。女子教育,吾向所深信者也。惟昔所

注意,乃在为国人造良妻贤母以为家庭教育之预备,今始知女子教育之最上目的乃在造成一种能自由能独立之女子。国有能自由独立之女子,然后可以增进其国人之道德,高尚其人格。

后来胡先生事实上把家庭中"为人的容忍"一方面看得并不如子女应有独立人格的重要。他母亲信神佛,他自己便不信鬼神。这至少是"容忍"而不"迁就"。1914年他写"易卜生主义"英文初稿时,对娜拉固已表示同情。而在他1919年写独幕话剧"终身大事"里,女主角田亚梅甚至违背父母之命而出走,和他先前所主张的东方人家庭内"容忍迁就"的观点更不相同。和他自己接受包办的婚姻的态度也相差很远。原来他思想上早已倾向韦女士独行其是这抗议派一边了。

韦女士不但使胡先生对女子的见解发生了变化,而且处处影响他对独立思想的看法。例如他1915年5月8日的札记说:

> 偶语韦女士吾国士大夫不拒新思想,因举《天演论》为证。达尔文"物种由来"之出世也,西方之守旧者争驳击之,历半世纪而未衰。及其东来,乃风靡吾国,无有拒力。廿年来,"天择""竞存"诸名词乃成口头常语。女士曰:"此亦未必为中国士大夫之长处。西方人士不肯人云亦云,而必经几许试验证据辩难,而后成为定论。东方人士习于崇奉宗匠之言,苟其动听,便成圭臬。西方之不轻受新思想也,未必是其短处;东方之轻受之也,未必是其长处也。"此甚中肯。今之昌言"物竞天择"者,有几人能真知进化论之科学的根据耶?

这儿说的"中国士大夫不拒新思想",固然不见得真实,而且达尔文主义在西方所受阻力较大,恐怕还是由于"创世纪"的宗教信仰比东方人坚强。但韦女士说的西方人不易轻信,而"东方人士习于崇奉宗匠之言",喜欢标语口号,轻信权威,却很有道理。这也就是说,西方人比较注重独立思考和坚持己见。胡先生自己这时写的《老树行》诗说,

"既鸟语所不能媚，亦不为风易高致"，也是表示这种独立的态度。当时有人便说他的"大病""在于好立异以为高"。胡先生则替"立异"下界说道："不苟同于流俗，不随波逐流。不人云亦云。非吾心所谓是，虽斧斤在颈，不谓之是。行吾心所安，虽举世非之而不顾。"他对这种立异则"窃有慕焉"，并引韦女士的话来作支持。这样注重独立思想的结果，不久他就更强调"调和之害"了。

韦女士又曾和胡先生讨论到一个伦理上的基本原则问题，也牵涉到容忍问题和对儒家"忠恕"的解释。1914年10月26日的札记说韦女士曾问起"人生伦理繁复难尽，有一言以蔽之者乎？"胡先生的答复是："此不易言。无已，其惟'一致'（consistency）乎？"意思是说："言与行一致，今与昔一致，对人与对己一致。"这也就是"一以贯之"。并且说这就是孔子所说的"己所不欲，勿施于人"的"恕"和穆勒所说的"自由以勿侵他人之自由为界"。

这样单用"恕"字来解释"一以贯之"，到他写《中国哲学史大纲》时更作了较详细的分析，而且推广了。在这书里，他接受章太炎认"忠恕"为孔子的根本方法的观点，但否认他把"忠"解作亲身经验的知识（"亲知"）和另把"恕"解作推论得来的知识（"说知"）。而认为"'忠恕'两字与'恕'字同意"，即是以"类似之点"为根据的"推论"。并且说：

> 我的意思，以为孔子说的"一以贯之"，和曾子说的"忠恕"，只是要寻出事物的条理系统，用来推论，要使人闻一知十，举一反三。这是孔门的方法论，不单是推己及人的人生哲学。

章、胡二人用方法论和知识论来诠释"一贯"和"忠恕"，可说是研究儒家思想的一大进步。这也许是胡先生后来用"理未易察"的知识论观点来说明容忍的一个过渡阶段。孔子说忠恕时恐怕还是偏重在伦理观念，但这背后暗示有方法论和知识论，却无可疑。

但是胡先生把"忠恕"就当作"恕"而忽略"忠"，证据是很薄弱的。这也有点像他在《容忍与自由》一文里只注意到容忍而没有想到抗议的重要一样。这两点在他思想的发展上也许还有连带的关系。"论语"里说到"忠"的地方还不少,意思颇近于"诚"。后人用孟子的"尽心"或"尽己"来解释,也并不是完全没有道理。不过胡先生1915年2月所立的"自课"把"表里一致"解作"不自欺",把"言行一致"解作"不欺人",把"对己与接物一致"解作"恕",而以"今昔一致"为"恒"。这"不自欺""不欺人"也就等于"忠"或抗议的精神。可见他所说的"一致"也并不止于"恕"了。

除了上面这些思想问题外,韦女士给胡先生的影响还很多,如她的坚持不争主义、世界大同主义、对教育的重视、对老子柔弱观点的批判等。但最重要的还有她在美术方面的思想可能曾影响到胡先生文学革命的主张。原来韦女士专攻绘画,乃是属于当时"新派美术"。胡先生说她"所作画,自辟一蹊径,其志在直写心中的情感,而不假寻常人物山水画为寄意之具,此在今日为新派美术之一种实地试验"。又说:"此'试验'之精神大足令人起舞。"她的画曾在纽约的独立美术家协会(The Society of Independent Artists)画展里展出,成绩很好。胡先生曾两次去看过。这些画家都属于当时大有反叛革命性的所谓"后期印象派""未来派""立体派"等。这些美术上的派别影响到当时的文学潮流,在美国产生"意象派""自由诗""尝试派"和"未来派"的文学革命运动。他们主张打破旧诗的格律,用白话作诗。在我的英文《"五四"运动史》(*The May Fourth Movement*: *Intellectual Revolution in Modern China*,1960年哈佛大学出版)里我曾较详细地叙述胡先生如何受这种"美国文艺复兴"思潮的影响。当时胡先生的反对白话诗的朋友早已这样说过,胡先生自己也承认过,并替这种"新潮流"辩护。他在日记里说他对诗的主张和"意象派"诗人的"多相似之处",还引证说,这派诗人的作品是"一种对生活与诗中粉饰雕琢的抗议"。

胡先生自己曾说他努力文学革命是被"逼上梁山"的,是因为他在美国的一些中国朋友"越驳,越守旧",便把他逼得"变得更激烈了"。这种被逼出来的抗议精神已是大家所熟识的了,这儿用不着多说。但我觉得他被"逼"之外，还有被"诱"的一面。他如何被师友与中外的著作引诱到支持"不通行的"（unpopular）和"反流俗的"（unconventional）潮流，以至于推崇"狂狷之行"的抗议精神，还不曾得到应有的注意。所以我不厌其详地指出他一些思想变迁的关键。我这一篇关于韦女士的话，固是"村言"，却非"假语"，胡先生的高文典册都还存在，原用不着我来使"闺阁昭传"，不过这样提出来，也许可以"醒同人之目"罢了。

但"逼上梁山"，胡先生只用在文学革命方面，我以为他其余的许多思想行动也往往是"逼上梁山"的结果。1914年之所以对他重要，当时客观的环境便是一个重要因素。那年世界大战爆发，逼得他更去反战非争。那年袁世凯下尊孔令祀孔，逼得他对宗教和儒教更怀疑起来。他回国时在路上听到张勋复辟的消息便决心献身于新文化的改革运动。所以他在文化政治方面抗议的态度也多半是环境逼出来的。

（原载于台北《传记文学》第五十五卷第三期，1989年9月）

二 胡适对中国文化的批判与贡献
胡适先生百岁诞辰纪念讲稿

最近几年来,认真研究胡适一生和他的学术思想的人越来越多了,这是个好现象。正因为如此,现在《中国时报》要我来讲述胡先生对中国文化的批判和贡献,或评论他对传统中国文化的功过,真是谈何容易,何况我近来忙于别的事情,只能赶着在飞机上来写这篇讲演稿,不周到不准确的地方自然难免。不过仔细说来,如果要作详尽的分析和检讨,总也不是几个钟头,甚至几天所能讲得完备的。所以我就只检出我认为比较重要和我自己认为稍有新意思的几点来谈谈。

现在且先从胡适之先生对中国文化批判而最有贡献的一件谈起,这自然也就是他所提倡的白话文学运动。提倡用白话来写作当然不是胡适最先开始的,大家都知道,用白话写讲演、写小说、写戏剧中的对白,从变文、平话、传奇,到语录,早已有一千多年的历史了,元朝有时用白话写政府或皇帝的文告;更不消提到汉史记载宫人的口供,偶然也保存着白话;《诗经》里有些诗也用了口头俗语,那是两千年以上写的白话诗。到了清朝光绪末年,也就是19世纪末20世纪初,好些传教士、青年作者和学生,早就在提倡用白话译西书,办《白话报》,提倡"国语",胡适在学生时代,陈独秀在青年时代,都曾参加过这种办白话报的举动。

至于"诗界革命""文学革命"的口号,本来也不是陈独秀和胡适两人最先提出来的,清末时到民国初年也有人早已说起。在陈、胡二人之间,胡适却比陈独秀更先注意到"文学革命"这一观念,他在1915

年夏天和 9 月早已注意到这点，1916 年 10 月他发表在《新青年》月刊上给陈的信里又说到过，只是到 1917 年发表《文学改良刍议》时，才改写作"改良"。在那信里他并且把他所提出的八件原则归纳成"形式上之革命"和"精神上之革命"。后来有许多人只注意到陈独秀在《新青年》1917 年 2 月号发表的《论文学革命》一文，便以为"文学革命"最先或最主要是由陈所提倡，这却不完全正确。不过陈独秀在文章里特别提倡"写实的""社会的""平民的"文学，给文学革命的确加了些新的内涵，而且给予新文学运动以后六七十年间十分巨大的影响，倒是不可否认的事实。

不过就提倡白话文学来说，胡适的努力和贡献，自然超过了任何别的人。在这方面，他有两件最重要的贡献：一件当然是他提倡并实地用白话写新诗，"新诗的老祖宗"这头衔大致上是可以肯定的。第二件则是他宣称白话文学才是中国文学的正宗。这就把文言文从正统的高位上拉了下来，白话文和文言文翻了个筋斗。从"五四"时代起，白话不但在文学上成了正宗，在一切写作文件上都成了正宗。这件事在中国文化、思想、学术、社会和政治等各方面都有绝大的重要性，对中国人的思想言行都有巨大的影响。就某些方面看来，也可说是中国历史的一个分水岭。这个重要性，恐怕一般人还不曾意识到，恐怕连胡适自己也不曾充分认识到。语言表达的方式可以影响到人们的思路、思考和行为。白话文的成功推展，可能已促使中国文化变色和变质了。这无疑的是胡适对中国文化的最大贡献。自然，这是"五四"运动以来，无数作家和知识分子分别和共同努力的结果，但胡适初期催生之功是不可磨灭的。

胡适在中国文学的研究和创作方面，当然还有许多别的贡献，如他看出中国传统文学两条平行发展的路线，对传统小说的考证分析，"新红学"的建立，对词的探索，等等，有些早为世所周知，本来不想在这里多说。

至于他对中国传统文学的某些批判，有些却只是因袭前人，并无新意，或过于笼统，有些却不见得正确公平。像信中和"刍议"文中所提到而后来改称作"八不主义"的、"须言之有物""不用滥调套语""不作无病呻吟""不模仿古人,语语须有个我在""不讲对仗""不用典"等,都是前人已主张过的。不过他在当时一并提出,当然不无救药时弊的功用。其实"不模仿古人,语语须有我在"恐怕也只有后半句正确,民国二十三年(1934)他在《信心与反省》一文里就说:"一切所谓创造都从模仿出来。"又说:"凡不肯模仿,就是不肯学人的长处。不肯学如何能创造?""一切进步都是如此;没有一件创造不是先从模仿下手的。"关于"不讲求对仗,文当废骈,诗当废律",这只能说,因为过去骈、律弄得太过火、太呆板,却不能否定骈、律在过去的优越成就,谁能否认庾信《哀江南赋序》和杜甫《秋兴八首》的美之价值?所以后来梁启超就起来反对说:骈俪对偶之文,虽为近人所反对,却自有其美。唐德刚教授在所记《胡适口述自传》的注里就引《今古奇观》里"乔太守乱点鸳鸯谱"那段妙文来反驳胡先生,我看也还有点道理。当然,我并不特别提倡作骈四俪六之文,可是中国的对联,我素来就认为还值得提倡改良,因为那可能已是世界文学作品中最为大众所见的,最简短而最普遍的文体,正用不着废弃它。至于不用典,齐梁时代的钟嵘在《诗品》自序里早就说过,但后来用典的作品,好的不但很多,而且若改用"直陈",也决不能达到那种繁富深沉的境界,像李商隐的诗就是个很好的例子。其实胡先生自己很喜欢用典。古今中外好的用典太多了。中国过去把它分成两种:一是"用事",一是"用词",我看也许还可加一种"用意",就是既无事可据,又不用原词而只袭其意者或可归入此类。适之先生最有名的一些词语往往都是用典,例如他提出的"四川只手打孔家店的老英雄",就自认是受了读《水浒传》的影响,从这小说里"景阳冈只手打虎的英雄武松",和"三打祝家庄"等种种故事和词汇,自可看出胡适是在用了词汇之典。"打倒孔家店"这句口号正可说是"模仿古人"的成果。又如他的《逼上梁山》一文,更是用了《水浒传》的事、词之典。至于他那开创性的《尝试集》,取名用了陆游诗句"尝试成功自古无"的词汇之典,意思则是用了美国当时诗歌美术的"尝试主义"(Experimentalism)的意典。用典的好处,乃是因为由过去的神话、史实、意境、词语可得到包含丰富的蕴义,多重的意境,和历史源远流长的感觉，决非别法可得。西洋现代许多优秀诗人，如艾略特等，都在这样做。虽然有时颇觉晦涩，但好处也是显然的。以上大略检讨胡适早期的文学主张，德刚已另有长文发表，我可不多说了。不过我早就指出过，胡适当时这些偏失并非主要，主要的乃是他极力提倡白话文学。偏失决不能掩没他的主要贡献。

其次，不妨来看看胡适对中国历史和经典研究所开启的道路。这牵涉大家所熟知的"整理国故"和"疑古"两大问题。本来整理国故在他之前也早有人做过一些，章炳麟、王国维等都有不少成就。不过胡适在他留学时代却更有自觉，更有系统，更注重方法论，更注重逻辑与举证。他特别提倡"实验主义"，固已为众所周知，不过近些年常有学者批评说他对这种哲学思想并无专书详细述介，这固然也是事实，但我认为要点并不在此，若他当时只去著些专书，翻译些专著，可能并没有多少人看得懂或注意，他用浅近实用的方式传播开来，正是他的特长和特殊贡献。他注重历史方法，也就是他有时叫作"祖孙的方法"，结合西洋经典考证方法、汉学家考证方法，和中国传统的，尤其是乾嘉时代发展起来的考证方法，给整理国故开了个新的局面，这当中最重要，最有影响力的，自然是对《水浒传》《红楼梦》等传统章回小说的考证研究。正由于通俗小说人人喜欢看，所以影响才那么大，与钻研甲骨文、金文等就有不同。可是胡适在另一方面，著作《先秦名学史》《中国哲学史大纲》《白话文学史》等，都有开山的作用或特殊贡献。这虽已是大家都知道的，不过我所要强调的乃是他在这些不同方面的启发作用，绝非别人所曾做到；并且他之介绍西洋思想学说，往往与整理国故相融会贯通；还有，那个"国故"范围较广，包括古典和通俗文学。（当然，像俞樾、王国维等也算是一部分的先行者，但传播和影响，远不及胡适。）这儿我还须一提，有人以为胡适把Pragmatism译成"实验主义"，并不准当，左派作者都译作"实用主义"。（最近又有人要把它译作"实效主义"。）有一次他和我谈起，他用"实验"一词是一方面要强调杜威等人特别重视方法论，一方面是他觉得一般中国人太不注意方法和实证。从这件事可看出，无论他介绍西洋文化思想也好，整理批判传统中国文化思想也好，往往考虑到救时弊的作用。即令如此，他大致上还不肯过于歪曲事实，比起许多别人来还算要好些。

关于"疑古"问题，本来是他的同事钱玄同（"疑古玄同"）和学生顾颉刚在早期主张最力。胡先生当然也提倡过"于不疑处有疑"。不过我看他还是尽力想去做到信其所当信，疑其所当疑。他只是教人不可"轻信"。我有一次对他说："轻信"这个观念在传统中国很不发达，不像西洋成为专门名词。他非常同意，并指出他过去时常要人不可轻信。事实上，胡适先生绝不是个一面倒的"疑古派"，这从他坚持对老子其人和《老子》一书年代早于孔子的看法就可以知道。我多年来就认为，他这个看法，比梁启超、钱穆、顾颉刚、冯友兰，以及当代许多西洋汉学家把老子拉到孔子以后的说法要合理得多。有些人甚至把"老子"放在"韩非子"和"庄子"之后，真是乱翻筋斗，无理取闹了。我的理由很多，这里不能细说。顾颉刚先生在抗战时期和战后与我有好些年交往，他早年对古史传说固然深深存疑，可是他几次对我自辩说绝不像一般人说的那么厉害和走极端。他相信《逸周书》有些篇必是周初的作品，和我的看法很相近。只是我相信的更多，我在几篇文章里都曾提到过。考证工作本来不易有定论，不过就我个人浅薄的判断，在"无微不信"这方面，胡适比他同时的许多优秀学者也许还要小心谨慎些。只有牵涉较广泛的问题时，由于他要救时弊，或要稍稍去"适之"一下，才有时也难免言过其实。

最后，我想谈谈那最引起人争论和责难的问题，就是胡适提出过"打倒孔家店"口号的问题，以及他对中西文化或东西文明的看法，和所谓"全盘西化"问题。大家都知道，"打倒孔家店"这个口号是他替《吴虞文录》写的"序文"里提出的。这大约可表明他在"五四"早期很赞同吴虞的某些看法，不过也不能说就是完全同意。我过去三十多年来时常对朋友和学生替他辩解说："孔家店"和"孔家"并不全同，和"孔丘"更不全同。打倒孔家店并不等于打倒孔了，也不等于打倒儒家。五十年代时我对他这样说时，他不觉莞尔。那时他根本认为他从来就没有要打倒孔子和真正的儒家。这在唐德刚教授记录的《胡适口述自传》

里说得很明白，我相信他对别的好多朋友和后辈也曾多次说过。在他晚年，好几次在文章和讲演里说到他很敬重孔子、孟子和朱熹；可是在早期他也说过"让马克思牵着鼻子走固然算不得英雄，给朱熹牵着鼻子走也算不得好汉"。这只能了解作他只是反对盲目信从罢了。其实，在三四十年代我读胡先生的著作时，从来就不曾觉得他是完全反孔反儒，不过觉得他到了晚年，有时是更偏向儒家而较少批驳罢了。

关于"全盘西化"论问题，我从来就不认为胡适真正主张过"全盘西化"，我也不认为陈独秀、鲁迅、钱玄同等"五四"时期的重要知识分子真正主张要"全盘西化"，蔡元培当然更不是如此。我固然在五十年代曾说过，"五四"时期许多知识分子好像是在反对整个中国传统，但那也只能说表面好像如此，若仔细检查一下他们的言行，就知道并不如此。若是鲁迅整个反传统，他不是在《中国小说史略》里明明指出传统中国小说有不少是很好的吗？若是胡适反整个中国传统，那还有什么"白话文学史"可写？五十年代中我在哈佛大学的一个值得敬重的同事史华滋教授尝对我说，他觉得"五四"时代中国知识分子不脱中国传统中"全体主义"（Totalism）思想习惯的影响，总想全盘处理，全盘解决问题。他所说的也许可适用到许多人，不过我提醒他，也有许多人不完全如此，尤其是胡适，他就有意识地认为，中国问题不可能找到一个简单的万灵丹来"全盘解决"，他认定文明是"一点一滴"建设起来的。

当然，即使文明或文化只能一点一滴来建设，从理论上说，依然可以把中国一点一滴来全盘西化。可是胡适到底是不是真正主张过一点一滴的把中国"全盘西化"呢？我的判断是他从来就没有真正这样主张过。1969年5月，哈佛大学东亚研究所为了纪念"五四"运动五十周年，召开了一个讨论会，也要我回去参加。史华滋的一个学生在论文里认定胡适是个"全盘西化"论者。我当时指出，至多只能说他在极短的时间里说过这句话，不过他很快就改过了，而且自认只是一时用字不妥当，本意并不如此。我在《"五四"运动史》的一个注解里虽然指出过这点，但说得不够详细。这位作者好像稍为修正了一下，不过基本上没有改变。去年大陆上研究胡适的学者耿云志先生寄赠我他著的一部《胡适研究论稿》，所记事实不少，可是仍完全站在马列主义和中共的立场来批判胡适。说胡适原先主张"全盘西化"，很快又草率改变，实在有"不老实处"。其实这个问题也并不太难解决，在1929年他那篇英文文章里虽然用过一个英文词汇可译作"全盘西化"，而且主张如此，可是他同时也用了另一个英文词汇，可译作"一心一意的现代化"，或"全力的现代化"，或"充分的现代化"。这篇英文文章本来中国人就很少读到，在中国没什么影响，一直要到1935年因陈序经、吴景超等人的讨论，由胡适自己提起他那篇英文来才受人注意（潘光旦当初的评论也是用英文写的，所以也没引起人们留意）。而这时胡适在自己署名写的《充分世界化与全盘西化》一文里就老老实实承认自己那英文词汇是"用字不小心"，并解释说："我赞成'全盘西化'，原意只是因为这个口号最近于我十几年来'充分'世界化的主张。"并且说："况且西洋文化确有不少的历史因袭的成份，我们不但理智上不愿采取，事实上也决不会全盘采取。"至于他所说的"世界化"一词，虽然欠缺明确的界说，可是在他引到"中国本位文化"论者主张的"充实人民的生活、发展国民的生计、争取民族的生存"三个标准时，就说："这三件事又恰恰都是必须充分采用世界文化的最新工具和方法的"，所以可把他们认为同志了。从这句话看来，可见他所说的"充分世界化"，主要地，或至少一部分是意味着"充分采用世界文化的最新工具和方法"。我们若把这句子里的"最新"字样解释成或改成"最好的"或"最进步的"，那就非常合理了。我想他的本意也不外如此。仔细说来，用"世界化"或"现代化"都比用"西化"好，现在日本在高科技方面、企业管理方面和教育方面往往有超过西洋的了，那就只能要"东化"了。中国人自己如果争气，建设出中国文化中许多优异的特质来，当然西方也就要来"中化"，中国烹调便是西洋"中化"的一部分。我去年在台北宣读一篇论文，题作《中西为体，中西为用论》，其实不如改作《中外为体，中外为用论》。这倒也不是题外的话，正是批判中国文化应有之义。总之，说胡适是主张"全盘西化"，其实只落入了孟子说的"以词害意"，落入了胡适自己说的徒然无谓的"名词上的争论"。

可是胡适最受人责难的还是他在某些场合对中国文化的严厉贬斥。胡适素来自认是一个乐观主义者，可是在二三十年代有时一提到中国传统和现状时却显得非常失望和悲观。例如他在1920年、1921年左右对孙伏园说过"中国不亡无天理"，不过这还只算一时的愤慨话。到民国二十三年（1934），有个名叫寿生的人向《独立评论》投稿说"我们的固有文化太丰富了"，就引发他写出《信心与反省》一文，其中有下面这一番话：

……我们的固有文化实在是很贫乏的，谈不到"太丰富"的梦话。近代的科学文化、工业文化，我们可以撇开不谈，因为在那些方面，我们的贫乏未免太丢人了。我们且谈谈老远的过去时代吧。我们的周秦时代当然可以和希腊、罗马相提并论，然而我们如果平心研究希腊、罗马的文学、雕刻、科学、政治，单是这四项就不能不使我们感觉我们的文化的贫乏了。尤其是造型美术与算学的两方面，我们真不能不低头愧汗。我们试想想，"几何原本"的作者欧几里得（Euclid）正和孟子先后同时；在那么早的时代，在二千多年前，我们在科学上早已太落后了！（少年爱国的人何不试拿《墨子·经上篇》里的三五条几何学界说来比较《几何原本》？）从此以后，我们所有的，欧洲也都有；我们所没有的，人家所独有的，人家都比我们强。试举一个例子：欧洲有三个一千年的大学，有许多个五百年以上的大学，至今继续存在，继续发展；我们有没有？至于我们所独有的宝贝：骈文、律诗、八股、小脚、太监、姨太太、五世同居的大家庭、贞节牌坊、地狱活现的监狱、廷杖、板子夹棍的法庭，……虽然"丰富"，虽然"在这世界无不足以单独成一系统"，究竟都是使我们抬不起头来的文物制度。即如寿生先生指出的"那更光辉万丈"的宋明理学，说起来也真正可怜！讲了七八百年的理学，没有一个理学圣贤起来指出裹小脚是不人道的野蛮行为，只见大家崇信"饿死事极小，失节事极大"的吃人礼教：请问那万丈光辉究竟照耀到哪里去了？

接着他又说：

> 可靠的民族信心，必须建筑在一个坚固的基础之上，祖宗的光荣自是祖宗之光荣，不能救我们的痛苦羞辱。何况祖宗所建的基业不全是光荣呢？我们要指出：我们的民族信心必须站在"反省"的唯一基础之上。反省就是要闭门思过，要诚心诚意地想，我们祖宗的罪孽深重，我们自己的罪孽深重；要认清了罪孽所在，然后我们可以用全副精力去消灾灭罪。

今天正是胡适之先生百岁的冥诞，我带了他两本"文存"在由美国到台北的飞机上，特别把这两大段抄了下来，想请大家来重读一遍。胡先生早就说过，这些话是"不合时宜的，是犯忌讳的，是至少要引起严厉的抗议的"。可是他又说："我心里要说的话，不能因为人不爱听就不说了。正因为人不爱听，所以我更觉得有不能不说的责任。"今天我来重引这两段话，当然也会感到可能有"人不爱听"的压力。可是我们今天的心情，比三十年代的胡适是应该要冷静些了。我们首先就要检查一下，他这样一件一件列举中国文化不如西方，是样样合于事实吗？样样经得起考验吗？他说的有许多我可以同意，像欧几里得的"几何原理"，我这对数学本是门外汉，却有兴趣的人，1948年一到美国赶着就去买了"多务"（Dover）版的详注本去翻看，也把柏拉图的对话全集和亚里士多德的选集买来，和中国的先秦经典对比，发觉西洋早期的论辩，就偏向于逻辑分析和有系统的处理。因此我深服爱因斯坦批评说中国传统思想方式不重"三段论法"，是个最大的损失。胡适提到科学时，李约瑟的《中国科技史》还未问世，历史上中国人对科学技术的发明，至少可以举出五六十件走在世界各国之前。即使三十年代时还缺乏好好的研究，但从常识上说，所谓中国的四大发明，就是造纸、印刷术、罗盘和火药，应该算得上世界文明的重大贡献。可是胡先生却一点也不提到。我想为什么呢？也许正因为祖宗虽有光荣，我们后世子孙却不肖得很，连这四件祖宗的光辉发明，我们都做得比别人差得远。又如艺术雕刻，我们古代的确没有希腊罗马那美好的大理石刻，可是他们又哪里找得出我们古代那么典雅的钟鼎彝器，和精美绝巧的玉雕呢？我们的水墨画也另成一家，总不好只拿西洋的油画和水彩来代替了事。至于骈文、律诗，前面已经说过，我们如欣赏到"无可奈何花落去，似曾相识燕归来"这种律诗句子，欣赏到石涛的水墨画，正用不着"低头愧汗"。可是胡先生所提到的八股、小脚、太监等等，总是事实，决不可隐讳，也不必用"西洋也有臭虫"的办法来搪塞。

胡适对中国文化的贬责，我固然有同意有不同意之处，但他用心良苦，我是十分同情的。民国十九年（1930）他发表《我们走那条路》一文之后，有答复梁漱溟的一封信，在里面说了这样两句话："我的主张只是责己而不责人，要自觉的改革而不要盲目的革命。"这说得很好，前面这半句正可说明他严厉批判中国文化的用心。正如韩愈说的："古之君子，其责己也重以周，其责人也轻以约；今之君子，其责己也轻以约，其责人也重以周。"胡先生在这中西文化问题上倒颇有"古之君子"的风度。只是我以为，对于我们的祖宗，似乎也不必重责，还只宜多责备今天自己做子孙的不好。1984年大陆上中国作家协会在上海开会，我对他们痛切讲到这点。1980年诗人卞之琳先生住在我家，有一天晚上我们两人检讨三十年来大陆上政治的大灾祸，他起初采取大陆上流行的解释，说"文革"种种都是由于中国的封建遗毒，我指出传统中国也找不出"文革"这种事，而且三十年间，台湾保存中国传统更多，海外唐人街的华侨更是突出，反而没有发生过像"文革"种种恶劣的事迹；为什么他们不把大部分责任推到苏联传入中国的马、列、斯大林作风呢？我们反复论难到半夜后四点钟，才得到个共同的结论，就是苏联共产党的影响和中国专制政治社会风习两者的贻害都有。可是我个人仍然认为当代中国人本身还是负有最大的责任，既不好推给祖宗，也不好推给外力。记得五十年代中，胡适之先生到哈佛大学时，他对杨联陞教授（我这位好友一个月前竟也去世了，这里提及他，不胜悲悼！）与我两人郑重地说：近来美国许多左派的中国通和汉学家常常说：中国传统，尤其是儒家传统思想与作风，正合于共产主义和共产党的办法。这完全是诬蔑中国传统，替共产党找借口。我们必须抗拒这种说法。联陞兄比我圆通，他只点头微笑，我一面表示大致同意，可是又补充说了一句："这个问题很复杂？"胡先生听了就把话题转到别的方面去了。其实我要说的乃是中国传统政治社会制度也有缺失，该负一部分责任。因为胡先生知道联陞兄和我在哈佛的同事中，就有他要批评警惕的人，他恐怕我们不方便直说，所以点到就算了。总之，胡适先生严厉批评中国文化，它有许多方面本该批评，有些不该抨击。攻击一部分时，本可同时承认别方面一些贡献，才好平衡。胡先生不这样做，是不愿助长民族自满、民族自大狂，阻碍向外人学习的热忱。他竭力替日本善于学习外国的长处辩护鼓吹，目的在希望中国快快模仿别人的长处。我认为这是正确的。假使中国人心理健康，本来不会丧失民族自信心；无奈百多年来，中国事事不如人，才使自信心过于容易丧失。正由于这样，胡适在这方面就大受攻击。真是中国的不幸，也是胡适之先生的不幸。

　　在上面所引的一长段话里，胡适承认我们古代的政治也不如西方，可是二十年后他却转而强调中国上古以来政治思想和历史演进中不少值得推崇的地方了。这方面有两篇很值得注意的讲演。一篇是民国四十三年（1954）在台湾大学讲的《中国古代政治思想史的一个看法》。在这篇讲演里，他介绍了同年替哥伦比亚大学二百周年纪念广播演说中讲的中国古代权威与自由冲突的观念。这儿他说中国古代发生过四件大事：（一）老子所提倡的无政府主义的抗议。他说："中国政治思想在世界上有一个最大的、最有创见的，恐怕就是我们的第一位政治思想家——老子——的主张无政府主义。他对政府抗议，认为政府应该学'天道'。'天道'是什么呢？'天道'就是无为而无不为。"（二）第二件大事，是孔子、孟子一班人提倡的一种自由主义的教育哲学。他说："后来的庄子、杨朱，都是承袭这种学说的。这种所谓个人主义、自由主义的教育哲学，是由于他们把人看得特别重，认为个人有个人的尊严。（三）秦帝国极权政治，也就是集体主义的起来和成功。（四）第四件大事是这个极权国家的打倒,汉朝初期七十年采用了老子无为的政治哲学,建立了一个四百二十年的大汉帝国,"安定几千年来中国的政治"。他把汉朝无为而治的建立看得很理想,说:"这可说是两千多年前祖先留下来的无穷恩惠。这个大帝国,没有军备,没有治安警察,也没有特务,租税很轻。"他这种说法,与他二十年前在《信心与反省》一文里说的"地狱活现的监狱、廷杖、板子夹棍的法庭",显然大有差别。

另一篇是民国四十九年(1960)七月十日在美国西雅图华盛顿大学"中美学术会议"开幕仪式中的英文讲词,后来由徐高阮译成了中文,题作《中国传统与将来》。在这篇讲词里,他提出把"传统当作一长串重大的历史变动进化的最高结果看"。并且从历史演变看,中国文化不像日本由中央统制,而是渐渐受外来文化的传播渗透而变化。他说:"我决不担忧站在受方的中国文明因为抛弃了许多东西,又采纳了许多东西而蚀坏、毁灭。"他引用自己在 1933 年给所著英文《文艺复兴》一书的"自序"里说的一句话,中国文艺复兴的结果仍然会得出那个"中国根底"(The Chinese bedrock)——"正是那个因为接触新世界的科学民主文明而复活起来的人本主义与理智主义的中国"。这也许可说是胡适建设中国文明的最高理想。

抗战胜利后,尤其是 1949 年以后,胡适对中国传统文化中不合理的成分,虽然间或也有所批评,但已逐渐转向提倡其中自由主义、民本主义和尊重个人尊严的因素。中共方面研究胡适的人,如耿云志等,认为胡适这后期一生,是在"利用传统文化反共"。这也许只说中了一部分。在另一方面,也许那是由于胡先生晚年见事较多,考虑略周,逐渐想对中西文化问题作个更能平衡的判断吧。不过说汉初黄老无为而治的政制,对后代影响很大固系高见,可是两千年来阳儒阴法的专制帝制,有时仍有它专暴的一面,像明朝就有时不免于此。再说,传统中国的个人,大多束缚于家族制度,很少尊重独立的个人。中国传统中实在缺乏"权利"(Right)的观念,所以很不容易建立保障人权和民权的法制。中国也没有宪法、选举(Election)和多数决的传统(只有"三占从二"的观念,却未见运用到政制上去)。这些我在近三四十年已多次提到过。没有这种种具体法律制度的保障,若只拿抽象的自由、民本思想说成民主政制,终会只落入一厢情愿的自我安慰。为了要救时弊而从历史中予取予舍,总未免有失于尊重事实。这本来是胡先生要我们避免的。

1990 年 12 月 17 日于美台机上
(原载于台北《传记文学》第五十八卷第一期,1990 年 1 月)

三 论"胡适研究"与"研究胡适"
一点别识

这题目看起来好像很古怪,"胡适研究"的意思当然就是"研究胡适",正如"亚洲研究"和"中国研究"就是作亚洲和中国研究,怎么好把"胡适研究"和"研究胡适"这两件事来并列讨论呢?当然照中文常例,动宾语多是动词在前,宾词在后,虽有倒置的例子,可是多是在特定条件下才能使用,如宾词是代名词,句子是否定句、疑问句或完成式之类,古今语中不无"不我欺""吾谁欺?""饭吃了"之例,但似乎没有专名肯定语用这种次序的。《楚辞·天问》恐非"问天"之意,我的朋友霍克思(David Hawkes)英译作"Heavenly Questions",认"天"作形容词,也许是对的。我常以为,像"亚洲研究"这种说法,可能是受了日语的影响,日语常用主宾动式。无论如何,这种以倒置来突出主题的方式,是非常恰当的做法,我自然不是要批评或否定"胡适研究"这一词汇。不过我的题目却是用的中文平常语序,我所说的"胡适研究"是指胡适先生本人作研究,不但如此,我这"胡适研究"更是指广义的"胡适哲学"或"胡适思想"。为什么可以这样说,却需要一番解释了。这也正是我在本文中所要强调的观点或假设之一。

我以为"胡适思想"或"胡适哲学",就它的特别性质说来,也许可说就是"胡适研究",就是他对一些大大小小的问题作研究。这还不至于说,他一生主要的著作是根据书本作出的研究工作;而是说,他绝大部分的思考,甚至整个深湛的思想探索,都是对问题的研究过程和结果。

三 论"胡适研究"与"研究胡适"　163

我这样说，也并非全属虚构，而是根据胡先生一次亲自给我的暗示。有一天，我和他在哈佛大学谈到实验主义，尤其是杜威的思想特质问题，因此讨论到他在《实验主义》一文中介绍的杜威"思想五步说"。他对我说：据他的看法，"杜威先生的主要哲学思想都是从研究问题入手的"。他说他写了《实验主义》一文后不久就又写了《多研究些问题，少谈些主义》那篇文章。可惜我当时的注意力只集中在问他对思想"方法"和"态度"的看法，便没有追问下去这"研究问题"在他的思想体系中所占的分量。后来我回忆起他这次谈话，才想到他 1919 年 7 月写《多研究些问题，少谈些主义》那篇文章时，除了针砭时弊外，可能更代表了他思想的整个特征。

我们都知道，杜威把思想，即他所说的"沉思"（reflective thinking），分作五个步骤。胡适先生在《实验主义》一文中介绍这五步法如下：

> 杜威论思想，分作五步说：（一）疑难的境地；（二）指定疑难之点究竟在什么地方；（三）假定种种解决疑难的方法；（四）把每种假定所涵的结果，一一想出来，看哪一个假定能够解决这个困难；（五）证实这种解决使人信用，或证明这种解决的谬误，使人不信用。①

这一段事实上是照杜威的《我们怎样思想》（*How We Think*）（1910），第二篇《逻辑的考虑》，第六章《一件完整的思想行为之分析》（72 页）所述一段的全部中译。杜威在这里进一步说，这第一步和第二步往往合而为一。他所说的"疑难"（difficulty），有时又叫作"困惑"（perplexity），也包括"怀疑"（doubt），这些其实就是"问题"（problem）。他在这书 1933 年的增订本中对这五步法基本上仍然维持，但说法稍有不同，在第二步里更直接指出：疑难、困惑，经过"知识化"后，就形成

---

① 《胡适文存》第一集第二卷，323 页，台北四部合印本，1953 年。

"问题"以待解决（a problem to be solved）①。在另一部书《确实性之探索》（*The Quest for Certainty*）（1929）的《现代科学的哲学含义》章里，杜威又说：科学态度对"变动"（change）有兴趣，不是对孤立的和完成的固定有兴趣，这种态度"必须地会警觉到问题"（is necessarily alert for problems）；每一个疑问都是促成进一步实验的机会，产生更多的控制下的变动。因此，"凡是科学的心灵都会觉得，最大的遗憾莫过于到了不再有问题的境况。这样的情形将是科学的死亡，而不是科学的圆满存"。（There is nothing which a scientific mind would more regret than reaching a condition in which there were no more problems. That state would be the death of science, not its perfected life.）从这些话很可看出"问题"这一观念在杜威哲学思想中所占的重要地位。我相信适之先生对我讲的那句话的确抓住了杜威思想的要点。正由于此，我更深深体会到胡先生所说的"多研究些问题"实有它广博的哲学意义和渊源。

这个看法，也可直接从胡先生那篇《多研究些问题，少谈些主义》中找到证据，因为他在那里早就透露它和杜威的思想五步法有关联，而且首先就指出"问题"的关键性来。他说：

> 凡是有价值的思想，都是从这个那个具体的问题下手的。先研究了问题的种种方面的种种事实，看看究竟病在何处：这是思想的第一步工夫。然后根据于一生经验学问，提出种种解决的方法，提出种种医病的丹方：这是思想的第二步工夫。然后用一生的经验学问，加上想象的能力，推想每一种假定的解决法，该有什么样的效果，推想这种效果是否真能解决眼前这个困难问题；推想的结果，拣定一种假定的解决，认为我的主张：这是思想的第三步工夫。凡是有价值的主张，都是先经过这三步工夫来的。②

---

① 见增订本第二篇第七章：《沉思之分析》，107页。
② 《胡适文存》第一集第二卷，345—346页。

这一段他在《三论问题与主义》和《介绍我自己的思想》两文中都一再重复引用过,可见他对"问题"的重视,也可证他所说的"多研究些问题"实有更广博的意义。

我认为这一认识,对我们了解胡适思想和言行,不能说没有重要作用。我们试看他一生的主要著作,几乎都和研究问题有关。例如:《先秦名学史》是为了研究中国古代的思想方法(这是胡先生对我谈过的);《尝试集》显然是为了实验创作白话新诗;《白话文学史》是要证明中国白话文在历史上的重要性,《章实斋先生年谱》是为章学诚没有可观的传记抱不平,也要证明年谱的重要性;《戴东原的哲学》是要探讨清代的"新哲学";研究《水浒传》《红楼梦》等是要考证小说的作者和版本问题;研究神会和尚是要去澄清禅宗的历史;尤其是,花了二十多年去考证《水经注》,只是要替戴震"辩冤白谤";至于其他报刊上的许多时论,更是为了研讨当时的各种社会、文化、政治等问题。所以说,胡适的一生,大部分是在"研究问题",决不为过。

当然,任何学者或思想家,可说都或多或少地在研究一些大大小小的问题。可是杜威哲学思想影响下的胡适有所不同,因为他比较自觉到以研究问题作思想的出发点。

因此我们研究胡适的时候,据我的看法,若不把握到这个要点,也许会导致许多误解。试看大家都注意到胡先生所喜欢提倡的"十个字":"大胆的假设,小心的求证"。其实他这两句话正是从杜威所说的思想五步法化约而来,胡适所说的"假设",其实就是杜威所说的第三、四步;胡适所说的"求证",就是杜威所说的第五步。这里只省去了杜威说的第一、二两步。这两步正是从疑难找出问题,从零乱的事实归纳出一些条理来,替提出假设作预备。所以这疑难问题是一切假设或沉思的先行条件,是所以要沉思的目的,是必不可无的,因此反可以不必说了。若我们明白了这一点,便可避免误会说胡适这两句话忽略了具体的客观事实。

胡先生在 1921 年 6 月 30 日的日记里记录他那天在北京大学作欢送杜威的演说。他说杜威给中国人的礼物只是个方法,这方法包括"历史

的方法"和"实验的方法"。谈到实验的方法时,他有这样的简要介绍:

> 实验的方法至少注重三件事:(一)从具体的事实与境地下手;(二)一切学说理想,一切知识,都只是待证的假设,并非天经地义;(三)一切学说与理想都须用实行来试验过;实验是真理的唯一试金石。第一件,——注意具体的境地,——使我们免去许多无谓的假问题,省去许多无意义的争论。第二件,——一切学理都看作假设,——可以解放许多"古人的奴隶"。第三件,——实验——可以稍稍限制上天下地的妄想冥思。实验主义只承认那一点一滴做到的进步——步步有智慧的指导,步步有自动的实验——才是真进化。①

从这段话可以很明显地看出,他没有忽视"具体的事实与境地"。这里所谓"境地"自然就是杜威所说的 situation。关于这一观念,杜威和罗素在1939年8月还发生过一次小争论。罗素认为,英国和欧洲大陆的哲学思想有一个基本不同之处,英国重分析,欧陆,尤其是德国,则重综合;他自己是英国传统,杜威则受了欧陆德国尤其黑格尔的影响;因此他以为杜威所用的"境地"一词,同于"宇宙",是个"全体主义"(holism)的观念,无形中流于一种玄学。杜威的答复却否认这点,因为他在多处都说过"境地"是个别的,各有其个性。无论如何,他是时常强调各个具体事实的。② 由这件事看来,也可体会到胡适之先生说的"从具体的事实与境地下手",相当准确地介绍了杜威的基本思想方法,也明确了解个别事实的重要性;并且在下文断然否定用"全体主义"的态度去看问题。由此也可见他在1919年8月所作《清代学者的治学方

---

① 《胡适的日记》112—113页,香港中华书局,1985年;亦见《杜威先生与中国》,《胡适文存》第一集第二卷,381—382页。

② 西尔朴编:《杜威哲学》,Paul A. Schilpp. ed.,The Philosophy of John Dewey, New York;Tudor, 1939, 1951, 137—140、544—549页。

法》第二节里说的"科学方法的两个重要部分,一是假设,一是实验"①,应该是省略了"具体的事实与境地",而不是不知道它的重要。到了1921年11月他补作同篇第八节时,更说清代学者的治学方法,"总括起来,只是两点:(1)大胆的假设,(2)小心的求证。假设不大胆,不能有新发明。证据不充足,不能使人信仰"②。可见这两句话的提出,原来只是在总结清代学者的治学方法,不提事实和境地,还有可说。到了1928年9月写《治学的方法与材料》一文时,却是这样说的:

> 科学的方法,说来其实很简单,只不过"尊重事实,尊重证据"。在应用上,科学的方法只不过"大胆的假设,小心的求证"③。

这就特别强调"事实"和"证据"了。而那十个字却只说是"在应用上"的方法。后来在1930年11月写《介绍我自己的思想》(《胡适文选》"自序")就更说得全面了:

> 少年的朋友们,莫把这些小说考证看作我教你们读小说的文字。这些都只是思想学问的方法的一些例子。在这些文字里,我要读者学得一点科学精神,一点科学态度,一点科学方法。科学精神在于寻求事实,寻求真理。科学态度在于撇开成见,搁起感情,只认得事实,只跟着证据走。科学方法只是"大胆的假设,小心的求证"十个字。没有证据,只可悬而不断;证据不够,只可假设,不可武断;必须等到证实之后,方才奉为定论。
>
> 少年的朋友们,用这个方法来做学问,可以无大差失;用这种态度来做人处事,可以不至于被人蒙着眼睛牵着鼻子走。④

---

① 《胡适文存》第一集第二卷,386页。
② 同上,409页。
③ 《胡适文存》第三集第二卷,109—110页。
④ 同上,623页。

接着他还举了些具体例子来说明。这可看出他最重视客观事实和证据了。所以我认为他那"十个字"虽然只说到"假设"和"求证",其实已把客观事实和境地当作必要的背景条件,已把"问题"当作一切思想的主题了。

上面我把"研究问题"当作胡适思想的中心,只是希望"研究胡适"的人特别注意这点,希望大家多从这个基本认识来评论胡适,这样也许就不会只批评他没有深邃而有系统的学术思想著作,或不曾注重客观事实;却更能了解他能用研究具体问题的方式来介绍杜威思想和实验主义,能活学活用,做了最有效的介绍和传播。

1994年6月6日于美国威斯康星州陌地生市之弃园
(原载于《胡适研究丛刊》,北京大学出版社,1995)

四 自由·容忍与抗议

1959年3月16日胡适之先生在《自由中国》半月刊发表《容忍与自由》一文，说："有时候我竟觉得容忍是一切自由的根本：没有容忍，就没有自由。"他告诫大家，不可有"我不会错"的心理，不可以"以吾辈所主张者为绝对之是"。后来在一篇讲演里又提起这问题。这在当时曾引起好些人注意和讨论。我以为"容忍"对自由真是十分重要，却还要以"抗议"的精神来补充。

关于"容忍"，在近代中国的政论界早就成为一个争论的问题。民国三年（1914）五月十日章士钊先生在《甲寅》杂志的创刊号第一篇文章《政本》里，一开头就说："为政有本，本何在？曰在有容。何谓有容？曰不好同恶异。"章先生推论中国几千年来学术思想的停滞，政治的专暴，尤其是近代政治社会的紊乱，都是由于中国人过于好同恶异，不能有容的结果。所以他认为当前最基本的问题，莫过于使"国人悉除其好同恶异之见"，也就是先使人人能有容忍的雅量，然后才能使人尽其才，走上建国的正轨。

这篇文章发表于袁世凯专政时代的日本东京，曾引起国内外许多反响，在《甲寅》的好些读者投书里还可以看到。当时进步党的张东荪先生在上海的《正谊》杂志第四号上还发表《读章秋桐政本论》一文，说章的文章很有灼见，不但"告诫于当今之政府"，而且"对于缔造共和之革命诸公，痛下一针"。张先生在竭力支持"有容"之外，并特别补充一点，就是还要保持社会上和政治上对抗的力量。他一方面受了民初梁启超提倡政治上对抗力的说法的影响，又根据艮卜劳维支（Rudwig

Gumplowicz）和拉称赫夫（Gustav Ratzenhofer）的理论，认为社会政治的进步是由对抗力量所造成。并引申说，只有利用对抗力才能得到容忍和自由。

在另一方面，当时的两个强大的政治集团，都各走极端，袁世凯政府对章的议论，固然是听了像耳边风，而那时正当国民党二次革命失败之后，革命党人对政党政治渐渐失去了信心，只觉得章秋桐的"有容"说不过是在劝人容忍北洋军阀的专制野心。所以当时革命党人在美国旧金山所办的《民口杂志》第八号上就提出拥护"好同恶异"的"不容"的主张，说："建国之本，在夫对于表同情于共和者则好之，示异于共和者则恶之。是谓好同恶异。非是不足以言建设也。"又说："章、张二君之政本论，皆书生一孔之见耳。彼等以为民党之致败在于好同恶异，乃虚伪的学理论也。若吾则以为民党之致败，在于不好同恶异，则事实的经验论也。"

结果，这场讨论并没有挽回当时中国政治和社会的危机。袁世凯和北洋军阀大踏步走进了自己的坟墓，国民党坚决改组成了革命党，进步党也没有在北洋政府里达成对抗的任务。几个略带保守性而倾向于自由民主的政论家，对国人提出了他们自以为最重要最根本的忠告，却终于给时代的洪水淹没了。

四十五年以后，曾在《甲寅》杂志发表过译作的胡适之先生又提出了"容忍"的问题来。这自然并不是历史的重演。虽然今天的中国还是两大实力在猛烈地争取革命立场以革对方之命，虽然今天仍然有着在挣扎做"对抗力"的许多微弱的呼声。但是半个世纪以前的中国还没有发明或制造出大量的专政的膏药。章秋桐的"有容说"也不如胡适之的"容忍论"有哲学上的深刻认识。章文不过是想倡导两党或多党政治，不过在引申穆勒所说的"一国之政论，必待异党相督，而后有执中之美"，和"二党之为用也，其一之所以宜存，即以其一之有所不及。而其所以利国，即在此相攻而不相得，乃有以制用事者之威力，使之常循理而惺惺也"。张东荪的补充，虽然扩充到社会学的领域，但他的重心仍不免只注意到社会政治上的对抗力，仍然以政党政治论为中心。

胡适的容忍论则特别着重指出容忍和自由的关系，认定容忍是自由的根本，把它提高成为一种积极的态度和精神。虽然他的容忍说也像章士钊的有容说，都受了穆勒的《自由论》一书的深刻影响，但他更能把握到穆勒论点后面的哲学思想，尤其是知识论方面的根据。他引用宋朝的吕伯恭所说的"善未易明，理未易察"来说明为什么我们该容忍和我们自己不同的意见。这正是穆勒所主张的思想自由与言论自由在理论上的主要根据。

事实上，在英美，思想言论自由的理论，受哲学上认识论发展的影响本来就很大。英国自17世纪初期以来，思想家对人类的知识作了重新的估计。从培根的偶像破坏论，到洛克和休谟的人类认知论（human understanding），以至19世纪，穆勒更充实了经验论，轻直觉，重证据，到后来实验主义，逻辑分析论，及相对论的发达，都使人们对"不会错"（infallibility）的观念越来越发生动摇，而不轻于指认什么最后的，绝对的完全真理。一个人如果承认真理的认识都须通过人类主观心理的着色，因而真理的发现永远是在进行的过程中，他对别人反对的思想言论，自然都不敢轻易抹杀，自然都容易加几分容忍。一个感觉到"理未易明"的人就多少会容纳异己，不至于专断地"以理杀人"了。

胡适的容忍观念正是受了这种英美的知识论的影响而发展出来的，它并不是一种消极的劝善的格言或硬性的教条，所以比中国过去讲容忍的人专从道德修养上着眼更富于理性的说服力。

我们承认容忍是自由的一个基础，社会上如果没有容忍，就绝不会有真正的自由。因为现代社会上人与人的关系过于密切，像蜂巢的每个巢穴互相密集着，有一个巢孔过度扩张时，别的孔就要被压缩变形了。同样的，一个人的自由也必然会受到别人的自由的限制，即如穆勒所说的，自由必以别人的自由为界限。所以我的自由常常建立在别人的容忍上，别人的自由也常常建立在我的容忍上。我多一分容忍，别人便可能多一分自由。

但是就这一意义说，容忍虽然有点像自由的必要条件（necessary condition），它是否为自由的充分条件（Sufficient condition），却还得看情况如何而定。换句话说，社会上没有容忍固然谈不到自由，但有了容忍是否就有自由，却要看这容忍的态度普遍到什么程度而定。中国的妇女在旧礼教的束缚下不是容忍了几千年么，她们何尝得到婚姻上和经济上的自由？有许多专制政治和独裁政治下，大多数的人民往往容忍到极点，但自由也不曾自动地降临，固然有许多被迫的服从不能算作容忍。原来一个社会里要是只有一部分人能容忍而另一部分人却可以不顾的时候，容忍还可能成为奴隶的道德。我们若希望容忍发生好的效果，能作为自由的保障，必须社会上的人全体或大多数都多多少少能采取这种态度。

要人人能容忍，这是可能、可望，而不可必的事。尤其是社会上掌握实权而最有可能侵犯别人自由的人，最易流于不容忍。因此，为了防止这种侵犯，为了争取和保障自由，除了希望大家都有容忍的态度之外，还要鼓励人人有抗议的精神。

我们都知道，自由绝不能靠别人的赐予，自由是要争取来的，既得的自由也需要警惕的保卫。假如我们不赞成这争取和保卫采取暴力的方式，那么抗议就是最好的道路。这也就是我在这儿不用"反抗"而用"抗议"的理由。

原来思想言论自由，正如穆勒所说，是基本的自由。而推究其实，言论自由本可包括思想自由，思想而不成为言论发表出来，便不大会成为什么问题。更进一步说，言论自由实质上也就是表示异议的自由或抗议的自由。为什么呢？因为附和与自己相同的言论是即使在没有自由的环境下通常也不会遭到迫害的。所以有没有自由，首先便要看有没有言论自由，有没有言论自由又首先要看有没有抗议的自由。

抗议和容忍在表面上似乎相反，在实质上却相辅相成，而不是互相反对的。容忍的成立，和抗议一样，也必须建立在"不同意"的前提下。若是我同意了别人所想所说所要做的，那么即使我不干涉他，也不能说是容忍。但容忍是要人于不同意时想到别人也许是对的，自己也许是不对的，所以不去表示异议或干涉别人；抗议却是要人坦白地表示自己的判断和别人的不同，或对别人的干涉表示反对。抗议的表示异议与容忍的不表示异议虽然相反，但抗议并不等于不容忍，因为它不必包含对别人的抗议或行为的禁止。而且容忍有时也表示异议，只是不出以干涉，这和抗议的不采取行动上的干涉也是比较接近的。

容忍之所以成为必要，因为"理未易明"。抗议之所以要人不可不表示异议，就某些人看来也许是基于自认"吾辈所主张者为绝对之是"，我们却不赞成从这点出发，它毋宁还是基于"理未易明"的观点，因为我们同样地觉得对方所主张的也未必就是"绝对之是"，我们与其相信别人，还不如相信自己独立的思考和判断。我的见解如有不同，就最好说出来，这样一来，"不怕不识货，只怕货比货"，才能希望更接近真理。正所谓"他山之石，可以攻错"，真理愈辩而愈明。穆勒在《自由论》第二章的末了，总结他替思想言论自由辩护的理由为四点，就是：一、对方的意见可能是真理；二、对方即使错了，也还可能有部分的真理，容或可补充我所认为真理的不足；三、没有对抗的言论则流行的思想将成为成见，引不起理智的体认；四、思想成为教条后就会变成空洞的形式，对人没有益处。这四条理由都可用来说明容忍的需要，同时，尤其是后面两点，也可支持抗议的必须。唯诺取容对自由固然无益，对真理的发现和文明的进步尤其有害。

这并不是说，容忍的态度比抗议的精神更有流弊，本来，容忍并不排除抗议，只是我们要注意到它们适用的情况有时是不同的。这儿我们应该体认到容忍的另一个前提，就是凡是容忍，应该指某人在有力量反对或表示异议的情形下却自我节制了。假如他根本无力反抗，他的顺受便不能算是容忍而只是不得已的屈服，在较轻的程度下，如果虽然还有力量反抗，但却受了严重的威胁，因而逆来顺受，这也只能算是勉强的忍受，或在明哲保身的理由下的逃避而不能当作宽宏的容忍。容忍必须是在可能自主的环境下发生的，有时即使是受了压力而不得不容忍，但并不等于完全失去了自主的能力。唐太宗让魏征在他面前长谈到把藏在自己怀里的鹞子闷死为止，这故事如果可信的话，那当然是皇帝老头儿的容忍。但儒生让汉高祖摘下方巾来撒上一泡尿，就不能说那读书人有容忍，而只是忍受或屈服罢了。我们对忍受应该同情，对逃避可以原谅，对容忍才加以鼓励。

抗议的精神却正可在这种威胁的情形下更显出它的价值来。穆勒在《自由论》里举出苏格拉底和耶稣，因鼓吹与社会不同的信仰而被判死刑，作为争思想言论自由的例子，我们也可以顺便举两个中西的例子。佐拉因厥非斯案件（Dreyfus case）而写出《我控诉》（J'accuse）的信，保障了人权。《左传》记载：齐太史直书"崔杼弑其君"，兄弟三人连续被杀，另一个弟弟还要照样的记载，崔杼只得让他去写，而南史氏听了，还要"执简以往"去接替。这些历史学家本来很可以明哲保身或忍受屈服的，但他们却偏要抗议，甚至用生命来抗议。这真是抗议精神的最高表现，也是争言论自由的好例子。法国政府和崔杼固然也不是完全没有容忍，但由于那容忍是太不够了，所以使我们向往的倒是抗议。

左拉和齐太史这两个例子都证明如胡先生所说的笔杆不是没有力量，但我们这儿所要注意的是当下的有外在强制性的威力，这可能是在政府手里，也可能是在群众或别的个人手里，在这情形下，我们只希望那握有强制威力的一方应该容忍，而另一方则应该抗议，即使是通过容忍的抗议。我们如果要求苏格拉底、耶稣、左拉，和齐太史兄弟容忍，那就等于要他们忍受和屈服，对社会文明和真理的追求都不会有什么好处。穆勒讨论到发表言论的态度时，认为已被多数人所接受的意见（the prevailing opinion）一方绝不可过激，可是在尚未为多数所接受的（the unprevailing）一方，则尺度不妨较宽，自然也是由于这种顾虑。

当然我们也可以说在上面这些例子里假如有实力的一方能够容忍，就不会产生那些流血牺牲的悲剧，而且抗议的需要也就减少了，可见这正说明容忍是如何的重要。这种说法，又回到我上面说的要人人能容忍是可能可望而不可必的事。我们并不否认这个"假如"非常美丽。可是当不能被有实力者接受时另一面的抗议便有它的必需了。

抗议有一个功用，它可以促使有实权者不得不采取容忍的态度，因此可说是自由的一个重要保障。这个理由，张东荪在上面提到的他那"保持对抗"的主张里说得很透彻。他说："有势均力敌之对抗，然后始能有容；有容然后始不好同恶异耳。秋桐以不好同恶异为教，吾以为偏于内而忽于外。何者？知好同恶异之为劣德而拼禁之，此内的也，自律的也。必有外的与他律的同时并臻，然后始得以巩固。所谓外的与他律的，即前言之对抗。夫对抗者各守其固有之势力与范围，用以抵抗外来之压力之谓也。人有欲我之同于彼者，我必不为之，彼即强之，我亦足以相抗，此彼不相下，其势遂归于平均，由平均而各得以自由矣。我之欲人同于我者，人亦抗之如我，于是各自知好同恶异为不能行也。是故吾以为与其劝告欲人之同于己者自敛其心，则毋宁劝告被人强迫而同于人者自振其气以为抵抗。"社会上维持各种不同的对立集团，如工商团体、教会、政党等等，互相抵抗，互相制衡，这是欧美各国之所以能保障个人自由的重要因素，英美历史上自由与人权的争得，多半是由于强大的集团起来和权威方面对抗，英国自 17 世纪的"大抗议"（The Great Protestation）及"权利请愿"（The Petition of Right）以后，一连串的事实都证明人民取得自由与权利，固然由于国王的容忍，更重要的，还是因为人民抗议的压力，国王才采取了容忍的态度。在现代黑人要坚持坐在餐馆里抗议他们才可能有一天被容忍进那些餐馆去。

再进一步说，容忍的精神有时须用抗议的精神来补救，因为容忍应该有它适当的限度，超过这限度，容忍也可以鼓励别人来侵犯自由，照《美国独立宣言》的理想，自由本应是一种"不可出让的权利"（an unalienable right）。容忍退让如到了放弃自由的程度时，毋宁成为了一种罪行。因为这不仅是当事者本身受了损害，别人的自由也将因此而削弱，结果所及，社会上大多数人的福利也可能受到影响。这个道理，梁启超于光绪二十五年（1899）在他的《饮冰室自由书》里讨论"放弃自由之罪"时就说到了。他指出："西儒之言曰：天下第一大罪恶，莫甚于侵人自由，而放弃己之自由者，罪亦如之。余谓两者比较，则放弃其自由者为罪首，而侵人自由者，乃其次也。何以言之？盖苟天下无放弃自由之人，则必无侵人自由之人。此之所侵者，即彼之所放弃者，非有二物也。……自由之有界也，自人人自由始也。苟两人之力有一弱者，则其强者所伸张之线，必侵入于弱者之界，此必至之势，不必讳之事也。如以为罪乎？则宇宙间有生之物，孰不争自存者，充己力之所能及,以争自存,可谓罪乎?夫孰使汝自安于劣,自甘于败,不伸张力线以扩汝之界,而留此余地以待他人之来侵也?"任公这段话的末了说争自存者必将趋向于侵犯别人的自由,并鼓吹"伸张力线以扩汝之界",似乎说得稍微过火了一点,很像带几分尼采思想,不过他的主要理论根据还是达尔文学说和群己权界的观念,他的意思只是要说明绝不能容忍自由被侵害,这在原则上还是很对的。

  问题的关键却在权界不容易作最合情理的确定,也就是说,在很多情形下,很难判断自由已经被侵害,很难判断到底应该容忍还是应该抗议。假如笼统地说,凡是侵害了自由和基本人权时就绝不能容忍而必须抗议或反抗,那么很显然的,我认为受了侵害时,对方却说没有。客观的仲裁很不易得,就是多数决也未必时常合理。最后自然只好希望各人依赖良知和理性。而良知理性的发现,真理的求得,往往须经过艰苦的努力。所以穆勒在这方面不厌反复申论,说最妥善的办法是让相异的意见互相攻辩。我们若把他的意思换个方式来说,也就是要人必须容忍抗议。

  必须容忍抗议。我们应该特别指出,这就是穆勒的思想言论自由学说的主要命题,也就是全部"自由论"的精髓。从这一简单的命题,正可以看出容忍的积极性和重要性,也可以看出抗议所占的分量,和这两种态度相辅相成的功能。没有容忍,则抗议或被扼杀,或流于偏激极端,终于不会有自由。没有抗议,则片面的容忍只维护了压制,即使全体都能容忍,也只会造成一个静止萎缩的社会,绝不是我们所希望的活泼泼的自由理想。栏里的一群绵羊,服服帖帖,即使都相安无事,也不象征着自由的社会。

  所以提倡"必须容忍抗议"便自然意味着,一方面鼓励容忍,另一方面也鼓励抗议。

  我们在前面说过,"理未易明"的观念既可以支持容忍,也可支持抗议。在另一方面,就文明进化的过程说,求真理的热忱和坚持真理的精神常常是必要的。在这两方面,抗议有极大的鼓舞作用。真理虽不容易弄明白,但我们对许多当前的问题不能不在相对的条件下,根据自己的良知和理性，作独立的判断，并且暂时地择真择善择美而固执，而对与这相反的则不能不提出异议。这种抗议代表着爱真理的精神，也鼓舞这种精神，也就是自由的一个重要因素。严复在光绪二十九年（1903）已见到这点，他在《群己权界论》的"译凡例"里说："须知言论自繇，只是平实地说实话求真理。一不为古人所欺，二不为权势所屈而已。使理真事实，虽出之仇敌，不可废也；使理谬事诬，虽以君父，不可从也。此之谓自繇。亚里士多德尝言，吾爱吾师柏拉图，胜于余物，然吾爱真理，胜于吾师。即此义耳。……使中国民智民德而有进今之一时，则必自宝爱真理始。"历史上许多事例，证明真理的发现，往往是由于有人宝爱和坚持自己独立思考后的所得，而对自己认为谬误的思想提出反对的结果。

所以我们又要说，除了必须容忍别人的抗议之外，还必须抗议自以为不该容忍的事。

再就现实说，我们看看这样一个乱纷纷的世界，绝不能否认随处可以发现人压迫人，人剥削人，人欺侮人的事实。这一方面可说是由于容忍还没有普遍的结果。而这些事实大规模的继续存在，也号召我们有抗议的必要。

也许有人要说，现在这世界已是吵扰得太厉害了，若再鼓励抗议，恐怕更要走到极端，弄得争吵不休。而且单说容忍，既然也不排除抗议，而容忍是更难能可贵的修养，抗议却是稍有血气之勇的人就可以做到，并且是容易做得过度的。所以我们只提倡容忍就够了。

这话自然很有理。不过实际说起来，在适当的限度内，争吵也并非完全不好的事。我们知道，自由民主本是永远不会完全的事业，它就需要这些争吵来不断地促进。民主原只是以争吵代替打架砍头的制度。抗议是讲理不讲力，可以发泄愤慨，避免不必要的极端行动。容忍难能，是因为人不容易抑制自己的欲望冲动，但抗议之难，却要有勇气去牺牲，我们一想到齐太史，便会觉得容忍难抗议亦不易了。

而且更重要的，我们并非只提倡抗议而不鼓励容忍。我们实是要用容忍和抗议这两个轮子来支持促进自由和民主。所以我们一方面要求被抗议的一方要有容忍的雅量，在另一方面，我们也很同意胡适之先生说的"容忍是双方面的事"，认为容忍的精神也是抗议者所应备的条件。我们要求抗议者必须承认对方或别人也有向他抗议的权利。如若不能这样，那抗议的成功也只不过是以暴易暴，绝不能建立一个真正自由的社会。陈独秀的错误，并不在他对古文、旧礼教和旧政治的热烈抗议。这种抗议原是近代中国争取自由所必需的。他的错误只在"以吾辈所主张者为绝对之是"和"必不容反对者有讨论之余地"。这"绝对之是"和"不容反对"两个观念，加上当时当权者对他的压制，后来不仅造成了他终生的悲剧和遗憾，也使中国的自由民主运动遭受了无比的损失！愈是能勇敢热烈地抗议的人，愈不易使自己也能容忍别人的反对。革命英雄从监狱出来后，得到了权力，倘使自己也缺乏容忍抗议的精神，那监狱的地位又何尝能空出来？

所以我们应该强调，我们现在所要提倡的抗议，必须是容忍抗议的抗议。

章士钊提倡有容，要人"不好同恶异"。张东荪注重对抗，指出了"异"在争取和保持自由时的功用；但他的目的仍是在使人"各自知好同恶异为不能行"，还是想达到"不好同恶异"的理想。胡适也说，喜同恶异是"不容忍的根源"；可是他并没有说要完全铲除这个根源，他似乎只是要人节制好同恶异的心理。这自然是一种更近情理的说法。事实上，我们不能希望人不好同恶异，我们至多只能希望人做到"同固欣然，异亦可喜"的地步。但我们最好要做到"好同而不禁异"。好同，所以要抗议，不禁异，才算是容忍。

容忍的精神和抗议的精神，有时也可以同时表现出来。有人认为伏尔泰说过："我完全不同意你所说的，但我要拼命拥护你说它的权利。"他这直截了当的表示不同意，代表一种坦率的抗议精神，他要拼命拥护别人说他完全不同意的话的权利，却表现出一种极端容忍的雅量。在1761年的法国，有一个人的儿子因生意失利而吊颈自杀了。照当时的法律，凡是自杀的人，必须把他的尸体裸露着放在刑车上，公开在街上游行，然后挂到绞刑架上去。这父亲不忍他儿子死后遭受这样的待遇，便请了好些亲戚朋友来作证，证明是寿终正寝的，于是谣言传布开来，竟说这父亲因为恐怕儿子要信旧教，所以把他谋杀的。结果被判处了死刑。两年后，伏尔泰为了这事便写成他有名的《容忍论》(*Trait de tolérance*)，用鼓吹容忍来表示对用教条杀人的抗议。他满以为东方的非耶教徒更能够容忍些，却料想不到两百年来人类并没有进化多少，因此我们仍需要用容忍论来作抗议。然而我们并不希望走上巴士底狱的道路，我们应采取更平易的态度。

这就是：我们必须容忍抗议，必须抗议我们认为不该容忍的事，抗议的人更要容忍别人的抗议。这都是极平凡的道理，我却认为是目前中国人争取自由民主的基本态度和精神。

(原载于《中国论坛》第二十六卷第二期，1988年4月)

五　以"五四"超越"五四"[①]

今天承蒙近代史研究所邀请我来讲几句话,个人感到十分荣幸。由于准备不及,我无法作一次严肃的学术性演讲,只能略为谈谈个人多年来的一点感想以及对"五四"运动的一些看法。尤其这些年来,一般对于"五四"有过许多批评的意见,个人更觉得应该对这些意见,稍作响应。

我要讲的题目是"以'五四'超越'五四'"。光从题目上看,我所想表达的意思,已经十分明白了。如果要批评"五四",当然可以从许多角度下手,而我所强调的,则是从"五四"本身来超越"五四"。

要讨论这个题目,自然会牵涉到几个根本的问题。首先,"五四"运动的定义、名称、范畴与时间界限等问题在观念上便应加以厘清。拙著《"五四"运动史》在1960年发表以来,便有些美国学者提出这方面的疑问。如Mary C. Wright在其所撰的书评中,便指出:"五四"学生运动与新文化运动究竟应该合在一起讲,还是分开来谈,可能是值得进一步探讨的问题。她也曾经跟我当面谈论过这个问题。

事实上,我在写作那本书之前,对这个问题,已经考虑过很久,在该书的"绪论"中,也涉及这个问题。从"五四"到现在的七十多年间,无论是大陆或海外,一般都是用"五四"运动一词来涵括新文化运动、白话文运动以及学生运动。当然,这是后来的广义的用法,在

[①] 本文为周策纵于1991年6月15日在台北"中央研究院"近代史研究所发表的学术讲演。

1919年"五四"事件发生时,原来并没有这样的用法。但是,过不了多久,这种广义的用法便已广泛流传,普遍为人采用了。其实,我们都知道,白话文运动与新文化运动至少可以上推到1917年,而学生反日运动,起码也可以追溯到1915年。这些事实都是发生在1919年5月4日以前。当年我还在哈佛,正好郭廷以先生到美国访问,看过我的书稿,就很高兴地称许我在描述"五四"事件之前,花了很长的篇幅讨论在此之前学生爱国运动以及白话文运动、新思想运动的发展,并没有把史实的先后次序任意颠倒。那么,为什么经过这些考虑后,我还是决定采用"五四"运动一词呢?这是因为我认为,虽然新文化运动乃至白话文运动本身可以独立处理,各成专书,但在讨论这些运动时,还是无法忽略1919年后,那些青年知识分子如何来推动这些思潮;如果没有这批人的推动,可能新文化运动便搞不起来,至少也不会发生那样大的影响。因此,如果把这些运动分开来谈,固无不可,却不足以说明整个时代的潮流与趋势,也不能窥见整个时代的全貌。所以我反复思索以后,仍然使用"五四"运动的名称。不过,我在书中曾经说明,这些事件本可分开讨论,大家要作进一步研究,自可再就每一主题继续深入分析;而我的目的,则是要反映那五年、十年乃至二十年间各方面思想潮流的转变。经过这样的说明,我觉得名称上的问题比较小,甚至已经不成重要问题。三十年代,冯友兰描写"五四"运动时,他所谈的便都是思想文化运动,而绝不是单纯的学生爱国游行等事件。像这样的例子,不胜枚举。因此,在名称和范畴上,可以说已不成问题。

至于"五四"运动的时限,我在书中曾指出,当时的思想转变与学生活动,主要集中于1917年到1921年这五年之间;不过,我同时也强调,这个运动不应只限制在这五年,最低限度可以扩充为1915年到1924年这十年,因而我在出版第二本书《"五四"运动研究资料》时,索性便把标题明白标示为1915年到1924年。我之所以把1924年定为"五四"运动的下限,主要是因为是年国共正式合作,着手以武力和党的组织推翻北洋政权,所牵涉的是军事与党派斗争,与知识分子所领导的思想运动已有所区别,而且当时中国已采纳列宁、斯大林式的组织方式，与"五四"的基本精神正相违背，所走的方向也大不相同。这项转变极其重要，"五四"潮流后来所以未能顺利发展，便是遭到此一阻碍。十年前，台北召开学术研讨会，陶希圣先生在会中宣读了一篇讨论"五四"时期自由民主思想的长篇论文，要我担任评论。我当时的批评，便是认为陶先生讲"五四"这一段的自由民主思想，写得很好，而且是一个很大的转变，因为国民党过去不太讲这方面的问题，尤其要我来讲评，更是破天荒头一遭。可惜的是陶先生没有继续往下讨论 1923 年、1924 年间国民党的转变，不免有些不够完备之处。总之，关于"五四"运动的时限问题，我所采取的是一种相当宽松的态度，亦即具体的断限，应视个人研究的目的而定。在抗战前夕或抗战之初，陈独秀先生还认为当时仍属"五四"时代。这种看法究竟对不对呢？我觉得也有他的道理。从某方面而言，"五四"时代的精神，恐怕直到现在仍然保留着一部分。当然，这并不是一种严格的说法。重要的是，"五四"时代的时间界限，并不能完全截断。

其次，我认为，近六七十年来一般人对"五四"运动的批评，归纳而言，大致上有几点很重要的意见。

第一，许多人都觉得"五四"时期对传统的批评失之过火，当时的言论趋于极端，并不公平，而反对方面的意见始终受到压制，声音微弱，以致整个"五四"思想不免走得过头，有欠平衡。

此外，还有一种看法，认为"五四"时代的改革者主张全面性的改革，而且是要从思想文化方面来整体解决中国的问题。以前我在哈佛修改论文时，我的同事史华滋（Benjamin I. Schwartz）教授便持有这种看法。他以为"五四"时代的知识分子都抱有"全体主义"（totalistic）式的观点，而这种全体主义的倾向，则是继承自中国传统的哲学思想，尤其是儒家的一元论全体主义思想模式。不过，我个人并不赞成这种看法。固然，"五四"时代的确有许多人抱持这样的观点，但是也有不少优秀的知识分子绝对无此倾向。以胡适之先生为例，早在《问题与主义》一文中，他就明白指出并没有一种单纯的主义、一个万灵丹，可以把中国的问题一下子全部解决；中国的问题在于文化的建设，一定要靠一点一滴的不断努力。他这种意见，在当时也得到很多人的响应。我们怎么可以把他这类意见不算是"五四"时代的思想主流，而只把一些比较偏激的人物，如李汉俊等人的主张，看作是"五四"思想的代表呢？李汉俊在《建设》杂志上发表文章，一再鼓吹改革必须全体推翻，重新改造，不能部分改革。我认为，李汉俊这班人的意见，起码在"五四"中期以前，乃至整个"五四"时代，亦即在20世纪20年代初期以前，并不是思想的主流。如果，我们今天只把这类意见当作是"五四"的主流思想，完全忽略掉胡适、蔡元培这些人的看法，然后再把这项罪名加诸"五四"时期的知识分子，恐怕并不正确。史华滋教授是很优秀的学者，我同他私人情谊甚笃，也很钦佩他的学识，但是在这方面，我的看法和他有着很大的差别。另一方面，还有些学者甚至认为"五四"时代知识分子所以有全体主义思想倾向，主张思想文化的全盘改革，是受了中国传统，尤其是儒家一元论主知主义思想模式的影响；换句话说，"五四"知识分子虽然批判传统，其所用的却是传统的方式。然而，为什么在19世纪末期以至"五四"以前，像康、梁这些知识分子提倡改革，并没有受到传统全体主义思想的影响，反倒是批判传统、反对传统的"五四"知识分子，却受到传统的影响呢？因此，我觉得这种说法不免有点自相矛盾，不太说得通。"五四"与传统的关系是一个非常复杂的问题，我在海外，也一再谈到这方面的问题。

当然，"五四"时代反传统、反儒家、"打倒孔家店"的思想色彩相当鲜明。我在《"五四"运动史》书中，也提到由于当时的环境异常闭塞，"五四"知识分子为批判现况，对传统的攻击不免过火。不过，我当时所用的字句是"表面上看起来是全面反传统"，我的意思便是以为"五四"知识分子并非真正要反对整个中国传统。事实上，"反传统"(anti-traditional approach)这个词汇，可能还是我最先使用；但是，这个词汇实在不太合乎科学。任何一个人，都不可能完全反传统。胡适之先生提倡白话文，而白话文正是中国传统的一部分；其他如陈独秀、吴虞等人也都从道家、墨家等中国传统，找出了自由主义与社会主义的思想资源。中国传统本身是一个极其复杂的东西，没有人能否认道家、墨家是中国传统的一支,即使由印度传来的佛教思想,也不能不算是近代中国传统的重要成分。所以,光是要界定"传统"的意义,便已经大成问题。我认为,"五四"时代的反传统,其实反的是"传统主义"。当时的确有些守旧人物相信凡是传统都是好的,"五四"知识分子所反对的乃是这种"传统主义"。至于他们对儒家的批判,也并非全无道理。儒家传统也确实有些成分已经不合时代潮流,像陈独秀所批评的"父死,三年不改其志""男女授受不亲"等等礼法观念,不能不算是儒家传统的一部分,如果依然坚守这些传统,现代民主制度便无从树立。其实,西方的古代思想传统,其中也有很多不合时宜的东西,扬弃这些传统,并不就是要把整个传统连同其中精粹完全推翻。"五四"时代所以激烈反传统,固然有点矫枉过正,但是当时的思想环境中,一般人的论调和心态,都是非常闭塞,在这种情况下,"五四"知识分子对于传统的批判,当然无法持平,而一定会走向激烈的道路。如果以此苛责"五四"人物,实在是不了解当时的情况与时代需要所致。

另外,还有一种论调,认为现在已无纪念"五四"运动的必要,鼓吹"五四"运动或新文化运动的传统,不过是知识分子的"自我膨胀",因而对于纪念"五四"之举往往多方讥讽。我觉得这个看法也是很成问题的。平情而论,中国近代史上多项现代化运动以及非武力的改革运动,除却知识分子,还有谁来领导?即使是辛亥革命,其大部分领导者,也都还是广义的知识分子。因此,对于海外部分人士的这种论调,我觉得实有加以辨正的必要。

再有一种批评,则牵涉前述的时限问题。这种意见认为"五四"已成过去,而历史不会重演,也不能再版,"五四"的潮流既已衰老,甚至已经死亡,我们也就无须承继"五四"的传统了。这种看法,相当普遍,我的一些朋友,以及部分学者作家,也都持有这种态度。可是,事情是否真是如此?前年"五四"运动七十周年时,台湾召开过一次讨论会,我曾前来参加;大陆上则举办了两场讨论会,一场是由北京北大、清华一批教授以中国文化学院名义所召开的比较私人性、独立性的讨论会,另一场则是由中国社会科学院所主办的规模较大的官方学术会议,我也都躬逢其盛。同时，香港浸会学院另有一场会议，我也到场出席。依我的看法，"五四"运动并不同于一般的历史事件，一般的历史事件事过境迁，随即为人遗忘，只能供学者由书本中加以研究；而五四运动却是一段活的历史，永远有着活泼旺盛的力量。事实证明，七十年来，无数次的学生风潮，基本上都是受到"五四"的启发。学生的做法对不对，是另外一个问题，不过他们那种抗拒外侮、关心国事的精神，却正是承自"五四"的影响。当然，这种"五四"精神所承袭的还是中国士大夫的传统，只是表现得更为炽烈。中国知识分子一向以关切民生、忧心国事为己任，而不单是一个狭义的专家，这与西方所谓的知识分子有着一些区别。这也不是好坏优劣的问题，而是事实究竟如何的问题。因此，我认为，所谓"五四"已经过去，"五四"已经死亡这一类的看法，对"五四"以及近代中国的历史，实在是了解不够。

再有一种意见，则认为"五四"当时曾提出许多很好的主张，虽有缺失，也有不少优点，我们现在的目标则是要超越"五四"。我以为这是一种比较正确、合理的看法，我们本来就应该超越"五四"，而不能永远停在"五四"这个阶段。问题是，应该用什么样的方式来超越？我刚才已经讲过，"五四"与其他历史事件不同，它是一段活的历史。如果拿"五四"来和中国近代几个重要运动相互比较，便可看出其间差异。如晚清的戊戌变法也是由当时非常优秀的知识分子出面推动，可是它所悬的目标以及它对后世的启发吸引，几乎无法与"五四"相提并论。戊戌变法所悬的改革目标，后来都已经陆续达成，它所能托付给我们承继的任务比较少，因而一般都只把戊戌变法当作纸上的历史来看待。再如辛亥革命，一举推翻数千年君主专制政体，无疑是影响到近代思想乃至人民生活的重大事件。但是辛亥革命遗留下来，需待我们进一步发扬光大的未竟之业，我觉得，也还是没有"五四"那么多。再如抗战，当然更是一件大事。我有一位朋友，对于抗战非常关切，曾写了多篇小说来描述这段史事。多年前，我在香港跟他发生过争论。他认为，八年抗战不知牺牲多少生命，影响多少人民的生活，"五四"运动的重要性根本无法与之相比。我则有不同看法。我并不否认抗战的重要性，但是它与"五四"的性质完全不同。抗战期间，固然要以身家性命抗御外侮，但是抗战一旦结束，其所留待我们继续努力的工作也就所剩无几。反之，"五四"运动的目标尚有许多未克完成，而它当时的那种精神，则使后世青年受其启发，觉得有必要承袭"五四"精神，继续向前努力。因此，"五四"在性质上与抗战不同，其重要性也就不能相比拟。

从这种角度考虑，自然就牵涉到"五四"的成就问题。"五四"当然有错误、肤浅以及过火之处，我们并不应该全面加以继承，但是，"五四"的精神与目标，却对我们有着绝大的启发之功。讨论"五四"，不能不注意到这一方面。一般批评"五四"的人，常常喜欢追问："五四"运动到底是成功还是失败，是对的还是错的？我认为这是一种错误的态度。我在《"五四"运动史》书中，已经指出，"五四"是一个很复杂的问题，不能说它一定在十年或二十年内就已成功、完成，也不能说它在某些方面，整个是错的、坏的；重要的是，"五四"时代在精神上，研讨问题的方式上，以及所欲达成的目标上，提出了一些极为重要的原理原则，这是"五四"所以能对后世发生启发作用的关键。这些原理原则，基本上都是正确的。例如，"五四"时代鼓吹科学与民主，以科学而言，大家都同意应该朝这个目标努力，"五四"时代所讲的"科学"今天看来，似乎只是一个口号，但即使如此，"科学"在当时仍然是一个明白而必要的口号，如果没有这个口号，大家或许还不晓得应该集中力量朝此方向发展；至于民主，则比较复杂，牵涉到的问题也比较多。不过，详细分析起来，"民主"仍然不失为一个正确的口号。我们可以从"五四"的若干思想质素来做进一步的讨论。

首先谈到救国的问题。这个问题当然也牵涉到民主。近代中国史上，救亡图存，始终是一项最为迫切的课题。最近，有一些大陆学者一再大声疾呼，认为中国的现代化再不急起直追，赶上先进国家的话，中国就要被开除球籍了。这种看法，其实也是救亡救国心理的延伸。可见救国的问题，直到现在，广义而言，仍有其重大作用。数年前，大陆学者李泽厚提出"启蒙与救亡的变奏"的说法，来分析"五四"思想的发展。他认为"五四"时代的思想潮流，本来是以启蒙为归趋，后来则为救亡的迫切需要所取代。而救亡运动所引发的群众情绪，往往便淹没了理智的作用。"五四"初期的新文化运动原本是一种理智的运动，而其后由于救国的热诚，便把头脑都冲昏了。这是一个相当复杂的问题，但我个人倒觉得这两者并不互相抵触。不管如何，"五四"运动后来的发展的确是慢慢有了偏差。

其次，"五四"时代另一项重要的思想质素，便是怀疑主义。在当时，知识分子对整个中国传统的哲学思想、伦理观念，乃至社会制度，都抱持着怀疑的态度。这种怀疑精神，是否有长远持续的必要？据我看来，起码到现在为止，这种怀疑精神对中国人而言，还是有其需要。虽然我们不必再像"五四"时代那样怀疑一切，但是对中国乃至西方传统重新估价，则仍不失为目前甚至未来应该遵循的长远目标。我们从事学术研究，其实便是一种重新估价的工作。所以，怀疑精神与重新估价这种要求，还是十分切合需要，而在"五四"时代的中国，更是格外需要。当然，现在的台湾，比较自由开放，这种要求已不复如此迫切。不过，我觉得，怀疑精神是随时都应具备的，连一般非知识分子的普通人，都应该抱有几分怀疑精神，这对整个民族来说，只有好处，不会有太大坏处。多年前，我在香港中文大学演讲，便提到：孙中山先生主张有思想然后产生信仰，有信仰才能发生力量，这话固然不错，但孙先生所讲的只是一面，如果从另一个方向看，我们也可以说，有思想然后有怀疑，有怀疑再产生力量。历史上正不乏因思考而生怀疑，由怀疑而生出力量，推动我们找出新答案的事例。所以，只讲由思想而生信仰，尚不足以涵括全面，何况，即使有了信仰之后，还尽可以再产生怀疑，而重新估价这项信仰，否则一旦信仰某项东西，便死守不渝，全无改变，其是否能获致进步，恐怕还是一个问题。我并不是要否定孙先生的话，而只是想稍加补充。中山先生当年所以这样讲，是为了争取信徒，巩固组织，可以说完全是出自党务及革命的需要。但我们作为中国人，乃至世界人类的一分子，在考虑一般性的问题时，便不必泥守不变。总之，直到现在，怀疑精神也还并不是坏的。当然，这其中还牵涉到信仰与权威的重建问题。如果一个社会人人都在怀疑，毫无信仰、毫无权威，大家都没有共识，这个社会必定无法维持。因此，我的意思是认为，怀疑主要是一个过程，从怀疑—信仰—怀疑这样的辩证历程中，不断重建更好的权威，才是怀疑精神应有的真义。"五四"时代的知识分子，鉴于数千年思想权威定于一尊，遂倾全力从事偶像破坏。大家都知道，西方启蒙运动期间，怀疑精神也十分昂扬，而惟其如此，才能产生大力量，冲破教会及种种传统思想的束缚。"五四"时期的中国，同样也有这种需要。有些学者认为虽然汉武帝以来独尊儒术，但中国始终并未定于儒家之一尊，即使在汉代，儒家仍然和法家牵连在一起，历代专制王权也都采取"阳儒阴法"的统治手段。这种看法固然不无道理，然而，不论如何，在民国初年北洋政府统治之下，中国思想界僵化的偶像崇拜倾向确实相当严重。"五四"时代之着力破坏偶像，正是时势所需。那么，这种偶像崇拜的风气，在今天是否还存在呢？我认为，我们中国人实在很难摆脱这种习气。一位政治领袖，或许本身并不想变成偶像，可是由知识分子主导的传播媒体，乃至一般社会大众，却往往不由分说地把政治领袖塑造成偶像。所以，偶像破坏的思想，即使在今天，仍然有其作用，足以警惕我们不要再制造新偶像——尤其是政治与思想方面的偶像。就此而言，"五四"实在还有着正面的意义。

类似这样的东西，在"五四"的思想内涵与目标中所在多有。前面提到过的"民主"，便是一例。谈到民主，首先面临的便是一项选择：我们到底应该采取群众运动的路线，还是建立一套议会法治制度？三十年前，我在《"五四"运动史》书中，已经讲过，"五四"时期学生游行示威的抗议运动所以发生，而社会上一般均表同情于学生，实在是一种病态的社会现象。如果一个国家有一套良好正常的议会、选举、法治的制度，人民的意见可以透过合法管道充分表达，则大部分人民便没有走上街头的必要，也不必诉诸大规模的群众运动。当然，这也并不能否定游行抗议的可能性，事实上，许多民主国家在宪法上都列有保障人民集体抗议权利的条文。因为，即便是最自由、最民主、法治最为完备的社会，偶尔也还会发生一些无法经由正常、合法途径来解决的问题，所以政府还是必须容许这种例外情况的发生。"五四"时期学生所发动的群众运动,也应该由这种角度来看待。易言之,法律制度与群众运动并不就是截然对立的两极,法律制度再周密,也不免有时而穷,不见得能让群众完全表达其意愿,偶尔还是需要群众运动为之弥补。只要群众运动不致太过火,不致正规化,倒也无伤大雅。而最紧要的,当然还是要先在法律制度上下手,使一般正常的社会生活,得到一条和平解决的轨道。

讲到这里,我想顺便谈一些题外话。我个人本来是研究政治学的,后来兴趣转移到历史,晚年则偏向文学方面,但我多年来始终觉得政治依然是最重要的东西。据我个人的看法,中国文化最大的缺失便在没有一套良好的政治制度,历代的许多悲剧,归根究底,都可以归咎于这项缺失。关于这一点,我以前在哥伦比亚大学及多伦多大学开会讨论近代中国知识分子与民主政治的关系时,曾经一再提出。例如,中国一向没有宪法制度,康有为虽然认为《春秋》便是传统中国的宪法,毕竟无法令人信服,而西方自希腊、罗马以来,便有宪政的雏形,此后宪法的观念日益发展,益形重要。再如选举、投票这一套民主程序,中国传统上也付之阙如。汉代虽有所谓"选举"制度,不过名称雷同而实质迥异。近代选举基本上奠基于多数决定的原则,而中国则一向无此观念,勉强比附,则《易经》上有所谓"三占从二"的说法,但这种办法,犹如历代朝廷的廷议之制,最终仍取决于君主一人的判断。因此,纵使中国传统上并不缺乏"多数决"观念的萌蘖,但在受到西方思想制度的影响之前,并没有真正付诸实现,充分发展。

此外,"五四"时期还提倡个性解放与人权观念。以个性解放而言,目前台湾似乎已相当完备,各式各样的言论纷然并陈,十分热闹。但是在透过法律与制度以保障人权这方面,虽然人人都明白其重要性,却仍然处在摸索建立的阶段。因此,"五四"时代在这方面的遗产,仍然未可轻言扬弃,仍然值得我们重视。

另一方面,"五四"期间妇女解放的女权运动也相当热烈。在此之前,虽然已有人提倡女权,毕竟仍限于少数。及至"五四"时代,由于学生运动的影响,男女共同集会,女权随之大幅扩张。及至今日,妇女地位在中国社会上当然提高很多，但是在政治上，政治领袖由妇女担任的，仍然寥寥无几。因此，从整个中国来看，在十亿以至十一亿人口中占了一半，甚至一半以上的妇女，其地位究竟提高了多少，恐怕还大成问题。"五四"时代的知识分子已经注意到这个问题，而在今天，这个问题依然有其迫切的重要性。

以上所谈的，只是随便就几个问题来讨论"五四"思想在目前所具有的时代意义。归结起来，我的意思是认为：我们应该立基于"五四"本身来超越"五四"。"五四"所提倡的精神与目标，如果有错误偏颇之处，固然应该加以拒斥否定；但对其中正确的精神、方式与目标而尚未完成者，我们仍必须加以继承，继续推动。"五四"当然有缺失、有不足，然而，"五四"对我们依然有着重大的启发与教育作用。只有对"五四"的缺点，重新检讨修正；对"五四"的未竟之业，再进一步推展完成，才是超越"五四"的正当途径。若非如此，一味奢言抛弃"五四"，讲求新东西，恐怕并不是合理的办法。我这种看法自然不尽正确，还请各位多加批评指教。谢谢。

（原载于《近代中国史研究通讯》第十二期，台北"中央研究院"近代史研究所，1991年9月）

六 "五四"思潮对汉学的影响及其检讨

"五四"新文化运动的思潮对整个中国文化、学术、思想、文艺、科学以至政治和社会风俗习惯等等，都发生过重大的影响。汉学是这些学术思想的一部分，如果要检讨它在近代发展的历史和得失，就不能不考虑到"五四"思潮的启发和冲击。可是这牵涉极广，问题又很复杂，原不易探究；也不是简短篇幅所能考论周详。不过我认为这对检讨近代汉学的确十分重要，不了解恐怕就认识不清它的方向、特征和原因。所以我现在举出主要的几点影响来讨论。

白话文与汉学

首先要指出的是，大家所知道的，白话文的运用，到"五四"时期才扩充、普遍起来，不但文学创作如此，论说研究的发表，也很快就以白话文为主要工具了。三十多年来，我曾一再指出，书面语言的改变会影响人的思想方式、思想内容，甚至日常行为。前年在几次纪念"五四"运动七十周年的会上我也曾强调了这点，去年12月纪念胡适百岁诞辰的会上又这样说过。因为我觉得这种重大的影响和改变，正好像人活在空气里，渐习为常，反而不觉得了，一般人便容易忽略这种历史的重要性。汉学的演变和发展，自然也不能例外，也不能不受书面语言变动的影响。白话文比较明白清晰而准确，使研究陈述和辩论分析更能细致精密，也更易促成适应外来思想学说的介绍和移植。关于前者，相当明显，不用多说，只要把王国维、陈寅恪的文言论著，和胡适、顾颉刚等人的白话论著一比，就可知道后者更是明白清楚，也更能委婉达意。至于较易适应介绍外来学说，只要把严复的文言翻译和后来许多较够水平的白话翻译比较，也能看出后者较为周到方便。至于创作作品的翻译，就更不用说了，白话比文言更易合原文，更能曲折尽意。近七十年来，中国汉学的进展受白话文的普遍使用之赐，是显而易见的事，不过以前似乎还很少受人注意和强调罢了。

可是传统中国的文学、哲学、历史、语言学等著作，除了小说、戏剧和语录一部分之外，几乎都是用文言写的，现在改用白话来研究探讨和述说，在脑子里或笔下，就必须把原文翻译解释成白话文或近代华语一遍。这个过程，有明显的，有不明显的；有自觉的，有不自觉的；有容易的，有极端困难甚至近于不可能的。这当中往往不免误解和歪曲，或强不知以为知，而又难于自己察觉到。我们只知道强调外国人或用外语研究、解释中国传统可能的曲解，却往往忽略用白话和现代汉语来了解分析古文的偏差失误。其实，今天来检讨中国的现代汉学，这就是一个非常重要或严重的问题，也是个非常复杂困难，而又未受充分注意的问题。我希望今后大家要作更有系统的、周密的分析。这样，才能比较容易避免误解传统学术、思想、文化的原意和原貌。

用白话来读文言古文，这种毛病，中西汉学家可能都不易避免，只是外国学者也许更困难些。我以前总喜欢举一个我以为最典型，最富于概括性，也最有趣味的例子来说明。有一位在美国东部极著名的常春藤大学读完博士学位又担任教授的美国汉学学者，据我记忆所及，在他编译的一本英文中国诗选里，把梁简文帝萧纲一首诗的题目《夜遣内人还后舟》翻译成 "At Night a Deserted Wife Still Following the Boat"。萧纲原文可能是说："夜里打发宫女回到后面的船上去。"可是若把他这句英译再译回作中文白话，便成了："夜里一位被抛弃了的妻子还跟随着这条船。"他在翻译这短短七个字的题目时，至少犯了四种典型的错误：

（一）误认汉字：把遣送的"遣"字误认作遗弃的"遗"字。

（二）误以今语读古语：把古文特殊含义为宫女、宫嫔的"内人"，读作今语"普通的妻子"。

（三）误以白话读文言：把文言义为回归的"还"字，误读作白话副词"还好"的"还"字。

（四）误读文法：把形容词译为"后面"的"后"字，误解作动词"跟随"之意。

事实上，这第二、第三两个误解，都可说是用白话方式解读文言所造成的后果。这位学者在汉学和翻译方面也许有别的成就和贡献，我在这里绝对无意取笑或轻视他；而且，我认为中国汉学家和我自己也不见得就不犯这种错误。只因便于说明，才用了这个例子。

至于中国的汉学家，多少年来，我们习惯于用白话来传述、诠释文言古典，更容易不自觉地误解原意。越是用白话来翻译、解释越多的，也就越容易对原文弄出误解。试以《论语》为例，杨伯峻的语译比钱穆的更近于白话，有时就可能离原意较远或不尽相符。钱穆的翻译和解释，往往仍用原词，毛病固然较少。可是有时原意究竟如何，仍不明白，所以各有得失。近代中国学者研讨古典著作时，多已用白话文，不像用外语者，于引用文言原文时，多不必译成白话，结果所引者不必能支持辩论的论点，或有时不免偏差，这在哲学方面，如冯友兰的《中国哲学史》，就最易露出这种缺点，或引起争论。

不过由于现在年轻的一代能了解文言的人已越来越少，自然有把古典翻译成白话，和用白话文来从事汉学著述的需要。我在这里只是想指出，"五四"白话文运动给近代汉学带来了许多方便，也带来了许多难题。

思想自由竞赛

其次，"五四"时期中国新知识分子提倡学术思想自由竞赛，严厉批判中国传统，这种风气，对汉学至少发生了两种重大的作用：一方面，使汉学研究对中国传统也增加了许多批判和反对的精神与作风。原先在《新青年》《新潮》和许多青年学生所办的刊物上批判中国传统的文字，大都是论战式、政论式的，并非学术论文，这包括陈独秀、易白沙、吴虞等许多人的作品，也包括胡适、鲁迅等人早期的短论。不过到了二十年代初期以后，多数青年，甚至中年老年的知识分子和学者，几乎都已经经过了这番批判思潮的洗礼，后来中国汉学家，可说多数都已与从前不同，对中国传统和古典著作，采取了批评甚至反对的态度。连梁启超都不免如此。较年轻的一辈，像顾颉刚、傅斯年、闻一多、郭沫若等，在他们的学术性论文里，比以前的人，对中国传统和古典也都有了更多批判否定的色彩，例子很多，毋庸列举。中国传统的学者和思想家，往往只能用"托古"的方式批判传统，戊戌维新时代康有为的做法更为明显，已为大家所周知。"五四"以后，也就是20世纪20年代以后，中国的学者和思想界却大多数已不必假借传统的权威来批判反对传统和经典了。

这个趋向自然有好处，也有缺失。好处是，学术本来就只有在提倡批判精神和敢于向权威挑战，敢于否定传统的勇气下才能发扬。缺失则在于有时对传统或既存的东西批判得未必公平，往往矫枉过正，甚至了解和判断错误。

另一方面，"五四"提倡学术思想自由竞赛，使儒家不复定于一尊，固然对儒学不见得完全公平，但却帮助了其他思想学说取得自由竞赛的权利和平等地位。这就使中国汉学开阔了领域和道路。我们试看清朝二百六十年间的汉学，如反映在《皇清经解》和《皇清经解续编》中的，绝大部分都是对儒家经典的研究，而对诸子的平议，分量则很少。"五四"以后，这种作风却反过来了，汉学界对非儒家的著作，如墨家、道家、法家、杂家、佛教等，引起了更大的兴趣，这也可从《古史辨》较后的数册里看出这种趋势。这不能不说是一种较好的影响。

当然，这儿我应该指出，儒家本是两千多年来中国文化、学术、思想、伦理的重心，虽然我们不主张把它定于一尊，若不给予应有的重视；或不顾一切，加以全盘否定，那自然也是错误的。"五四"时代对儒家严厉批判，现在却有人提倡"新儒学"，似乎各有时代背景不同。在适当程度内，我都不反对这种作法。只是如我上面所说的，我们对传统和经典，恐怕还了解得不够，有时更有许多误解，所以无论反对也好，提倡也好，往往都没有客观事实作根据。就这一角度说，我们有时还没有资格来批判儒学,也没有资格来鼓吹儒学,倒应该先来发扬实事求是的汉学,把古典和传统了解真切了,才能作正确的评价。这并不是说,对传统和古典,目前样样都不可以作评价;只是说,要承认这种评价还只是暂时性的,是随时可以修正的。这样一来,若正反双方发生争论时,也就不会过于偏执和走极端了。

西化增加

第三,大家都知道,"五四"思潮是提倡输入外国,尤其是西洋思想和文化的。当时知识分子鼓吹西化和现代化,包括引进西洋的研究方法,以及西洋和日本的汉学研究,也注意译介外国的学术、文学、哲学、历史著作。近代中国的汉学受西洋学术思想影响很深,也受有日本的影响,这方面,清末固然已启其端倪,但"五四"才大开其先路。这不妨从三方面来检讨:

其一是研究方法的引进。西洋对文、哲、史的研究,比较重视分析的方法和三段论法,也比较重视有系统的论著。"五四"以后中国人的论文和书籍,在这两方面都有进展。这只要把"五四"前后的出版物一比较就可发现。虽然这种改变并非短期造成,但二十年代初期的确有显著的改观,看来近于一个分水岭。

其二是用西洋的理论学说来研究中国问题或素材。稍早的如王国维利用康德、叔本华的美学理论来研究中国文学,极为罕见;但"五四"时代以后,运用西洋学说来分析中国问题或题材的就越来越多了。像从经济史观来研究中国历史;依西洋哲学观点和模式来写中国哲学史;用心理分析学说或意识之流的观念等等来研讨中国文学,已不足为奇;至如浪漫主义、写实主义等就尤为普遍使用。这种引用西洋理论来研究中国题材的风气,发展到今天已司空见惯了。固然这可帮助认识现象和问题,但有时也不免有勉强凑合,或削足适履和歪曲之弊,因为中国的素材和传统思想路线,不必适应西洋的模式。这是个庞大又复杂的问题,这里只能点到为止,当然需要分门别类,就个别实例去精细检讨。

其三是西洋学术研究注重系统和历史,这种作风给予中国研究许多帮助。中国传统著述中，像《文心雕龙》那样组织严密的书非常少见，各种专科历史也不发达。像清末民初几部中国文学史，都十分粗疏，主题不明确，材料很贫乏，缺少体系，忽略组织。"五四"以来，如胡适的《中国哲学史大纲》《先秦名学史》、鲁迅的《中国小说史略》、冯友兰的《中国哲学史》、郭绍虞的《中国文学批评史》等，其体系与作法，都多少受了西洋或日本（其本身也是仿自西洋）的影响。以后许多专史，都是如此。从体例方面说，多有创新，而组织和系统，大致已不类于过去的"史通""通义""通考"或"学案"。这在汉学方面，可说是一大进步，成绩大有可观。

近代西学、西洋文化对中国学术思想的影响当然不止于此，不过我认为上面所指出的三点，就是研究方法、理论学说和体系方式这三方面，可说是最重要的影响。

"疑古"风气

"五四"思潮的另一个特点是提倡怀疑的精神，鼓吹"重新估价一切"，因而引起"疑古"的风气。许多知识分子起初是对大部分中国古代历史传说和传统，都加以怀疑或否定。这种风气影响汉学很深很广。从好的方面说，产生了下面几种效果：

一是使人们抛弃掉盲目的"轻信"（Credulity）。"轻信"这一观念，在传统中国的词汇里，似乎寻找不到，至少并不普遍流行，多年来我认为这是我们中国人思想习惯上一个缺点，是否如此，我也不敢说，不过这至少是我有限知识得出的印象。英美人不太容易被说服，也许是商业社会里看广告看多了，知道凡是"卖糖的说糖甜，卖醋的说醋酸"，必须细加选择才不会上当；在民主政治里，多党竞选宣传候选人各说各话；学术思想自由的社会里，学说纷纭，都必须自己去审慎判断；还有宗教派别林立，固然都怂恿人去信仰，但到底该信什么，还得自己抉择。总之，一个多元社会是使人不太容易轻信的。提倡过怀疑的精神后，对中国人的思想习惯也许有些好处。如果引起分歧，不易团结，自然是个流弊，但是若能通过怀疑求得真实，应该可得到更结实的共识。

无论如何，就学术界说，经过怀疑，抛弃轻信，是有益处的。

二是疑古的结果使我们辨别知道哪些传说的东西不是事实，加以抛弃或给予应得的地位，这样就可以帮助我们建立一个更坚固的民族历史和传统。当然在这方面我们也不可轻信怀疑者的说法，轻易把传说和传统抛弃否定掉。

三是"五四"怀疑精神可能影响过汉学界对古书的真伪、作者、时代、版本传授等问题的认识，促成了多方研究，成就不少。在这方面有时也不免用片面的、不充分的，或未必能成立的理由或论证，便完全否定推翻旧说，却难免矫枉过正，更加误导读者。对于古书真伪问题，我以为固然应该持怀疑态度，不可轻信陈说，但正如法律上审判嫌疑犯一般，一方面在未定案前暂应视其为无罪，不能在未证实前就把它判定成伪书，摒弃不用。还须以存疑态度来采用才可以。再方面，要证成其为伪书的责任应落在怀疑者肩上，换句话说，怀疑者必须证明那数据是伪，而不是要求先证明那资料不伪。

近七十年来，中外汉学家辨"伪"或轻弃旧说的例子已经太多了。其中最显著的例子就是把《老子》一书排在孔子之后，于是许多历史，照冯友兰《中国哲学史》的样，把道家叙述在儒家之后。优秀学者，如钱穆甚至把《老子》放在《庄子》的后面。我总认为他们所列举的理由都是不能成立的，怎可轻易颠倒这么重要的历史？另外一个例子就是《诗大序》，多少人都随便就判定是东汉卫宏所作。还有《逸周书》和《黄帝内经》等，例子很多，不能细说。不过我要特别指出，古代并没有我们现在这种装订的书本，所谓"书籍"都写在竹木简板或绢帛上，远比现在的"活页书"还容易增改变更；古人又不注意版本问题，抄写传授时改动当是常有的事。一般学者喜用何时"成书"一词，这是过于笼统，观念不清的词汇。所以如果发现一两句话只能在后代才可写成，也只能证明那一两句话或那一两个字是后代写的，决不能证明全篇或全书都著成于后代。这本来是个常识易晓的问题，却往往给忽略掉，所以我仍在这里指出来。

另外还有一个似是而非的借口，就是一发现这资料中有一个词汇在同时代或以前的著作中没有出现过，于是就说这数据不可能属于这时代。可是我们怎么能断定这词汇不是恰好初次用于这一资料呢？而且这样也并不表示这一词汇是这一数据初次使用，只不过仅仅这一数据保存了下来。

我提到这些问题，并不是鼓励学者去顺从陈说，少去怀疑，不过只是要人把"无征不信"的严格标准也应用到怀疑者和创新立异者的身上，才好平衡起来。但整体而论，我们还宁可鼓励学者善于"于不疑处有疑"，只是在未严格证实之前，只能当作"存疑"而已。

"整理国故"

最后第五，我想谈到"五四"思潮对汉学研究可能最有正面贡献的，尤在于其提倡所谓"整理国故"。"国故"和"国粹"这些名词，在清末民初"五四"以前早已流行，像章炳麟、刘师培、顾实等人也曾写文章、办刊物提倡鼓吹，但正式提出"整理国故"这个口号，而且发挥较大影响，还是"五四"时代的事。这不妨从1921年2月胡适等人创办《读书杂志》和1923年1月创办《国学季刊》算起。关于"国故""国学"的含义，胡适在《国学季刊发刊宣言》里有这样简单的说明：

> "国学"在我们的心眼里，只是"国故学"的缩写。中国的一切过去的文化历史，都是我们的"国故"；研究这一切过去的历史文化的学问，就是"国故学"，省称为"国学"。"国故"这个名词，最为妥当；因为它是一个中立的名词，不含褒贬的意义。"国故"包含"国粹"，但它又包含"国渣"。我们若不了解"国渣"，如何懂得"国粹"？所以我们现在要扩充国学的领域，包括上下三四千年的过去文化，打破一切的门户成见，拿历史的眼光来整统一切，认清了"国故学"的使命是整理中国一切文化历史，便可以把一切狭陋的门户之见都扫空了。

这样界定"国故"和"国学",大致还算适当,只是"上下三四千年的过去文化",不应该只有三四千年。所谓"过去",还应该包括史前和现代与当代;所谓"文化",也该不止于历史和语言,还应包括文学、哲学等其他人文部分,以及社会科学和自然科学。

"国学"这个名词和"汉学"大致相当。"汉学"本与"宋学"对称,是指汉朝人和宋朝人治学的方式和他们的学术。后来"汉学"的含义逐渐演变扩充,以"汉"代表"中国人",以"汉学"一词来翻译西语Sinology,凡是研究中国的学问都可叫作"汉学"。但是这种"汉学",过去仍继承了许多汉代学术训诂考据的传统。到了20世纪上半期以后,西洋研究中国者,更有偏重义理和社会科学以至时事的,便采用了"中国研究"(Chinese Studies)一词,意义比较明确,却略嫌太长。"国学"一词在中国内部使用很方便,在国际上却嫌不明白,无法使用。"汉学"一词没有这些缺点,只是有时仍难免和汉、宋之学的"汉学"相混,"汉"字也不免像"汉语"一词那样,可能被误解带有"汉族"的含义。我认为也许不如用"华学"较妥。

胡适在上述的宣言里,检讨了自明末清初到当时三百年间国学的演进,指出三方面的成绩:(一)整理古书。(二)发现古书。(三)发现古物。也指出了三层缺点:(一)研究的范围太狭窄了,多偏重在钻研几部儒家的经书,又蔽于门户之见。(二)太注重功力而忽略了理解。只有材料的积聚与剖解,而不见组织与贯通。结果,"这三百年之中几乎只有经师,而无思想家;只有校史者,而无史家;只有校注,而无著作"。(三)缺乏参考比较的材料,不肯旁搜博采。排斥"异端",以致流于弊陋。因此他提出三个努力的方向来:

第一,用历史的眼光来扩大国学研究的范围。

第二,用系统的整理来部勒国学研究的数据。

第三,用比较的研究来帮助国学的材料的整理与解释。

他这三个方向中最具体的是第二项,即"系统的整理",他提出二点建议,希望大家要作:

(甲)索引式的整理。

（乙）结账式的整理。

（丙）专史式的整理。

这些意见，固然并不都是全新的，可是有意、有系统地提出，这还算得上是首次，而且在当时的学术界，也算很有影响力。以后中国的国学或汉学发展，大多还是沿着这个方向进展。如以后的研究比较更有系统；更能意识到用新方法来整理、分析和批判；少数较优秀的学者更能结合乾嘉考证和西洋考证方法来处理问题；更注重发掘数据；校刊版本；编制书目和索引；还扩大了国故和国学的范畴，如包括了哲学、伦理学、名学、通俗小说、戏剧、民间讲唱文学、语言学、民俗学等；也能利用社会科学和自然科学的方法来探讨问题。我们若把"五四"以后国学研究的状况和"五四"以前的比较一下，就可说，自1921年至今这七十年间，已发展出了一种"新汉学"了。

总括我上面所说的，这个受了"五四"思潮影响发展起来的中国"新汉学"，至少包含有下列几个特征：

（一）研究工作多已改用白话文来讨论和发表。

（二）儒家不复定于一尊，开阔了研究诸子各派的领域。

（三）西洋思想、学说和研究方法更广泛引进应用。

（四）经过更多怀疑和批判精神的冲击。

（五）整理国故更有系统、有组织、有比较。

这些也往往同时带来了复杂的困境和新的问题。

（原载于《汉学研究之回顾与前瞻》下册，北京中华书局，1995年9月）

七 我所见 "五四" 运动的重要性
兼论 "不断的重新估价一切"

自从 19 世纪中期，中外关系日趋密切紧张以来，中国发生了多次现代化的政治和文化思想改革运动。"五四"运动本是其中之一。可是就我看来，它却具有特殊的意义，从长远和深广的程度看，它的重要性，至少在某些方面，多已超过别的改良和革命运动。现在且略举数端如下：

（一）就短期效果而论，它坚持外抗强权，维护国家领土主权的完整，推进了爱国运动，发扬了民族主义。这个重要性至少可延续到中国变成真正富强，不受外来侵略为止。它对世界的影响，如果有的话，也会持续到还有许多弱小国家被侵略的时候。

（二）从长远看——这也许是"五四"运动更重要的一面——它可能是一种世界各种文化、文明互相比较、检讨、融合的先驱。以前中国的各种改良和革命运动，都只注意到中国本国的改革问题。但在"五四"时期，尤其是它的前期，有一部分领导运动的知识分子，甚至青年学生，提倡怀疑主义和理智地批判传统与现状，要检讨一切，采取古今中外各种文化之长而抛弃其短，企图建立一个新文化或新文明。这是中国以前很少见到的企图。

（三）"五四"时期所提倡的主要口号和目标，诸如民主与科学（就是陈独秀说的"德先生"和"赛先生"。后来吴稚晖又加了个"穆姑娘"[Miss Morality]），个性解放，人权，民权，女权，婚姻自主，男女平等，思想、言论、学术、集会、游行自由，均富，知识分子与商人、工人、农民结合，普及教育，发展独立的新闻和文学出版，提倡青年和学生关心国事，批判检讨传统伦理教条，等等，有些虽然是前人已加鼓吹，但这时才变得更普遍。无论其论点是否完全平衡折中，对细节是否已理解，考虑是否能周到充分，但他们求革新的目标，和遵守百家自由争鸣的原则，还是值得大家去思考、检讨、批判、继承与发扬的。

（四）"五四"大体上是个抗议和批判的启蒙运动。但早期各派思潮都能和平竞赛，介绍各种西洋思想学说，虽不能如后来的周详，但派别却多，形成一种思想的"自由市场"。没有定于一尊的压制和摧残。所以它也是个非常能容忍异议的运动，虽然也有许多过激的言论。

（五）"五四"所提倡、推广的白话文运动，使白话文成为全国人的主要言论表达和人与人之间沟通的媒体。这一成就的重要性，远远超过一般人的想象和评估。因为不同的表达方式，一定会影响到推论方法、思想内容以至对人对事处理的态度和日常生活等等。这是中国人一件极大的变革和转机，不仅牵涉到学术研究的发展和新文学的建设。这点恐怕连当时提倡的人都没有预计到，也许后来也还没有充分了解到。

我常说："五四"运动是一件活的历史。因为它的目标永远值得大家去努力奋斗达成。它给我们的启发是非常巨大而长远的。即使是它的缺失，也提供给我们一种严肃而重大的教训。它不但留给中国学生和青年知识分子一些艰巨的使命，也留给所有的中国人一个远大的任务。从广义说，它也许可以鼓舞世界上许多学生、青年和成年人，对各种文化传统和社会问题，多引发一点兴趣，去共同努力创造一种能包含各个传统的新文明。

（六）还有一点，这里也不妨提出来一谈，就是我们今天来"重新评价'五四'"的问题。"五四"新文化运动的新思潮，内容固然十分复杂，它背后还是可以找到一个思想的基调，就是："重新估价一切。"那个时代，中国男女青年知识分子，对古今中外一切问题和主张，都要用"评判的态度"来重新估价一番，加以自己的独立思考和判断，希望不作盲目的接受。

关于这个问题，我觉得胡适先生在民国八年（1919）十一月一日，也就是"五四"事件后半年左右，写的一篇文章《新思潮的意义》，到今天还值得大家重读。他归纳"五四"时代报纸和刊物上所发表的新思潮，得出下面这种看法：

据我个人观察，新思潮的根本意义只是一种新态度，这种新态度可叫作"评判的态度"。

评判的态度，简单说来，只是凡事要重新分别一个好与不好。仔细说来，评判的态度含有几种特别的要求：

一、对于习俗相传下来的制度风俗，要问："这种制度现在还有存在的价值吗？"

二、对于古代遗传下来的圣贤教训，要问："这句话在今日还是不错吗？"

三、对于社会上糊涂公认的行为与信仰，都要问："大家公认的，就不会错了吗？人家这样做，我该这样做吗？难道没有别样做法比这个更好，更有理，更有益的吗？"

尼采（Friedrich Wilhelm Nietzsche，1844—1900）说现今时代是一个"重新估定一切价值"（Transvaluation of all values）的时代。"重新估定一切价值"八个字便是评判的态度的最好解释。（见《胡适文存》第一集，卷四。）

胡适在文末又说："新思潮的惟一目的是什么呢？是再造文明。"蔡元培也说过类似的话。尼采的思想，在别的许多方面，和胡适的思想，以至和"五四"新思潮的主流，都大不相同，但他这"重新估定一切价值"的话，据我看，却是千古不灭的真理。因为无论什么，我们都应该经过自己的独立思考，自由独立判断和估价，才能接受。现在固然要如此，将来也还要如此。

至于胡适说的评判和估价的三个要求，今天和将来似乎也还可适用。我更认为，不但对于"习俗相传下来的制度风俗"，不但对于"古代遗传下来的圣贤教训"，就是对于现代和当代的制度、风俗和教训，也应该经过这种重新估价的过程，才能接受。

不但如此，我们对于"五四"运动本身，连同当时的评判和重新估价，也应该作不断的重新估价。这其实就是"五四"精神所要求于我们要做到的。我这话也不是完全凭空猜测。我接触过不少直接或间接参加过"五四"运动的知识分子，他们无论后来态度如何变动，对这种"不断重估"的看法，却都是十分欢迎和鼓励的。

因此，在这次纪念"五四"运动八十周年的时候，我特别把这几点提出来，请大家参考和指正。

1999年4月25日，于美国威斯康星州陌地生市之弃园

八 "五四" 时期中国的文化自觉

我在1999年5月北京大学"纪念'五四'运动八十周年国际学术研讨会"上，曾经宣读过一篇论文《我所见"五四"运动的重要性》，有这样一段话：

> 从长远看——这也许是"五四"运动更重要的一面——它可能是一种世界各种文化、文明互相比较、检讨、融合的先驱。以前中国的各种改良和革命运动，都只注意到中国"本国"的改革问题。但在"五四"时期，尤其是它的前期，有一部分领导这场运动的知识分子，甚至青年学生，提倡怀疑主义，和理智地批判传统与现状，要检讨一切，采取古今中外各种文化之长而抛弃其短，企图建立一个"新文化"或"新文明"。这是中国以前很少见到的企图（见郝斌、欧阳哲生合编《"五四"运动与二十世纪的中国：北京大学纪念"五四"运动八十周年国际学术研讨会论文集》上册，北京：社会科学文献出版社，2001年5月初版，36页）。

我这段话其实也不是凭空说的。由于我早先读过1914年胡适先生发表的《非留学篇》一文，他在那里说过："留学生的责任，莫急于'取他人所长，补我所不足，折中新旧，贯通东西，以成一新中国之新文明'。"我又注意到胡先生在民国八年（1919）十一月一日写的一篇文章《新思潮的意义》，在末了说过："新思潮的惟一目的是什么呢？是再造文明。"我记得蔡元培校长当时也说过类似的话。并且于1921年6月在华府乔治敦大学讲演时，还说过："综观历史，凡不同的文化互相接触，必能产生一种新文化。"（见他的《东西文化结合》）由于胡先生早期说的只在建立"中国"的新文明，因此我于20世纪50年代见到他时特别问他：当"五四"新文化运动时，他说的"再造文明"，是"世界"性的么？他肯定地说是"世界"性的。并且解释说：在20世纪20年代初期，日本的青木正儿，尤其是韩国人办的《开辟》杂志，特别欢迎中国新思潮、新文化运动打破国界，建立新文明的提议。胡先生说，他还特别给《开辟》杂志写了篇《当代中国的思想界》一文，在韩国发表。至少"五四"新文化运动提倡再造新文明，在亚洲曾得到一些好的回响。

照我们现在的看法，"五四"时期新文化运动这种作风，正代表中国的"文化自觉"。传统中国素来把"华夏"当成世界的中心，东夷、南蛮、西戎、北狄，都算作"化外"民族，到了清朝，还把欧美、日本当作"夷狄"看待。其实清朝当初本也是以"夷狄"入主中国，不过后来早已喧宾夺主了。中国的"文化自觉"究竟起源于什么时候，本来也很难说。佛教传入中国后，曾有一段长时期，把印度当成神秘的"西天"，可是自从19世纪中叶鸦片战争后，这个"西天"似乎又不存在了。欧、美、日本这些"列强"或"帝国主义"国家，逐渐取代了"西天"的地位。中国在这种挣扎图存的时候，摸索前进，好像一直要到"五四"时期，才有这种"文化自觉"。

费孝通先生在他八十岁生日时，给人类学的前途说了几句话。他说："各美其美，美人之美，美美与共。"我以为他这几句话说得真好。中国过去常有人说："世界大同"或"天下大同"，后来又有人说：我们应该"求同存异"。这些话都有它们的深意。尤其后面这一句，当这21世纪开始时，信息容易沟通，世界各种不同的文明、文化，接触频繁，如果都要相同起来，有些不愿放弃不同的文明怎么办？难道都要强迫他们相同吗？既然说"求同存异"，可见"求同"不必能完全达到目的，倘使"求同"能够完成，那就到了世界上只有一个文明、文化。又如许多不同的宗教，每个教当然都说自己的教义全真，要求人们来做信徒。有人当然会主张自由竞赛，不能强迫别人相信。这样和平竞赛的结果，总会有些教派萎缩消灭,我们能否容许定于一尊呢?儒、释、道在中国曾被称为"三教",五代时陈抟曾经提倡"三教合一"之说,显然没有成功。现在世界上的基督教、伊斯兰教、佛教,恐怕也只能让它们"和平共处"。种族虽然目前还林林总总,因肤色不同,有许多区别;将来混血种越来越多,也许终于会融合为一。美国人素来以种族熔炉自豪,当然那也可贵,可是还只有三数百年的发展;而中国至少已有三数千年民族融合的历史了。惟有世界上主义不同的政党怎么演化呢?是否能"和平共处""共存共荣"呢?这要看政客、政治家、政党领袖们智慧如何而定,也要看不同文明、文化、国家和社会,老百姓的教育程度和智慧怎样来决定了。

关于"文化自觉",我以为还必须厘清"同""异"这些观念问题。我们很难想象,未来的理想世界或天下,只有"同"而没有"异"。只有"同"而没有"异"的境界,是个死寂的境界,也是个不可能长期存在的境界。如果要大家都说真话,我们应该说:我们要"求同异,存同异"。绝不是"求同存同",也不是"求同存异"。因为如果提倡"求同",人数愈增,终有一天会只有"同"而没有"异",还有什么"异"可存呢?1960年我曾发表一篇文章,主张"好同而不禁异"。后来觉得这还不够,便改说"同固欣然,异亦可喜"。也许这是比较妥当罢。

"五四"时期中国发展起来的"文化自觉",据我看,应该是"求同异,存同异"的自觉,我们所建立的新文明、新文化,同异并存,决不歧视"异"。这样才能消泯可能因文明冲突而引起的战祸,这样才可保障永久和平。

2002年10月8日写成于美国威斯康星州陌地生市之弃园

九　机器代人力，人文济科技

　　我们应该认识：自然科学家倘若有人文学科的熏陶，更能成大器。单凭科技不足以救社会的偏失，人工造人的一天可能到来，那时当会使许多伦理和社会问题更复杂，人文学科也就会显得更重要，可以济科技之穷了。

　　20世纪才过去，留下了不少悲欢和血泪。目前值得大家焦虑的问题更多：私人物欲横流，人文精神萎缩，家庭和人际正常关系破毁，社会正义不彰，弱者依然被侵，强梁仍旧难制。种种不合理和不道德，还到处可见。表面上，许多人相信，世界文明在不断地进步，骨子里却不见得如此。难道今天的人类真是这般堕落吗？展望21世纪，有什么好前景和新理念呢？

　　历史告诉我们，未来的事不可预测。试问在19世纪，我们的祖父母和他们的祖父母，能想象到我们今天见到的电影、电视、原子弹、太空船、传真机、电脑，和利用基因人造动植物吗？柏拉图能预料到罗马时代、文艺复兴和存在主义的兴起吗？司马迁能预料到魏晋南北朝和唐宋元明清吗？

　　当然，古往今来也有许多不变的原则和因素。衡量现状，也可能看到一些短期内的大势之所趋，甚至长远的发展。我看世界文明演变的轨迹，有一个基本现象值得注意：无论什么人群，都要有物质资料，供每个人生活下去。人人都有物欲，但不是人人都去生产生活资料，有一小部分人利用别人的生产成果而生活，得了余暇，就去从事精神方面的创造。较高度的文明都是这样发展起来的。那些供给别人生活资料的人，历史上有时叫作奴隶，有时叫作农奴，有时叫作别的名目，其实功用都相类似。

现在不妨看看历史上几个高度文明发展的过程：古代希腊文明初期，市民利用非市民或奴隶的劳力生产而生活，得到闲暇，因此使哲学思想和科学文学美术成就灿烂。后来罗马时代，以至封建农奴制度和以后，无不是利用大众的劳力，使少数人有生活余暇去从事精神文明的发扬。

再看中国，夏、商时期，酋长和巫师以神道设教，利用奴隶的劳力而生活，发展了陶器和青铜器文明。周代更建立了士、农、工、商的分工体制。农、工、商成为生括资料供给者，使士这阶层有闲暇去发展精神文明。中国过去常说这是"劳心"和"劳力"的分工。三千年来，朝代虽更迭多次，这种社会文化典范却一直持续未变。

这种用多数人劳力支持少数人闲暇，以提高文明的方式，要到18世纪下半期英国人发明蒸汽机，用机器代替人力才有改变。整个20世纪都在向这一方向发展。未来大约也会如此。

民粹主义定会泛滥

当此世纪交替之际，文明发达的国家都已充分使用机器和科技生产，生活资料空前丰富，人的物欲也大量提高；而发展中的国家却远落于后，可是后者的人口特多。由于民主思想愈来愈普遍，少数民族的权利要求也愈来愈增加。结果，全世界一种物质分享的"民粹主义"（Populism）一定会泛滥。

在另一方面，机器和科技都靠发展自然科学方能取得。比较之下，社会科学处于劣势。尤其是人文学科，本是人类精神文明最重要的主干，现在却受社会轻视。以中国教育而论，这方面的经费分配得微不足道，投考哲学、语言、文学历史和美术等人文学科的学生，由于找不到好工作，也愈来愈少。这是非常不合理的现象。

我们应该认识：一、科学技术当然是社会所亟须，但自然科学家倘若有人文学科的熏陶,更能成大器。二、单凭科技,不足以救社会的偏失。三、高科技发展后,尤其是利用基因,人工造人的一天可能到来,那时当会使许多伦理、道德、法律和社会问题更复杂,人文学科也就会显得更重要,可以济科技之穷了。

(原载于香港《明报月刊》,2001年1月)

十　中外为体・中外为用
中国文化现代化刍议

香港中文大学自成立以来，转眼已经三十周年了。在这三十年间，它对香港教育、学术、思想、科学和中外文化交流等各方面，都有显著的贡献和影响。多年来，我也时常亲眼看见它的奋发和成长，这次受邀来作纪念讲演，非常高兴，因此特就中国文化的现代化和中外文化关系问题，来讲一些个人的看法，作为庆祝，并请大家指教。

（一）简说"文化"与"文明"

首先我想略为厘清一下"文化"和"文明"这些词汇的含义。对这些含义，古今中外已有了好些不同的说法，尤其是 18 世纪以后，哲学家、社会学家和史学家，往往用法不一，我在这里不想多加分析。现在中文多把英文 culture 译作"文化"，把 civilization 译作"文明"，可能是从日文翻译传来。有时也两者互译。欧美讨论 culture 一词的，都认为根源于拉丁文的"耕植""培植"，后来引申便有"精神修养"的意思，当然也发展有"物质文化"的观念，因此，凡人力所成就的，都可用这个词汇来包括。至于 civilization 一词，使用得很晚，18 世纪中叶强生（Samuel Johnson）还不肯收入他那著名的英文字典里，这个词本来是指人已开化到相当程度，与粗野有别，往往指文化发展到某个阶段，并且兼括精神和物质的发展。这些都是本来的含义，但是后来人们随便使用，两个词汇有时也就意义相同了。在中国方面，"五四"前后，新文化运动兴起，有些人认为"文化"只包括思想、文学、艺术、教育等偏重精神方面的活动；政治、经济、军事都不在内。可是后来也有人用得很广泛，把文化运动和社会运动几乎混淆了起来。后来有人讨论东西或中西文化问题时，也多半把"文化"包括一切人为的成就，无论精神上的和物质上的，都包含在内。而且"文化"和"文明"，基本上也没什么太大的区别了。这个现象，在西洋也有点类似，所以有人认为，所谓"文化"和"文明"，就是指人类对自己、对别人、对人际关系、对自然环境和对别的生物和无生物的所想、所作、所为，以至于所建立的体系和制度等一切成就。若更笼统一点说，凡人为的成就都可算是"文化"的一部分。

中国人使用"文明"和"文化"这种词汇非常早，大家都知道，《尚书·舜典》有"浚哲文明，温恭允塞"。《易经·文言传》有"见龙在田，天下文明"的说法。《象传》里更有"文明以健""文明以止""文明以说""其德刚健而文明""内文明而外柔顺"等句子。尤其重要的是，《贲卦》的《彖传》提到"文明以止"那句话时，上下文是这样的：

> 刚柔交错（四字据古本补），天文也；文明以止，人文也。观乎天文，以察时变；观乎人文，以化成天下。

这就把"文明"和"文……化"（"观乎人文，以化成天下"）联系了起来，并且表明二者都是"人"文，是人的成就。这里说的以"人文""化成天下"，应该是"文化"这一观念最恰当的解释，与我在前面提到的西洋的普遍用法，不谋而合。至于刘向所编《说苑·指武》篇说的："凡武之兴，为不服也；文化不改，然后加诛。"那是因为用来和武力对比，所以把"文化"的意义反而弄狭了。

我现在斟酌中西的普遍用法，把"文化"一词，采取广义解释。本来，这样做，多是主观选择，中外皆然；中国既然早就有这个观念和解说，并且这样解释也很合乎我们现在讨论的需要，所以我就不妨采用中国本来最早的词义了。

（二）从"现代化"谈到"中学为体，西学为用"说的起源和初义

近代中国，多年来就提倡"中国现代化"。其实，照我的看法，所谓"现代化"只能是"文化现代化"，只有人为的一切才可以现代化；若不是人创造出来的，或由人改造过的，或影响过的东西（包括具体的和抽象的在内），那就只有天然本来如此的存在，本来在自然演变着，那还需要什么现代化呢？尤其是，照我前面给"文化"和"文明"所下的定义来说，就更容易明白，一般人所说的"现代化"都是指"文化现代化"；而我现在所讲的"文化现代化"，也正是一般人所说的"现代化"。除了"文化现代化"，就别无所谓"现代化"了。

再进一步看，近百多年来东方人提出"现代化"或如我所说的"文化现代化"，当然是起因于东西方文化接触时，发觉我们耽误落后了几百年。因此引起东方人对东西文化差别和取向问题，特别重视，就有人提出一些指导原则来。在中国，最早提出和影响最远大的指导原则，莫过于"中学为体，西学为用"。

这个"中学为体、西学为用"的口号，一般人都认为是张之洞（1837—1909）在光绪二十四年戊戌（1898）阴历三月所写成，而于六七月间经清廷颁发各省的《劝学篇》里所提出来的。我在《"五四"运动史》"导言"的一个注里还指出过，这个口号可能和日本的类似观念发生过相互影响，或者是并行发展出来的。早期日本人为了支持说明他们摹习汉学的必要与合理，曾有"和魂、汉才"的说法，据说这是菅原道真（845—903）首先所提出。后来在19世纪时，西学的倡导者之一，佐久间象山（1811—1864）又提议"东洋精神，西洋技艺"。甚至热心西化的福泽谕吉（1834—1901）也造出了一个可能由先前那一个推演出来的流行口号："和魂、洋才。"张之洞和日本人有过接触，他的幕僚中就有日本人，他这口号有可能受到过日本方面的影响。

不过事实上，我发现张之洞本人似乎并没有直接说过"中学为体，

西学为用"这两句话，至少在《劝学篇》里他并不是这样说的，他在这书里只说过"旧学为体，新学为用"。这书的《设学》章里说得最具体明白：

> 其学堂之法，约有六要：一曰新旧兼学。四书、五经、中国史事、政书、地图为旧学；西政、西艺、西史为新学。旧学为体，新学为用，不使偏废。一曰政艺兼学。学校、地理、度支、赋税、武备、律例、劝工、通商，西政也；算、绘、矿、医、声、光、化、电，西艺也。……大抵救时之计，谋国之方，政尤急于艺。然讲西政者，亦宜略考西艺之功用，始知西政之用意。……

张之洞在这里用列举的方式给"旧学"和"新学"作了界说。大致说来，儒家经典、中国史地和政书是"旧学"，西洋的学校、地理、财政、军事、法律、工商，以至于科技等是"新学"。

张之洞在清朝末年封疆大吏中是最有学问和见解的人，他看到曾、李洋务只重视船炮器械的仿造，即使再偏重变更法制，也不足尽西洋之学，救中国之弊，而达到富强。他在《劝学篇》的《明纲》章里指出：西洋也有"政治、学术、风俗之善者"。在"自序"里更说："不变其习，不能变法；不变其法，不能变器。"中国的盛衰关键，"其表在政，其里在学"。所以他比同时代的人更能注重教育、学术、思想、伦理、风俗、习惯等问题，因此著作《劝学篇》，提出"旧学为体，新学为用，不使偏废"的口号来。可是他这种看法，遭到当时保守派、洋务派和变法派等各方面批评。

我们早已知道，在光绪二十年甲午（1894）中日战争前后，早就有人提出过"中学为体，西学为用"的观念，不过没有受到太多人注意，因为鸦片战争以后到甲午战争之前，讨论中西文化关系的，也就是常时所谓旧学、新学或中学、西学关系的，有各种说法，或说内外，或说主辅，或说道器，或说根枝，或说本末，或说失还，或说体用，不一而足，还没有集中于体用说。在论洋务而采取"体用"观念的，至迟在薛

福成(1838—1894)的出使奏疏中就已经提到过,例如他说:

> 夫道德之蕴,忠孝之怀,诗书之味,此其体也。而致用于今日,则必求洞达时世之英才,研精器数之通才,练习水陆之将才,联络中外之译才。体用兼赅,上也;体少用多,次也。

到光绪二十二年(1896)七月十三日(阳历8月21日),工部尚书孙家鼐(1827—1909)议复开办京师大学堂办法六条,其中谈到大学堂的宗旨时,就明白提到了"中学为体,西学为用"。这里说:

> 今中国京师创立大学堂,自应以中学为主,西学为辅;中学为体,西学为用。中学有未备者,以西学补之;中学有失传者,以西学还之。以中学包罗西学,不能以西学凌驾中学。此是立学宗旨。

过了不久,盛宣怀(1849—1916)在上海创办南洋公学,委派负责人时,也谈到"西学为用,必以中学为体"。御史宋伯鲁由康有为代笔上疏论科举,也说:

> 夫中学,体也;西学,用也。无体不立,无用不行。二者相需,缺一不可。今世之学者,非偏于此,即偏于彼,徒相水火,难成通才。

这些话和光绪二十四年(1898)五月十五日(阳历7月3日)总理衙门所奏上,并由孙家鼐主持的京师大学堂章程措词几乎完全相同:

> 夫中学,体也;西学,用也。二者相需,缺一不可。体用不备,安能成才。

这个口号本来还只用在几个学校和学会的章程里,可是由于张之洞的

《劝学篇》讨论得最详细，又由朝廷印发各省，引起讨论和批评，所以变得越来越有名。严复（1859—1921）于光绪二十八年（1902）在《与〈外交报〉主人论教育书》里就说：

> 夫中国之议学堂久矣，虽所论人殊，而总其大经，则不外中学为体，西学为用也；西政为本，而西艺为末也；主于中学，以西学辅所不足也。

严复这几句话，显然是综括孙家鼐和张之洞的意见而说的。虽然"中学"不见得全等于"旧学"（如果包括佛教），"西学"也不见得全等于"新学"（如从日本学来的维新改革），但张之洞当时所说的"旧学"和"新学"，主要的实在还是"中学"和"西学"。《劝学篇》里有时也用到后面这两个名词，并且张之洞的书也比较著名，因此后来梁启超在民国九年（1920）所著的《清代学术概论》里好像率兴就把这个口号归之于张之洞了，至少张显得是这个口号的主要提倡者。梁说：

> 甲午丧师，举国震动；年少气盛之士，疾首扼腕言"惟（维）新变法"，而疆吏若李鸿章、张之洞辈，亦稍稍和之。而其流行语，则有所谓"中学为体，西学为用"者；张之洞最乐道之，而举国以为至言。盖当时之人，绝不承认欧美人除能制造，能测量，能驾驶，能操练之外，更有其他学问，而在译出西书中求之，亦确无他种学问可见。

梁启超的这种说法颇合于当时的实情。可见"中学为体，西学为用"在戊戌变法时期的确已逐渐取代别的说法，变成了当时的"流行语"。所以严复在上面所引的信里也特别对这点辩驳。他引用江苏无锡一位举人裘可桴的话，指出任何事物，都各自有"体"有"用"，不可分离，也不可强合。他说：

> 善夫金匮裘可桴之言曰："体用者，即一物而言之也，有牛之体，则有负重之用；有马之体，则有致远之用。未闻以牛为体，以马为用者也。"中、西学之为异也，如其种人之面目然，不可强谓似也。故中学有中学之体用，西学有西学之体用，分之则两立，合之则两亡。议者必欲合之而以为一物，且一体而一用之，斯其文义违舛，固已名之不可言矣，乌望言之而可行乎？

严复这种辩驳，若从哲学观点说，尤其是从宋朝以后理学家发展出来的"体用"观念说，的确有道理。我们如果已经采纳了一件事物或观念的本体，怎么还能排除它的功用；相反的，如果已采纳了它的功用，又怎能摒弃它的本体？

不过仔细一想，恐怕也不尽然。孙家鼐、张之洞等人所说的体或用，本是指采纳后作为中国的体或用，不是指那事物或观念本身的体或用；再方面，我们如不以辞害意，张之洞等说的虽然不太明确，但他们的真意似乎只在表明本末、轻重、内外、主从之别。换句话说，在某些方面也就有点像某些人说的根本与枝叶，或基础与上层，甚至首要与次要等等。所以张在《劝学篇》的《循序》章里又说：

> 今欲强中国，存中学，则不得不讲西学；然不先以中学固其根柢，端其识趣，则强者为乱首，弱者为人奴，其祸更烈于不通西学者矣。

他在《会通》章里还用了"内学""外学"的名词，说"中学"为"内学"，"西学"为"外学"，"中学治身心，西学应世事"。

当然，张之洞所说的中学之体，乃是三纲、五常、四维等传统道德伦理、礼教规范和君权体制。他认为这些决不可动摇，民权平等之说绝不可行。所以虽然他说过"新旧兼学""不使偏废"，而结果对改革和新学，有时反而起了阻碍的作用。

（三）略评其他各种中西文化问题的口号

清朝垮台，民国成立以后，中西文化问题更引起不断的争论。"五四"时期的新文化运动对中国传统文化加以猛烈的批判和攻击，热忱提倡西方文明。那时一般青年知识分子的态度是：重新估价一切。照这样推论发展下去，本来应该对中西文化，都只需作个别理智的选择；无奈时间短促，又受了政治、军事各种干扰，这种精神未能好好发挥下去。

加上第一次世界大战之后，欧洲有些思想家对西洋的科学和物质文明，相当悲观。梁启超带领蒋百里、张君劢、丁文江等人于民国七年（1918）底去欧洲考察，深深受了这种影响，他于次年（1919）三月发表《欧游心影录》，就大声疾呼，说欧洲人"科学万能的梦"已经破灭，他们的"物质文明"已经破产，还需要中国文明来补救。他这意见和"五四"的新文化运动思潮很不相容。此后不久，梁漱溟于民国九年到十年（1920—1921）在北京大学讲述东西文化问题，于（民国）十年发表他的《东西文化及其哲学》一书，基本上仍认为世界文化终究会走向东方精神文明的道路。再过两年，即民国十二年（1923），张君劢在清华大学讲演"人生观"问题，引起他和丁文江等人的"科玄论战"。这个问题其实也和二梁所提出的观念以及广泛的中西文化问题有关。固然这里所争论的是科学和玄学，但一般人总觉得科学是西洋文化的重要因素，而玄学则东西方都相当发达，也许东方还更重视。

在另一方面，一个和二梁及"体用"说极端相反的意见，不久也就提了出来。这就是民国十八年（1929）陈序经所提出的"全盘西化"的口号。胡适起初倾向于支持这个意见，但很快就放弃此说，承认自己是"用字不小心"，而改提作"充分现代化"或"全心全意的现代化"，用他自己的话说，就是"Wholehearted modernization"。以上所说梁启超短期鼓吹的西洋物质文明破产，和这儿所说的"全盘西化"，虽然代表两个不同的极端，却同样都把西方文化看得过于单纯，好像是主观地以偏概全，并且放弃了选择。

到了民国二十四年（1935），萨孟武、陶希圣、何炳松等十教授发表《中国本位的文化建设宣言》。虽然他们说反对保守主义和盲目模仿，支持学习西洋的长处,以适应中国当前的急需,可是他们深恐中国文化在世界上消失,因此一切都要以中国为本位,便和"中体西用"说颇为相似。这种主张基本上都不纯以所要学的东西本身的素质作选择标准,而是以属于什么国家,什么民族作标准,结果不免得不偿失。

"五四"新文化运动者主张"重新估价一切",他们给西方文化估价,认为最值得学习的是科学和民主,这自然是以所选择的东西本身的素质作标准。可是这种估价终究是主观判断,各人不同,所以有人就觉得西方最值得学习的是某种主义或制度。这些人本来应该只是选取了西方文化的一部分,可是如果他们企图要使中国完全那种主义化、制度化,那就等于是在推行"全盘西化"或全盘外国化了。为了减少推行外化的阻力,四十年代便提出有"民族形式"的口号,意思是要把外国的主义和制度作内容或本质,用中国本土的"民族形式"来推行。这个办法看来行之颇为有效,不过随着这种"形式",有时又不免跟随继承发扬了许多传统民族的专制"内容",与外来的压迫"本质"结合,恰好和科学与民主完全相反,破坏了"五四"早期所提倡的作风。这个"民族形式"的口号,到了八十年代,才好像被"中国特色"的口号所取代,这方面似乎还没有发展出一套明确的、有系统的理论。

前些年才有李泽厚教授提出"西体中用"的口号来。他所说的"体",是指"社会存在的本体",所谓"社会存在",就是"社会生产力和社会生产方式",以至于"日常生活"。生产包含"物质生产和精神生产"。要用现代西洋的"社会存在",其实就是资本主义社会,来取代"中国原有的社会存在",其实就是"封建小生产经济基础及其文化心理结构即种种'中学'"。照他自己说,他所说的"体",乃"是从唯物史观来看的真正的本体,是人存在的本身。"他接着说:

> 我讲的"体"与张之洞讲的"体"正好对立。一个(张)是以观念形态、政治体制、三纲五伦为"体",一个(我)首先是以社会生产力和社会生产方式为"体"。

这个看法对中国文化现代化不无促进的功用。不过西洋社会的生产力之所以十分发达，不纯粹依靠"生产"方式；在西洋的"社会存在"中，"生产"固然十分重要，同样重要的是"分配"，这牵涉到个人私有财产的保障。不建立合理的"分配制度"，则"生产"也就无推动力。另一方面，唯物史观者把经济当作社会生活的基本因素，不是没有道理，但价值判断和人际关系也十分重要，这些不弄好，经济恐怕也发展不起来。孰先孰后，也许还是个很复杂的问题。

综观近百年来国人对中西文化问题提出的许多原则和口号，似乎还没有一个很切合实际，合理又合用而较少流弊的。多年来我为这个问题曾加思考，1989年应邀出席台湾辅仁大学召开的"中华文化与现代生活国际学术研讨会"，我曾提出一篇《中西为体，中西为用论》的论文。意思是：中学和西学都可以为体，可以为用。一年以后，《中国时报》举办胡适先生虚龄百岁纪念会，要我去讲演，我又提到这个意思，并且主张改作"中外为体，中外为用"。具体一点说，就是"中学为体，中学为用；外学为体，外学为用；中外学为体，中外学为用"。简单一点说，就是"中外体用论"。只是当时讲的不够充分，现在不妨来加以补充说明。

(四) 对"中外为体，中外为用"说的解释

首先我要指出：大家都知道，现在中国人和世界各种文化接触频繁，当然已没有什么简单的指导原则可言。然而我们对这中外文化问题，如果有一个或一些广义的共识，对中国文化现代化，也就是对一般人所说的中国现代化，也许不无益处。

其次，关于中西文化沟通问题，除了全盘拒外和全盘西化论者之外，就有前面提到过的内外、主辅、道器、根枝、本末、失还、体用、中国本位、民族形式等各种说法。到底我们在选择外来文化因素时，应不应该有主从之分以及如何区分呢？我以为，有所区别是应该的，但不能单纯的只分中西；而在区分时，"体用"观念似乎仍旧比较适当，不过应该重新界定一番，赋予比较明确的意义。

前面说到严复批评孙家鼐和张之洞等人的"体用"说时，引裴可桴的解释说："体用者，即一物而言之也。"我已指出过这个解释并不恰当，在这里，"体用"并不是"即一物而言之"，不是指一件事物的本体和它不可分的功用。至少中国早期用法不是这种意思，在"中体西用"说里也不是这种意思。据我的看法，"体"字从"骨"从"豊"，本来的意义是"骨卜""骨占"制度的卜骨和它表现出来的卜兆。"体"字和"礼"字相类似，一重骨兆，一重祭祀，故分别为两个字。"豊"（古同"丰"，谓以玉或树枝奉神）则为共同的含义。试看《尚书·金縢》："公曰：体，王其罔害。"《毛诗·卫风·氓》："尔卜尔筮，体无咎言。"《毛传》："体，兆卦之体也。"这应该是最早的意义。《周礼·春官·占人》："君占体。"意义也应该相同。郑玄（127—200）却注道："体，兆象也。"这该是较后的意义。卜骨上面现出征象，所以说："体"是"兆象"。在古人看来，这种卜骨之体当然是最神圣基本而具体可靠的要件，所以后来就引申有"本体"的意义。至于"用"字，似乎是占卜时的常用语，可能指"用"卜兆以决疑。《易经》里用此字很多，乾卦第一条爻辞就说："潜龙勿用。"同卦的爻也有"用九"。可是在先秦时代还不见"体""用"二字连用或对称用。后汉仙道著作魏伯阳的《参同契》才说过："春夏据内体，……秋冬当外用"的话。还有佛教经典也有用到。对儒家经典的解释，大概要到宋朝才连用这两个观念。《论语·述而》篇："有子曰：礼之用，和为贵。"朱熹（1130—1200）《四书集注》引范祖禹（1041—1098）《论语说》的解释："凡礼之体主于敬，而其用则以和为贵。"说"礼之体主于敬"，乃是本于《孝经》："礼者，敬而已矣。"郑玄注："敬者，礼之本也。"但这里说的"其用"，似乎只是"应用"，而不见得是说礼的内在功用或功能。可是理学家程颐（1033—1107）就不同了。他在《易传》"自序"里说："至微者理也，至著者象也。体用一源，显然无间。"这样说，"体"和"用"就不可分离了。清朝黄式三（1789—1862）在他的《论语后案》里就反对范氏等人这种解释，说："圣经贤传，无体用对举之正文，非儒者讨论之要。"但也有人以为道释与儒家相通者多，这样解释并无妨碍。可是就事论事，黄式三还是对的。只是程、朱的解释，后来已普遍流行，所以严复对张之洞"体用"说那样批评和误解，也就毫不足怪了。以至现在还有不少人把"中学为体，西学为用"翻成英文："Chinese learning for substance, Western learning for function"。我在英文《"五四"运动史》里却把这两句的"体"翻成"fundamental structure"，把"用"翻成"Practical Use"。其实把"体"译成"substance"或"main element"也未为不可，"用"却只译成"Use"也就恰当了。

我觉得用"体用"来说明中西文化问题，还有个最切实际的好处，尤其是"用"的观念。百年来一般中国人对西洋文化，在日常生活里，几乎无时无地不在采用，从穿戴的鞋帽衣饰，乘坐的车船飞机，照相录音、阅读报刊、看电影电视，几乎无一不在"用"。谈到更根本的观念、理论、制度、政治、经济、教育、军事、伦理等等，不管是中国固有的，或是取自外国的，也最好用"体"的范畴来概括。所以我们如果采用"体"和"用"较早期的含义，来讨论中西或中外文化问题，还是最恰当不过了。

至于我为什么要把以前提出的"中西为体，中西为用"改成"中外为体，中外为用"呢？我当然承认，目前中国文化面临的最大挑战，以至于可从以仿效的，还是西方文化为主。所以我们除了可以把向中国传统学习的叫作"中学"之外，其余几乎都是"西学"，就是向西洋学来的。这种情况，当然还会继续存在一个相当长的时期。不过这早已不那么简单了。大家都知道，一两千年来，印度文化已给予我们相当普遍深刻的影响。至于近一百年间，日本文化对我们的回馈，到了什么程度，也许还没有正确的估计。单从汉语日常用到的词汇来说，我们知道有许多乃沿袭自日语，但到底有多少，就很难断言。近年有人已作了些研究，我一时没有去查考，单就手头所有的高名凯等人三十多年前所著《现代汉语外来词研究》(1958)看来，他们收入外来词已有1500多条，从日本传来的词汇，据我的计算，也已有458条。他们把这些词汇分成三类，现在选录一些比较常用的在下面。

(1) 纯粹日语：(原列有91条)

场合	场面	舞台	储蓄	大本营	道具
不景气	服从	服务	复写	复习	必要
方针	表现	一览表	人力车	解决	经验
权威	希望	记录	个别	交换	克服
故障	交通	共同	距离	命令	身份
目标	内容	玩具	例外	联想	作战
请求	接近	节约	支配	市场	执行
侵害	申请	初步	处女作	集团	宗教
出席	总计	仓库	想象	体念	停战
停止	展开	手续	特别	特殊	取缔
打消	话题	要素	要点		

这中间我发现有些也颇成疑问，例如"希望"一词，《汉书·李固传》和《后汉书·班固传》都出现过，意义和现在的也颇相同，也许不能当作"纯粹日语"。又如"服从"也有类似情形。大约因为日本人把古代汉语当成了他们的口头语或日常用语，现代中国人又从日语搬回来，变成了汉语口头语。这和下面两项也许还有点区别。

(2) 日本人用古代汉语原有的词去"意译"欧美语言的词，再由中国人根据这些日语的外来词改造成汉语的外来词：(原列有67条)

文学	文化	文明	文法	分析	物理（学）
铅笔	演说	讽刺	学士	艺术	议决
具体	博士	保险	封建	方面	法律
保障	表情	意味	自由	住所	会计
阶级	改造	革命	环境	课程	计划
经理	经济	权利	检讨	机械	机会
机关	规则	抗议	讲义	故意	交际

交涉	构造	教育	教授	共和	劳动（劢）
领会	流行	政治	社会	进步	信用
支持	思想	自然	手段	主席	投机
运动	预算				

（3）先由日本人以汉字的配合去"意译"（或部分"音译"）欧美的词，再搬回汉语，加以改造而成汉语外来词：（原列有300条）

马铃薯	辩证法	美学	美术	美化	美感
微积分	物质	直觉	调整	仲裁	抽象
代表	代理	代数	断交	谈判	断定
电力	传播	电报	电流	传染病	电车
电信	动员	动向	独裁	概括	概念
概论	学位	学期	剧场	现实	现象
原则	议案	议员	议会	义务	军事
背景	迫害	判断	反动	反映	反革命
判决	反对	破产	偏见	批判	批评
否决	否认	否定	法学	保证	法则
法庭	法定	方程式	表演	表决	一元论
医学	意志	意识	意图	自治	自发的
人为的	人格	人生观	情报	条件	科学
化学	解放	改良	改善	客观	干部
关系	观念	管理	假设	假定	过渡
刑法	警察	系统	经济学	建筑	企业
归纳	交易	雇员	公开	交流	光线
肯定	供给	共产主义	命题	免除	未知数
民主	目的	入场券	历史	列车	论理学
领土	催眠术	催泪弹	索引	作用	三角（法）
左翼	成分	生物学	政府	请愿	制裁

政策	生产力	政党	积极	专卖	说明
社团	社会学	试验	新闻	侵犯	进化
侵蚀	消防	消毒	商业	消费	商品
消化	职员	消极	承认	集中	主义
集合	主观	主权	周期	宿舍	主任
出版	出超	出庭	综合	总理	相对
数学	对比	体育	退化	对象	对称
体操	单位	提案	定额	定义	提供
侦察	展望	展览会	铁道	哲学	投票
登记	特权	特许	特征	特务	特约
右翼	预约	游击战	游击队	唯物论	唯物史观
唯心论	有机	财阀	财务	材料	财政
前提	绝对				

请恕我选列了这么多"外来词",大家一定厌烦了。当然这中间可能有些并不一定是日本或外国搬来的,当然也不止这些,还值得大家去探索。不过我的目的是要大家注意到,大致看来,作为一个受了相当教育的中国人,如果排除外来词不用,恐怕有时就无话可说,无话可写,无话可思维,也无话可沟通了。而这许多词汇和观念,又往往是传统中国所没有的。这正可展示近百年来中国文化现代化已迈进了多么远。

其次,我引用这么多日语对汉语的影响,目的是要说明,现在和以后,我们面对的已不纯粹是个"西化"问题,我们时时有向日本文化,以及其他文化吸收的需要。第二次世界大战以后,日本在科技、工商管理和教育方面,已超越了许多西方国家,这是众所周知的事实,东南亚其他国家也可能有供中国人学习之处。所以我认为,除了"西学"之外,也还有"东学"和"外学"。换句话说,中国文化有向所有外国文化吸收的可能。我们不妨给"外学"赋予这层新的解释。

情况当然非常复杂,单拿日语外来词传入中国来看,就可见它本来先采纳了汉语语藏、词汇和思维方式，融会创新，然后回馈到汉语。有人把这种现象叫作"词侨归国"，倒很有趣。那些外来词，本身早已带有中国文化的成分。将来其他文化因素的转移和传播，可能都变成这种性质。所以"西学"会扩充成"外学"，"外学"也会变成"中外学"，包含着辗转往复影响的复杂成分。

无论如何，"中外为体，中外为用"并非一个调和折中的主张，因为它要求运用者自作客观价值和主观需要的判断。它也不附加狭隘的框框，可容许各个人或集体作不同的选择和决定。作为中外文化取向的原则，这也许是比较缺少流弊的一个。

至于在文化现代化过程当中，取舍之际，多半是随着日常生活自然进行，金沙会挟泥沙而俱下。只有靠这个民族、这个社会中的精英分子，经过深思熟虑，提出一些判断的标准来，逐渐形成社会共识，才能使大多数人提高理智抉择、道德勇气和审美能力。这是就人的主观方面说的；若追问文化因素的本身，有哪些可作本体或主体，有哪些只可作一时或长期之用，对这些问题的解答，仍旧会取决于个人主观的价值判断。我们在前面已检讨了近百年来各种文化运动所提出的原则和口号，就可看出他们的价值判断是多么不同。将来各种看法的不同，恐怕只会有增无减，要在中外文化问题上求得一个大家都同意的原则或口号也许是不大可能的。

然而在这众多不同之中，也许可以找到一个共同的目标：一个好的文化发展，必须使在这文化中的大多数人生活得富足而安乐。这当然是个简单化了的效果挂帅的说法，可是检讨古今中外的学说和制度，似乎只有这一观念最合乎天理人情。所以真正的问题还在于如何才能达到这个长远的目标。

在这个前提之下，我们自然可以批判许多人在中外文化接触的机会里，只求满足个人的欲望，不免妨碍别人去满足其正当的欲望；我们也可以批判个人只知求感官上物质的满足，而没有精神上、心灵上的安慰，因为这样终于会妨碍社会的美好发展。在承认个人求富足安乐的合法性之余，我们也可以、甚至必须提倡建立一个民族和社会文化中高尚的价值体系。不过这种价值体系的内涵，也许无法一元化。

这牵涉文化和哲学上的一元论、二元论和多元论的问题，古今中外一直在争论不休，不会得出一个最后的答案。我认为文化和思想永远在发展，不断的有多元的趋向。换句话说，文化本身和对文化的看法都将变得越复杂而多元。但是在另一方面，一个伟大的思想家和一个伟大的文化都要趋向于得到一个一元的大综合。由于分歧的发展越来趋繁复，综合也就越来越不容易，也越来越难持久。至于哲学界、思想界对宇宙本体的认识，恐怕也会如此。

1993 年 3 月 12 日凌晨于陌地生之弃园

（原载于《香港中文大学三十周年校庆讲座》，1993 年）

十一　中国语文改革与教学刍议
特论简化字问题

我对中国语文教学的看法

　　我今天先来谈一些对中国语文教学的经验和看法。由于最近这三四十年我在美国教的都是外国人和华人的中国语文，当然我的教学经验也一定受了这种制约。不过这到底是我个人基于经验的一些看法。

　　（一）过去美国许多大学教中文的人，多半不先教中国字，只教英语拼音的中国话，一年多以后才慢慢教学生认识中国文字。威斯康星大学东亚语言文学系却不同，我们从一年级开始就使用中国字，也就是用直接教学法，结果成效很好。我们教基本中文的陈广才教授和张于念慈、孙树宜、张莘女士等人，在这方面都成绩显著，有口皆碑。现在欧美各大学用这种方式教中文的，已越来越普遍了。这在中国本土，或本来就说华语的地区，当然不成为问题；不过这件事到底值得注意，就是汉字的确有许多长处。

　　（二）从我们教学的经验知道，利用语源学（etymology）大可增加学习汉语文字的兴趣和可记忆性。好些基本汉字起源于象形，有如图画，与实物对应，容易记住。至于会意字，更可见出古人造字的用心，使学习者增加绝大兴趣。这是许多有教学经验的人都知道的，无须多说。不过值得特别注意的是：好些人对古文字源流没作过仔细研究，而过去许多说法往往是望文揣测，十分误导。我们不能期望每个教基本语言的人都是优秀小心的古文字学家，何况即使著名的古文字学家，也往往没有严格的学术训练，有时错得很令人吃惊。所以在这方面我希望好的甲骨文和金文专家，多做一点通俗化的教研工作。而利用字源学教基本汉语的人更要十分小心，多方参考，免得以讹传讹，误导初学者。

（三）中国字的偏旁大多可看作分类符号，既可帮助记忆，也可训练学习者分类（classification）的能力和习惯。分类是科学方法的第一步，非常重要。这个看法我已经有了五十来年了。20世纪50年代的中期，我对哈佛大学同事瞿同祖先生说："我认为中国字的许多偏旁都有点像'标'点符号，把单字分类标出，性质分明。"瞿同祖一听就大笑说："你这话会使古往今来所有的文字学家都 turn in their graves（在坟墓里辗转不安了）!"同祖是我很要好的朋友，也是一个很有学问的严肃学者。他是我湖南同乡，他祖父瞿鸿机当过慈禧太后的军机大臣。我后来把对偏旁的这种看法，曾简单地在《〈破斧〉新诂——〈诗经〉研究之一》（新加坡新社，1968年出版）第二节里提到过。虽然当时没有引起很多人注意，我认为那时还算一种新观点。就算现在来讨论汉字改革和教学，也还有些用处。

（四）汉语教学的教材，似乎白话和文言可以同时并用。这是由于白话里也往往夹杂有不少文言成语，并且学习中文，也就要学习中国传统的文学、历史和文化。当然，小说和戏剧中的精彩对话和叙事，尤其可选择采用。

（五）不妨利用游戏文学作教材。我在多年前曾对威斯康星大学东亚语言文学系的师生，以《用游戏文学教中文》作题目，作过一系列讲演，并且分发了一些成语、谚语、歇后语，对联、集句、回文、字谜、相声、绕口令和笑话等参考例证数据。我以为这些都可提高学习者的兴趣。

（六）应该利用录音、录像、电视、计算机等新式工具。这点全世界各学校都在或多或少使用，无须多说。不过我只想指出一点：电脑和高科技的机器固然重要，但最重要的还是语文教师。

我对中国语文改革的见解：单字连写区分

其次，且来谈一谈我对中国语文改革的一些看法。这往往牵涉到近代中国语言受了外语影响的问题，太复杂了，这儿不能多谈。只想提到我在1941年建议，1954年在哈佛大学历史系做访问学者（visiting scholar）时写的一篇文章《中文单字连写区分刍议》。这篇文章最初发表于1968年元旦新加坡的《南洋商报》新年特刊上，后来转载于1987年香港中文大学教育学院二十周年纪念专刊《教学集》中。事实上，"单字连写区分"这个观念，我后来发现，黎锦熙先生早就有类似的看法了，可是也不全同，似乎我说得更具体详细些，颇如《南洋商报》当时的总编辑连士升先生在我那文章前写的小引中说的："但是要繁征博引各种例子来证明，并具体讨论复音字区分的待决问题，这篇论文还算是破题儿第一遭。"不过我那提议，一直没人作出具体的反映，只见今年年初起，台北的《联合文学》月刊在半年间陆续发表了"特别推荐"的王文兴教授的"最新小说"《背海的人》，确实是用"中文单字连写区分"方式创作的小说。四十五年来，我总算很欣幸找到一位同道了。不过这儿我还不打算进一步讨论这个问题。

汉字的简化与繁化

这里想要谈的，乃是我多年来就想要讨论的汉字简化问题。20世纪50年代中期在哈佛也偶然和叶公超先生谈到过。老实说，像我们这种教研过古文字学、古典文学和历史的人，根本就不喜欢简体字。可是我却深深体会到，简化字如果做得合理，是绝对方便于大众使用的，我们无法完全拒绝；如果做得不合理，却也可能增加许多麻烦，变成庸人自扰。最重要的是，推行简化字的时候，不可受政治教条的控制和影响，也不可让政党、政客和替政权摇旗呐喊的人，或群众来作决定。简化字当然是为群众使用的，群众可以，当然更有权利，表示使用时方便不方便；可是制订如何简化，却是个非常精细严密的工作，只能让作过研究的人来建议、讨论和决定。

文字的"简化"起源很早，在中国，先秦时代就可找到前例。就初期最基本的字形说，从甲骨文、金文、大篆、小篆，演变到隶书，个别单字的写法，可说大多数都趋向规律化和简单化。可是人对外在事物的观察越来越细致，观念也越来越周密，区别愈多，语言文字也就愈有"繁化"的趋势。据我的看法，繁化可能比简化还多，中外皆然。

前面说"简化"的趋向，多是指最基本的字形，例如"车"字，初期写法不一，多要画出两个圆形的车轮和一个车盖车轴，到了隶书、楷书，却简化成一个方框和一个车轴了。至于说"繁化"，多半是指因为事物、观念多了，只好就现有的文字发展出更繁的字或另造新字来表示，过去往往把已有的字增繁说是"孳乳"或"古今字"，尤其增加大量的"形声字"（其实也不全是"形声"）。例如"文"字，本义原是指花纹，是个象形字。后来用作"文化""文章""文学"等意义多了，就只好另外繁增出一个"纹"字或"紊"字来。还增加出"玟""汶""鸲""忞""旼""闵"许多字来。再如"囱"字本来是"窗"的原字，所以这两个字应该叫作"古今字"。后来许多人都说"窗"是"形声字"，这固然也说得通，不过也应该同时说是"会意字"才恰当。"恩"字也如此，同是形声和会意，会意的意义更强。"恩"的原意是"恩明"（见《汉书·郊祀志上》及颜师古注），所以"恩"和"聪"应是"古今字"。当然，把"聪"和"总"同样看成"形声字"也未为不可。类似的情况还有"骢""熜"诸字。这里不多说，只不过用来说明汉字"繁化"的现象罢了。一般所谓现在的汉语"形声字"，占了全部字汇总数的绝大部分。我以前曾经把英、美最通用的《麦氏汉英大字典》（*Mathews' Chinese-English Dictionary*）（1931年初版，1954年修订本）所用汉字七千七百多个粗略估计，约有百分之七十以上都是这种所谓"形声字"。有人说，现代汉语百分之九十都如此。换句话说，现存汉字字汇，百分之七十到九十是"繁化字"。有人以为这样复增起来的字不算"繁化"，我认为这只是用不同定义的辩解，不符事实。总之，这个"繁化"的趋势，在我们推行"简体字"或后来叫作"简化字"的时候，决不能不照顾到。后面我还会提到这个问题。

简体字的初步分类与正式推行

前面说的汉字简化在古代就有了，那只是文字构造的个别情况，集体提倡推行还是现代的事。有可能是受了欧、美、日本外语的影响。宣统元年（1909）陆费逵在《教育杂志》创刊号上发表《普通教育应当采用俗体字》一文。不过这还只建议采用"俗体字"，以其笔画简单，写刻便利，易习易记。

到了民国九年（1920）二月一日出版的《新青年》月刊七卷三号登出钱玄同的《减省汉字笔画底提议》一文，他就提出了八种方式，大量使用简体字了。他建议"采旧的有五类，造新的有三类"：a. 采取古字；如"圍"作"囗"，"胸"作"匈"。b. 采取俗字：如"聲"作"声"，"體"作"体"，"劉"作"刘"。c. 采取草书：如"東"作"东"，"為"作"为"。d. 采取古书上的同音假借字，如"譬"作"辟"，"導"作"道"。e. 采取流俗的同音假借字：如"腐"作"付"。f. 新拟的同音假借字：如"範"作"范"，"餘"作"余"，"預"作"予"。g. 新拟的借义字：如"旗"作"广"，"鬼"作"由"，"脑"作"囟"。h. 新拟的减省笔画字：如"厲"作"厉"，"蠱"作"蛊"，"襲"作"袭"。这篇文章虽然有许多缺失和误解，但可说是一个自由主义的学者，在"五四"时期一个最有影响力的刊物上所提出的汉字全面简化的第一声号角。

两年以后，于民国十一年（1922）国民政府教育部的"国语统一筹备委员会"第四次大会上，钱玄同又正式提出（由陆基、黎锦熙、杨树达联署）《减省现行汉字笔画案》。并得全体一致通过。这次他把以前说的八类简体字修改成八种构成的方法：

1. 全体删减，粗具匡廓，略得形似。如"龜"作"龟"，"壽"作"寿"。

2. 采用草书，或稍稍改变。如"為"作"为"，"稱"作"称"。

3. 将原字仅写一部分。如"聲"作"声"，"條"作"条"，"雖"作"虽"。

4. 将原字中笔画多的一部分用很简单的几笔替代。如"觀"作"观","劉"作"刘"。

　　5. 采用古体。如"禮"作"礼","雲"作"云","從"作"从"。

　　6. 将音符改少笔画。如"遠"字的音符"袁"改作"元","燈"改作"灯"。

　　7. 别造简体。如"竈"作"灶","響"作"响"。

　　8. 假借他字。如"義"作"义","幾"作"几"。

　　(原提案载民国十二年，1923，《国语月刊》《汉字改革号》。)

　　在同期的《国语月刊》上，胡适写了《卷头言》，竭力支持钱玄同简体字的提案，其他作者也十分支持。另外许多与自由主义有关的报刊也陆续发表文章推动简体字。几年以后，民国十九年（1930）便有刘复、李家瑞所著《宋元以来俗字谱》的出版，收录了一千六百余俗字。民国二十一年（1932）国语统一筹备委员会编辑，由商务印书馆出版《国音常用字汇》，可说是当时最完备的常用字汇，包括了许多简体字。

　　民国二十四年（1935）六月在钱玄同的主持下，这个委员会编成了《简体字谱》，收有两千四百多字，提交教育部简体字审核委员会（成员有黎锦熙、汪怡、赵元任、吴研因等），结果认为其中一千二百多字便于制造铜模。由当时的教育部长王世杰"用红笔圈出三百二十四字"，定为《第一批简体字表》，于民国二十四年（1935）八月二十一日由教育部正式公布。次日并制定公布推行办法：凡小学课本、儿童及民众读物，皆须用简体字，不用者各校不得采用。各校考试，各地报刊等也应使用简体字。十月三日并用国民政府主席林森、行政院长汪兆铭、教育部长王世杰名义，通令全面推行简体字。不料引起好些中央要员（如戴传贤等）、省主席和学者名流竭力反对。教育部长就只好奉命：简体字应暂缓推行。

　　我把上面这段历史提出来，因为无论简化字问题的得失功过如何，最初提倡和推动者多半是些党派性不强的学者和教育家。

1949 年以后大陆简化字的实施

不过事实上简化字由政党和政府付诸实行的还是 1949 年中共建国，国民党政府迁往台湾以后的事。

国民党内部赞成和反对推行简体字的都有。像蔡元培、吴稚晖、罗家伦、陈立夫、程天放等人，在不同程度上都是赞成者；戴传贤等人却竭力反对。中共早期领导人物，如陈独秀、吴玉章、瞿秋白、董必武等人更是主张文字、文学革命，或手头字、拉丁化、简化字运动的人。

20 世纪 30 年代中期简体字在南京政府的兴衰，正表现国民党内部的见解不一致。迁台以后，各级民意机关曾几次建议简化文字以便利民众。"教育部"（部长张其昀）于民国四十二年（1953）六月聘请专家十五人，成立简体字研究委员会。四十三年（1954）二月"立法委员"廖维藩等一百零六人向立法院提出法案，主张新造文字和韵书等应经"立法院"审议通过后，由"总统"公布施行。他们还指摘"考试院"副院长罗家伦简体字的主张。罗便于三月十五日在《中央日报》上发表《简体字之提倡甚为必要》长文，作为答辩。引起这一年在台湾发表了不少文章讨论这个问题。反对的有胡秋原、潘重规等，赞成的有毛子水、叶青、周法高，和《自由中国》半月刊的社论等。并且辑有专书出版。其实他们也不是全盘反对或赞成，双方都有赞成简体字的，但颇有人不主张由政府强制推行，只可任私人自由选择。（据我看，这也不是最妥当的办法，可能造成不必要的混乱。也许需要一些平衡。）以后又有叶公超着文提倡简体字。

不过实在推行简化字还是大陆。大陆方面已有不少专书报导，这里不必多说。大家如果只想知道各个简化字的根据，不妨参看李乐毅的《简化字源》（北京：华语教学出版社，1996）。若要知道一些简化字发展的经过，可看张书岩、李青梅、王铁琨、安宁共同编著的《简化字溯源》（北京：语文出版社，1997），尤其是这书的上编《汉字简化运动史略》。下编《简化字溯源》和李乐毅的书颇有同异。张等所编的书还附录有南京国民政府教育部 1932 年公布的《国音常用字汇》中的简体字一百八十三个，和主要参考书目，比较有用。只可惜对台湾出版的有关书文,非常缺略。此外大家也可参看周有光的《汉字改革概论》(北京:文字改革出版社,1961,1964,1979年)。本书原是北京大学中国语言文学系"汉字改革"课程的讲义稿,共七章,仅第六章为《汉字简化》。故受了许多限制。近年香港中国语文学会编印有《语文建设通讯》和《词库》,颇值得参考。

上面说到的书文,往往不免两个大缺点:(1)党派偏见。凡是反对党或反对者的作为和意见,都忽视不提,或减轻分量,甚至歪曲他们的看法。由于政党已控制了出版资源,也就等于禁止了正直批评的声音,剥夺了人民大众"知"的权利,使事实和真理不彰明。(2)误认凡是"古已有之"或早已为"大众"使用的都是对的,甚至自己推行的如发生流弊,就说反对党早已提倡过,责任不在自己,好像就可不改。

我们现在要提倡的不是这样,我们只问每个简化字到底好不好,恰当不恰当,会不会造成混淆不清楚。我们一方面要简易方便,一方面又要避免混淆不清和不准确。

当然我们目前所要检讨的是现在中国大陆所使用的简化字,也就是1956年1月28日国务院全体会议第二十三次会议通过的《关于公布〈汉字简化方案〉的决议》,和1月31日《人民日报》全文发表的《决议》和《汉字简化方案》。这个方案主要的决定人是吴玉章、董必武、郭沫若、马叙伦、胡乔木等人。当然也已参考了前人,尤其是20世纪30年代,许多人的成例。不过这个方案实施后几年间发现许多缺点,于是在1962年9月中国文字改革委员会成立了一个七人总结、修订小组,由丁西林、叶圣陶、吕叔湘、林汉达、黎锦熙、魏建功和赵平生组成。经过许多人参加,开会多次,终于在1963年2月拟出了《简化汉字修订方案草案》。这个草案的全文我未见公布,似乎建议修改的地方很多。当时总理周恩来批示说:这次简化方案修订的任务,是要在"原方案"的范围内进行适当调整。既然说只能在"原方案"的范围内调整,显然已不能实施这"修订草案"了。中国文字改革委员会便在1964年1月7日请示仍以1956年原方案为准,仅建议修补一些偏旁方面的小问题。同年(1964)5月文改会编辑出版《简化字总表》,只改正了原《汉字简化方案》中一些不明确的地方，并且用"脚注"的方式作为补充说明。到了1977年12月20日国务院又批准中国文字改革委员会提出的《第二次汉字简化方案（草案）》，要简化的字更多，并且简化得很乱。八年半以后，1986年6月24日国务院终于废止了这"二简（草案）"，同时重新发表《简化字总表》，算是结束了再简化的运动。所以大陆真正实施的就是那明知有许多缺点的1956年1月的《汉字简化方案》和1964年5月对原方案略加补缀和说明的《简化字总表》。我们现在要检讨的，基本上就是这个总表。

简化汉字的原则

关于汉字应不应简化，对极端赞成和极端反对者来说，都不成为问题。可是从理智方面说，却很值得仔细思考，不能只用"应该"或"不应该"这种非此即彼的"两分法"（dichotomy）来解答。大约在三十多年以前，现在这种电脑还没发明的时候，新西兰政府召开国家第一次国际汉学会议，我受邀出席，有一场大会讨论到中国文字使用打字机不方便和太慢，许多人都主张改革汉字，或改用拼音字。我因当时已知道美国有人正在试用有如电脑般的打字机，便在会议中说，将来的打字机会储存汉字，只要打出少数号码找到那个字，就可印好，用不着每一笔画都写排出来，可能比拼音文字还要快。当时到会的各国学者似乎都不了解，固然没有人反对，也没人赞同。现在电脑已流行，这已很快就不成问题了。我相信如果将来普遍使用电脑，汉字可能有不必简化的一天到来。不过日常应用方面，仍不能不用手写（如写私信、便条、购物单、开药方等）。手头俗写字还是越简便越好。只有在这种意义下，汉字简化还有必需。

这样说来，凡是打字和印刷，即正式宣告和出版，汉字本可不简化。不过还有个是否易学习、易记忆的问题，不能不照顾。一般说来，笔画较少的字是比较易学易记些；但也不尽如此，如果弄出不合理，造成混淆，要人记住许多注解和例外，那就变成更不易学，更不易记了。

因此，在这些条件下，我提出几点"简化汉字的原则"，和"简化时应该避免的缺失"来，希望大家指教，补充和修正。

(甲) 简化汉字的原则

（一）简化不是只求简易，也要求字义明确，符合文字繁化的必然需要。1956年正式推行简化字时，据报道："有一位老师向小学生介绍简化汉字时说，'開學'二字今后可以写成'开学'，学生们高兴得鼓起掌来。有一位工人说，'儘、邊、辦'这三字学了半年总记不住，现在简化成了'尽、边、办'，一下就记住了。"（见张书岩等人编着《简化字溯源》，37页。）这五个字当然大多数简化得很好，起码"学、边、办"三个字的简体早已普遍流行。但"开"字无"门"，也许还不太重要；至于把"儘"和"盡"都简化成"尽"，却不无问题。固然过去"儘"和"盡"有时也通用，但"儘"字已多有"极力"或"尽量"的意思，和"盡"的意义并不全同。例如在《六部成语》一书中规定征税的办法，户部须"儘收儘解"。批注说："儘，极也。极力经征，儘所征之数解交也。"这和"盡收盡解"还是有些差别。又如"儘先"本是个常用词，若说成"盡力提前"还可以讲得通，但若改成"盡先"就很难了解了。尤其是在某些情况下，"儘"字已有"任""听任"，或"任令如何"之意，"儘教"有如"儘管"，如宋朝刘克庄《乍归》诗："儘教人贬驳，唤作岭南诗。"倘若都改作"尽"，那么"尽"字又得增加一个定义，岂不更麻烦了？我们怎能依小学生和工人的反应来决定文字如何写法呢？（虽然在适当范围内我也热烈赞成应该照顾他们的需要。）

（二）简化汉字时，要考虑到原先那"单字"的定义，不能全靠后来发展成的"多音节词"来补救。（重视"多音节词"增多，本是很对的，不过不可全依赖它。）上面一条的例子把"儘"字简化成"尽"字，改革者大约以为"尽管""尽教"等都已是双音节词，不会只用一个"尽"字，所以不会混淆。但正如我前面说过的：这简化后的"尽"字的定义就更复杂了，只能靠用"尽管""尽教"等双音节词来说明才行了。可是像"儘收儘解"就不能用同样的方式来解决。连"儘先""儘管"等双音节词汇中的"儘"字意义也不全等于"盡"字。一个最好的测验办法是：若把文言，尤其是古书，改用简化字排印，看是否意义还相同。例如《汉字简化方案》中把"復、複、覆"三个字都简化作"复"，后来发现出了毛病，就改成"复"只代表"復、複"，删去了"覆"；可是又在《简化字总表》中加一脚注说："答覆、反覆的覆简化作复，覆盖、颠覆仍用覆。"

这种脚注很难叫每个人都注意到，即使注意到了，也不见得人人能再辨别。就拿南京江苏人民出版社出版我的《"五四"运动史》中译本来说，竟把林纾写给蔡元培的信里抗议改革者"覆孔孟，划伦常"的前半句印成"复孔孟"。于是"颠覆"和"恢复"就不分了。

（三）应该尽量多简化"偏旁"。其实现在所谓"偏旁"，实在太笼统和广泛了。过去说的是"部首"，还有些用处。学习汉字者，首先还得学习先辨认单字中那一部分是"部首"（或现在所说的"偏旁"）。正如我前面说的，这些偏旁多有"分类"的功能。例如大家都知道，"页"（原像人形）、"鸟"等偏旁（部首）多放在单字的右面，其余多在左面或上面。"火"旁除了在左面之外，有时写成四点放在单字的下面。如"然"字原是古"燃"字。"行"（甲骨文作卌）乃是象十字路口之形，所以古人用作"道路"解。只取左面便成了"双人旁"（彳）。再在下面加个"止"（足趾）便成了"走丝旁"，即如"道"字的左下方。凡是这种"部首"（或"偏旁"都值得先学习，也应先简化，因为它们构成一类单字，都有在路上行走或交通、构通之意。其他部首也类似。目前有些部首简化得还很适当，如"言""金""食""马""车""页""门""丝"等。但"发"在传统中都不看作"部首"，说是"偏旁"也许可以。《汉字简化表》的第三表《偏旁简化表》所列54个简化偏旁，有许多都不是部首，也简化得不太好。也许需要重新检讨。

（四）增加一些形声字。是否应有系可以类推，值得研讨，但总需合理。如：

灯（燈）　　担（擔）　　达（達）　　迁（遷）
阶（階）　　衬（襯）　　虾（蝦）　　宾（賓）

（"賓"原是会意字，表示客人进屋，带了钱贝作礼物。）

（五）简化一些象形字，或原是象形字的偏旁。如：

伞（傘）　　卤（鹵）　　贝（貝）　　页（頁）
龟（龜）　　马（馬）　　鱼（魚）　　车（車）
门（門）　　饣（食）　　钅（金）

这些原是象形字或象形的部首（偏旁），似乎都简化得很合理。其他如"鼠"字，是否可简化作"鼡"或别的字形，可以考虑。

（六）采用较简的古字，但须避免混淆。例如：

于（於）　　从（從）　　众（眾）　　弃（棄）
录（錄）　　朴（樸）　　礼（禮）

但我们必须注意：如"后"字虽原有后继之君的意义，所以古时也有用作"後"字的；可是"后"字既然多已用作后妃之意，若再用它来作"後"的简化字，便不免混淆了。并且"後"本来也可简化作"䖴"，大可不必再用"后"字。又如"云"字虽是古"雲"字，但早已常用作"诗云子曰"的"云"，所以古人只好加上"雨"字头以作"雲雨"之"雲"。云、雲有别已惯用了两千多年了，何必再改呢？

（七）多采用已长期普遍流行的简化字。这就是说有两个条件：一是已"长期"流行，不是短暂现象；一是已"普遍"流行，不是只在某些区域内流通。这两个标准前人都已注意到了。他们曾提出过"述而不作""约定俗成"等原则。民国四十二年（1953）一月六日胡适在台北《国语日报》欢迎会上有次"答问"，对"简字是不是要加以规定？"他的答复是："我很赞成简字。不过简字是怎样来的呢？我认为是慢慢承认的,譬如'敵'的简写'敌',是慢慢承认的,定一个标准,恐怕不容易。又'個'字我写成'个',而印书的总是改为'個',总之,不一定要定标准。提倡这个用意,大家来实行。"(见《胡适作品集》第 26 册《胡适演讲集》〔三〕。台北:远流出版公司,1986 年,《提倡拼音字》,197 页。)关于应不应定标准,我在上节里已经说过,政府如不作出规定,听任私人自由发展,也可造成不必要的混乱;不过若政府强制执行,恐怕也会出毛病。如何平衡,还值得研究。现在只举几个已长期普遍流行的简化字作例子(也是《简化字总表》已采用了的)(已见于其他原则的注有＊号):

碍(礙)	办(辦)	宝(寶)	边(邊)
变(變)	宾(賓)＊	才(纔)＊	车(車)＊
衬(襯)＊	称(稱)＊	虫(蟲)	刍(芻)
处(處)	从(從)＊	胆(膽)	当(當)＊
党(黨)	灯(燈)＊	敌(敵)＊	点(點)
东(東)＊	独(獨)	断(斷)	对(對)
尔(爾)	发(發)＊	坟(墳)＊	个(個)＊
谷(穀)＊	归(歸)	龟(龜)＊	柜(櫃)
过(過)	还(還)	汉(漢)	号(號)
吓(嚇)	画(畫)	欢(歡)	还(還)
会(會)	机(機)	荐(薦)	尽(盡)＊
旧(舊)	腊(臘)	乐(樂)	累(纍)
价(價)	艰(艱)	来(來)	礼(禮)＊
恋(戀)	两(兩)	灵(靈)	娄(婁)
乱(亂)	刘(劉)＊	么(麼)	难(難)
窃(竊)	权(權)	洒(灑)	热(熱)
时(時)	实(實)	势(勢)	寿(壽)＊
声(聲)＊	双(雙)	苏(蘇)	台(臺)＊
叹(歎)	体(體)	条(條)	属(屬)

头（頭）	团（團）	湾（灣）	万（萬）
为（為）*	献（獻）	协（協）	压（壓）
药（藥）	医（醫）*	义（義）	隐（隱）
应（應）*	犹（猶）	与（與）	渊（淵）
灶（竈）	斋（齋）	毡（氈）	证（證）
执（執）	学（學）	质（質）	图（圖）
盐（鹽）	症（癥）		

（八）采用有规律和可以整齐化的行、草书。现在已采用的如："为"（為）、"书"（書）、"寿"（壽）、"车"（車）、"东"（東）、"东"（東）、"尧"（堯）、"专"（專）等字，大致很好。

不过，这方面似乎还可以大大地扩充。行、草书多有曲线和圆圈，不妨尽量改作直线和三角形。我提议可增加下面几个字。

春　　無　　重　　烏

现在简化"無"字作"无"，很容易和"无""元"等字相混；又因"无"是古"無"字，近年出土古书中有作"无"或"無"者，若都简化作"无"，便难辨别出土文物是否原已写作"无"字。所以不如从"無"直接简化，并且都是四画。至于"烏"字，目前简化作"乌"，很容易和"鳥"的简化字"鸟"相混。

简化字应该避免的缺失

我在上面一节里讨论《简化原则》时，已经常常提到"不可混淆"，现在且来进一步谈谈一些应该避免的缺失。

（乙）简化汉字应避免的缺失

（一）凡现在正在流行的常用字，不宜用作简化字，除非已长期普遍用作俗体，容易辨识，又不发生混淆。我认为下面这些简化字都是正在流行的常用字，容易造成混乱，应该取消作简化字，或重新检讨它的得失：

里（裡） 我在大陆旅游时往往看见把成语写回繁体，就出现了"鵬程萬里"，刊物上有时把王国维的学生赵万里印成"趙萬里"。

云（雲） 电脑自动把某某"云"（说）改成繁体某某"雲"。

干（乾、幹） "干"字几千年来都已用作"天干"或"干涉"用；现在"天干"和"天乾"（干旱）就只能靠上下文来辨别了。脚注又说："乾坤"和"乾隆"的"乾"不简化。不知有多少人能注意。

只（隻） 两字本不同音。现在有些人只好把"只好"印成"祇好"，反而更繁了。

丑（醜） "丑"字早已用作地支之一或角色之一。"丑态"一词不见得只能解作"醜态"，也有可能解作"丑角的态度"，那就很不明确了。

术（術） 这样简化，当然表示两个字都读 shù。于是加一脚注说："中药苍术、白术的术读 zhú（竹）。"不知有多少人注意。

后（後） 我在上节第（六）项原则里已指出：古字如已长期用作别的意义，有时就不便再用作简化字来改变意义了。"后"字早已用作"后妃"之义，就不便再用作"後"字。有些人把 postdoctoral 译成"博士後"，若简化"後"字，便变成了"博士后"。有人就开玩笑说：从前皇帝有"皇后"，现在是博士也有"博士后"！其实，"先后"也不必都认作"先後"，也可能解释作"驾崩了的皇后"。意义就不太明确。

出（齣） "出"字用作"出去"已太通行了。

曲（麯） "曲"是"歌曲"或"弯曲"也太常用了。

征（徵） "征"不但早已多作"征伐"解，而且脚注还要说："宫商角徵羽的徵读 zhǐ（止），不简化。"凡是这种有例外的简化，恐怕都要弄得更繁乱。

余（餘） 脚注说："在余和餘意义可能混淆时，餘仍用餘。"余（我）字已常用，不该用作简化字，何况更有例外。

迭（叠） 脚注说："在迭和叠意义可能混淆时，叠仍用叠。"其实

"叠"是"疊"的俗字。基本意义是"重叠";"迭"的意义是"更迭",是"递相代替"的意思。两个字的意义大多全不相同,不能互代,当然会引起许多混淆。

伙(夥)　　脚注说:"作多解的夥不简化。"当然我们说"伙夫""伙计"。可是说"一伙人"不是也有"多"义么?

丰(豐)　　其实这两个字若用作人名,往往不能互换,如张三丰、豐干之类。

岳(嶽)　　和上面的例子相类。

周(週)　　"周"字不单已用作专名,和"週"字的意义也有别,不知为什么要用一个字来包含多种意义。

它(牠)　　"牠"本来是表示动物的。"它"字是表示非动物或抽象的第三人称的。现在废除"牠"字便无法分别了。

迹(跡、蹟)　　"迹"字和"跡"字当然可以通用。可是"功蹟""业蹟"通常都不写作"功跡""业跡"。

适(適)　　"敵"可简化作"敌",但"适"字早已用作人名,又和"適"字不同音。因此《简化字总表》要加一脚注说:"古人南宫适、沈适的适(古字罕用)读 kuò(括)。此适字本作䛖,为了避免混淆,可恢复本字䛖。"我看这是不好的补救法。也许可照行书简化"適"作"䢤"。

杰(傑)　　两字用作人名时,通常也不互换。

斗(鬥)　　"斗"字久已用作量器名,和"升"相类似,而且是星名。"鬥"字如简化作"鬪"或"鬦"、闹,也还可以。可是"斗"不好作"斗争"词用。

(二)凡已加偏旁(或部首)用来区分字义的字,不宜简省偏旁,使字义混同。我在前面一条里已举出了"里(裡)""云(雲)""术(術)""曲(麯)""余(餘)"许多简化字,一方面因为它们已是普遍流行的常用字,另有其通行的意义,如"里"是长度的单位或"乡里",不宜用作简化字;在另一方面,这些单字本来早已加了偏旁,用来作另一意义。现在取消这偏旁,虽然少了些笔画,却无法区别那另一意义,就只好让这简化字包含多些意义。在这一例中，就是要求"里"字多包含"在裏面"的"裡（裹）"的意义。换句话说，就是把字义变得更笼统复杂了。

当然，我们无法知道，到底是谁最初把"里"字加个"衣"旁来表示"裡面"的意思：是政府官吏，是学者，或是一般平民？我们都无法知道了。其他像"雲"字等也如此。不管怎样，总有个人开头，他或她这样做，总有个理由或需要（当然他或她也可出错误）。现在推行文字改革的人，起码应该先给这些"前人"一点同情的和批判的态度或考虑。我觉得他们很少想到这里。现在看看下面这些简化字：

朱（硃）　"硃"字已经表朱色的颜料了。"硃砂""银硃"也许还是用"硃"为好。

昆（崑、崐）　作为山名、地名，如"崑仑""崑山"等，"山"旁是标号，有它的好处，何必与"昆仲""昆虫"相混呢？

表（錶）　"拿表来看"这句话到底是说拿"表格"还是拿"錶"来看一下？"买表"也有类似的不清楚。

胡（鬍）　"胡子"到底是指"胡老夫子"还是指"鬍子"？

布（佈）　"布"是布匹，"佈"指宣布、传布，原很清楚。现在"传布"是说把布匹传递过去么？"布道"当然可说指"佈道"，可是一想到茶有"茶道"，书有"书道"，剑有"剑道"，是不是布也有"布道"呢？

冬（鼕）　我有个北京的朋友名叫"冬冬"，我在香港出版的书里提到她，电脑打出繁体字来就成了"鼕鼕"。我不知道她命名的原意如何，怎么好改她的名字？

象（像）　《简化字总表》有一脚注说："在象和像意义可能混淆时，像仍用像。"事实上，"象牙""象形字""象征""象数"等词当然该用"象"字，可是"像模像样""像话""肖像""像赞""像似""像煞有介事"等就都该用"像"字才行。现在不教人如何用"象""像"，只说不要混淆，弄得大家已乱用一气，真有点"不像话了"！

升（陞、昇）　"升"通常已用作量的单位，若作"升起"用，作为"昇"的简化字,也还可以。但"陞"多已用作"陞迁""陞职""陞官"的意思。作为人名,有吉庆之意。我几次在文章中提到朋友杨联陞,大陆用简化字,都印作"升"字,改也没法。

向(嚮)　"嚮导"本来都有了专用字。现在把《嚮導周报》都改成了《向道周报》,我觉得不太妥当。

占(佔)　"占"(zhān)是"占卜","佔"(zhàn)是"佔领""佔便宜"的"佔",原很清楚。这两个字声调不同,前者是阴平,后者是去声。现在以"占"作两用,就得把它的声调也要两分,实在没佔多少便宜,反弄得两个意思不用两个字来代表,徒然增加混淆。

幸(倖)　"幸"(xìng)字通常只作幸运解;"倖"字同音,但意义不全相同,义为"意外的或碰巧的非分获得"。通常用于"侥倖(jiǎoxìng)"一词中,义为"意外得到成功而免于不幸"。一部分相当于英语的Gaining success unexpectedly by slicer good luck or by chance 不能说"倖"只是"幸运",而遗落那"意外或碰巧的非分冀求之获得"的强调。

(三) 不宜用形、音、义都不相干的字去代替繁体字,除非已长期普遍流行而且相当有理。例如:

叶(葉)　我以为最不恰当的是以"叶"作"葉"的简化字。"叶韵"的"叶"读 xié(协),与"葉"yè(页)根本不同音。形、义也无关。只有吴音两字读得相同,近代苏州等地人开始把"茶葉"写成"茶叶"。1935年南京国民政府教育部颁布的《简体字表》中明说:"苏浙以'叶'为'葉'""不采用"。《简化字总表》虽然把"葉"简化成"叶",但仍加注说:"叶韵的叶读 xié(协)"。1994年北京中国对外翻译出版公司翻印我译的泰戈尔的诗集《失群的鸟》和《萤》,当然都用简化字排印。我从美学的角度,坚持保留繁体的"葉"字,他们还是答应了。

邓(鄧)　"又"和"登"形、音、义都无关。

动(動)　"云"和"重"形、音、义也都无关。

识(識)　"只"和"戠"形、音、义无关,"戠"与"隻"同音,但和"只"的原字音并不相同。"隻"字简化成"只"以后,"只"便有了两种读法：代"隻"字的"只"读"隻"，"只是"的"只"仍存在，读"只"的原音。现在把"识"中的"只"要读"隻"才对，实在太复杂了。似乎可依草书简化：只（只），戠（戠）。

宁（寧） 按"宁"音 zhù（柱），甲骨文和金文都有这字，像贮藏财物的器具之形。甲骨文又有"貯"字，只是把"贝"字放在"宁"之中或下。《简化字总表》虽然把"寧"简化作"宁"，但已知道这两个字形、音、义都不同，所以有注说："作屏门之间解的宁（古字罕用）读 zhù（柱）。为避免此宁字与寧的简化字混淆，原读 zhù 的宁作㝉。"这当然是个不得已的补救办法，可是这已是将错就错，只好把原可不必简化的"宁"也简化了。"寧"字在甲骨文和金文中也都有了，像室内置器皿，或皿中盛贝之形，表示安宁之意。金文此字且已在"皿"上有"心"字，表示心安。其实"寧"也许可简化作"寍"或"寕"，不必勉强把"宁"字拉扯来。

（四）一个简化字不宜代表两个或两个以上不同意义的字。前面我已说过"復、複、覆"的问题，现再看：

当（當、噹） 以"当"代"當"早已流行，当然可以。但"叮噹"的"噹"，最好还保留左边的"口"旁。

发（發、髮） 去年我去长春旅游，参观伪满皇宫，看见溥仪和他皇后住室旁边有个小房间，门旁挂着一个牌子，上面用繁体字写着："理發室"三字。我想原来这牌子一定用的是简化字，现在海外游客多了，管理人员改作繁体字，以为"发"的繁体字就是"發"字，才出了这个笑话。这个例子正好说明"发"不应该同时代表"發"和"髮"两个意义全不同的字。其实"髮"字也可照草书造出一个简化字，就可不混淆了。

干（乾、幹） "乾、幹"二字不但意义不同，声调也有别。这样一来，"干"字的定义和读音就更多了，不但更难记忆，并且更易混淆。

坛（壇、罎） 所代的两个字意义大不相同，通常固然可以用双音节或多音节的词来辨识，但也有不易辨别的，如"花坛"到底是指什么？又如只用一个字，就更难说是什么了。

台（臺、枱、颱）　单用一字时无法辨识，不过通常多会用连词。大致没问题。

吁（嘘、籲）　原有脚注说："喘吁吁、长吁短叹的吁读 xū（虚）。"与其要"吁"字有两种读音和意义，似乎原有的"嘘"字还有存在的用处，不妨设法简化。

钟（鐘、鍾）　古代大约只有"鍾"字，既是酒器，也是乐器。后来有了"鐘"字，就用来专指乐器了。现在用一个简体字来取代这两个字，固然从上下文看大致可以分辨出来，不过心中要多一些抉择，是"钟鍾"的"鍾"（是标姓氏的"鍾"）或是乐器的"鐘"？倘若失去上下文，就不知指的是什么了。也许还是两个不同的字比较明确些罢。

余　论

我讲了这些话后，有个小小的感想和提议：汉字简化问题，非常复杂，不是几个人一下就可以解决的，也不是只靠群众可以解决的。希望海内外的大学由一些好的专家和作家指导，要学生多写几篇博士论文发表，或许有益。

原讲演于 1999 年 12 月 17 日，
2000 年 8 月 27 日，修正补充于美国威斯康星州陌地生市之弃园
（1999 年在香港国际中国语文教育研讨会上的主题讲演）

十二　"五四"五十年

"五四运动"一眨眼就是五十年了。今年离我写成《"五四"运动史》，企图对这一划时代的巨大潮流作一总结式的记述，也已经十年了。五十年来，对这一运动的意义，一直有不断的争论。近年来，欧、美、日本、香港和台湾地区，更发表了好些对我的书的评论。我对这一运动的看法，在那书里本已说了不少，现在因为《明报月刊》为这五十周年纪念征稿，特地再把我个人的几点意见提出来请大家检讨。

（一）

我把"五四"运动叫作一种广义的"知识革命"。（我的原文是 Intellectual Revolution，中文没有很适切的翻译，但中、日文的书评作者多已这样翻译它，就"知"的广义说，也是可以的，现在就如此沿用。）这代表我从历史的角度对这一运动的看法。在那书里我曾为这一名词的采用，简单地举出了三个理由，这里不必重述。不过我必须指出，这"知"字自然不仅指"知识"，也不限于"思想"，而且还包含其他一切"理性"的成分。不仅如此，由于这是用来兼指这是"知识分子"所倡导的运动，因此也不免包含有行动的意思。

以前孙文在号召党员支持"五四"运动时，曾指出这是一种可以促成革命的"思想变化"和爱国行动。毛泽东强调"五四"的政治意义，说它是"反帝国主义和反封建的运动"，但他也注重它"文化革命"一方面（大陆上"文化大革命"初起时，我曾指出他们也许以为还在继承"五四"的传统）。有些自由主义者和个别的作者却把"五四"的潮流叫作中国的"文艺复兴"，或"宗教改革"，或"启蒙运动"。还有一些人，尤其是民族主义者，则仅仅把它叫作"青年爱国运动"或"学生救国运动"等，不一而足。我并不完全反对这些看法，它们都各有道理，见到了某些方面。但我却想标明这一运动的广泛意义和主要观点，所以有不同的认识。

把"五四"运动叫作一种"知识革命"，这并不否认它的社会性和政治性，相反的，我很强调这点。我认为一百多年来，中国所有重大的社会、政治、文化等改革或革命运动，都只是中国人自我适应现代世界的努力或自救运动的一环节。更具体地说，就是受了闭关自守已数千年的传统束缚的中国人，企图如何适应西洋文明挑战下的世界局面（从别的角度看，也可说是在列强或帝国主义侵略威胁下的局面），而谋独立自由平等的存在，因而产生了各种不同的自强自救运动。同治中兴或洋务运动是如此，戊戌变法是如此，义和团也是如此，辛亥革命是如此，"五四"运动更是如此；就是后来的国民革命或共产主义革命，也无不在这一巨大洪流中表演。这些运动无一不或多或少地带有强烈的政治性和社会性。然而他们却各有其个性而无一雷同甚至类似。什么个性使"五四"运动与其他的自强自救运动不同呢？

我以为"五四"运动最主要的特点是：当时的青年知识分子把理性、知识、思想当作中国人自强自救的最重要的因素和一切改革的前提；而又能用独立主动的，却又联合各界的无比的热忱，和群众非暴力的，但又是有压力的行动去鼓动这种改革，去批判传统，采择西洋文明的长处，尤其是科学和民主，以创造一种合理的、人道主义的新文化新社会。

(二)

大家知道，洋务运动认为中国应付现代世界局势的主要方策是"中学为体，西学为用"。也就是学习西洋技术以建设军工业，中国传统的政治体制、社会组织大可不变，伦理哲学思想等则更无需动摇了。但这一方案在甲午战争中垮了台。继之而起的，戊戌救国运动者鉴于日本明治维新的成功，乃要求改变中国的法律和政治与教育制度。这次遭遇传统主义者的反动而失败，更引起了义和团，"土法"救亡派"扶清灭洋"的愿望被"祖宗家法"派所利用。这种粗陋的企图又给八国联军的野蛮烧杀抢掠结束了。于是辛亥革命达到了改变一部分政制和法律的目的。可是袁世凯的帝制噩梦和张勋的复辟滑稽剧，加上日本军国主义者的侵略威胁，都在透露，单提倡军事工业技术固然无法根本自强，就是表面上废除了皇帝制度，成立了共和国，骨子里还是行不通。因此在1915年后内外阴影重重下，引起了一部分青年知识分子的觉悟：中国人除了要改革政治法律制度，发展工业技术外，还必须从思想哲学、伦理道德、文学语言、社会制度与习俗等各方面，采纳西洋的长处，做更普遍更基本的革新，以创造一种新文化、新社会，才能从根本上自强自救。这就是当时所以要提倡科学与民主、新思想、新文学、新文化运动的由来。

这种思潮，大致上在1917年已非常显著。到了1919年乃因"五四"事件而发展到顶点。"五四"游行示威的本身虽然只是为了反对巴黎和会中列强决定把青岛交与日本以及北京政府里亲日派的活动，可是在这以后两个月间，由于学生运动像狂风暴雨般广泛展开，街头集会游行讲演，至少波及于二十二行省，两百多个大小城市。此后一两年中，新创办的青年学生刊物真如雨后春笋，这种汹涌的新思想新文化潮流，便快速地随之而普遍于青年学生之间和教育界。一般小市民和工人店员，以及较开明进步的工商业主，由于已起来积极支持青年学生的爱国运动，也无形中受了这种新思潮的影响。就是农村社会，也不免震动。因此，这次新青年知识分子所领导的思想、社会、政治大革命运动，对以后五十年来中国历史的发展，发生了空前的支配性的作用。

从上面简单叙述的史实里可以看出，"五四"以前和以后的改革或革命运动，并不都缺乏爱国性、群众性，也不是没有青年学生参加。但是在那些运动中，有些倡导者不是青年知识分子；有些虽是知识分子，却又往往要依赖当权派或军事经济等其他社会集团的合作而失去了独立自主的倡导地位；有些干脆是由政党或别的团体所指使；有些采用暴力手段；也有以诉诸少数个人为主而非广大的群众抗议运动；有些更是非知识分子或反知识分子所主演。

"五四"运动中青年知识分子的地位却和这些大不相同。它前期的思潮虽然只是由少数青年作者或教育、新闻、文化工作者所开辟，后来大部分的重要工作便落到青年学生们身上了。所有这些参与者，绝大多数都保持着独立自主的倡导地位。那时中国的政党还缺乏强大严密的组织，不但无力来操纵控制这种思潮与学生运动，反而只能跟着青年知识分子和学生们跑，向他们学习，至多从旁支助鼓励。当时的进步党和国民党自然也有好些思想和文化界的健将，但那些人大多数已居于党的中心圈外，不是奉党的命令，而是个别自动的投身在潮流里。那些党派的组织，远比不上学生联合会那么严密紧张而有效率。所以"五四"的后期，国民党要急于争取吸收青年学生，并且改组。共产党更在这次运动的后期才由曾经经历过这次运动的知识分子所创立。当"五四"的高潮到来时，就是先进的中年知识分子也多半只尽了些支持或掩护责任。"五四"青年的创导性、独立性和主动性，至少当它的黄金时代，是无比强烈的。

固然，学生干政和独立倡导抗议运动，在中国悠长的历史上并非罕见。公元前542年子产执政时，郑国有乡校的议政，那时孔子还不到十岁。公元前1世纪，西汉的王咸等三万多太学生抗议政府的内政。公元后2世纪时，后汉的学生郭泰等与清议合流抨击政要与宦官。宋朝陈东（1087—1128）和数百太学生于1125年及次年领导军民数十万人向皇帝请愿，抗议外交政策，要求抵抗外来侵略，请斩当时的首相和军事领袖们。明代的书院更常与政治运动相结合。可是这些学生运动都缺乏理论基础，没有远大的理想，对于政治组织，社会制度，伦理思想和文化文学等，都没有什么影响。"五四"知识青年在这方面实在是做到了史无前例。就是五十年后的今天，他们辉煌的活动，也可说是后无来者。

(三)

但是我认为，更重要的一点值得我们特别注意的，还是"五四"时代那个绝大的主要前提。那就是：对传统彻底重新估价以创造一种新文化。而这种工作须从思想知识上改革着手：用理知来说服，用逻辑推理来代替盲目的伦理教条，破坏偶像，解放个性，发展独立思考，以开创合理的未来社会。这个大前提，这种思想，并不是某个人单独提出来的，好些人在当时都说过了一些。它的发展，如上文所说，也是因为多次改革革命失败经验的累积，才逐渐觉悟形成的。这一主题，并不能在某一人某一篇个别言论中全部找到，这里只是归纳当时许多求改革进步的言论，综合而得的结论。你如说，这些思想中的某些要点，当时很少被人明白揭出，或那时也有相反的言论，或者说，"五四"以前也早已有某人提出过某些类似的意见了，我都不反对，我所说的乃是这一时代的主要潮流背后所隐存或显示的前提。我至少曾把1915年到1923年八九年间的报刊，直接间接，多多少少检阅过六七百种。我把这时代的言论思潮，和清朝末年及以前许多世纪的比照看，得出了这种印象和结论。即使"五四"时代有好些人不曾明白如此主张，但那时最有影响的言论行动却往往在无形中承认了这个前提。他们思想的背后，似乎总或多或少地潜伏着有这样的一种下意识。

这个前提，若用更简单的方式说出来，就是承认"真知第一"。这潮流从中国久远的历史看是极不平凡的，为什么呢？

近百年来我们对中西文明的差异，讨论了不少。从社会组织、政治制度与习惯、生活和思想方式等各方面，自然都可找出许多异点来。基本上我们应该记住，近代西洋文明的主要渊源有二：就是古代希腊罗马文明和希伯来文明。希伯来文明是重信仰的文明，他们的宗教思想注重个人与超现实世界全体的关系。希腊文明则是重理性和知识的文明，他们的思想家很早就注重客观观察、分类、推论和分析。中国人的思想自周代以降便发展到不同的方向。我们是重伦理道德的文明。唯一比较偏重逻辑推理、观察自然和注重工艺技巧的墨家，到了汉朝初年竟然销声匿迹了。两千年来儒家礼义忠孝的伦理思想和法家的势位权术观念，在中国社会上占了极大的分量。我们传统哲学思想中的争辩,很少严格遵循逻辑推理的方式。试把论语、孟子、荀子和柏拉图与亚里士多德等人的著作对比,便可看出我们的辩论方式多是用历史或故事作例子来劝诫人,动不动就转移到善不善、好不好的方向去。中国古代语言中系词的稀罕,"是非"一词成为道德上对不对或即等于善恶之意而不指"是什么不是什么",都显明地透露出来,在我们传统的思想方式中缺乏根据定义以推理,本于实事以求是的精神。我们传统的教育目标虽然也说要"格物致知",但是事实上则几乎完全偏重在教人如何做人,教人如何达到"诚意、正心、修身、齐家、治国、平天下"。我们的人生哲学时常标举"知行"问题,而事实上所谓"知",也多少只是"修齐治平"的知,而不是对客观实在的求知与分析。士大夫或知识分子垄断了知识,却把礼义伦常和统治权术当成了知识的主要内容。农工商等最实在的真知反而被摒除在正式教育范畴之外。科举考试八股文更把这种思想体系具体化法制化了。自然,个别的中国哲学家思想家在哲理方面有时也有特出的贡献,先秦哲学、宋明理学,尤其是伦理思想、相对理论等,自有其优点。中国历史上更不乏优秀的科学家和极重要的科学发明。但是中国传统文明,总的说来,终于给教条式的以家族为中心的伦理观念笼罩住了。不但科学与技术不能发达,就是个人也得不到具体的社会保障。结果,国家民族的积弱更是到了不能图存的地步。推究其源,我们不能不承认这种文化发展的片面性是个严重的现象。

这种思想道路的偏差,在"五四"以前也被好些人察觉到了。严复在光绪二十九年(1903)就说过:"使中国民智民德而有进今之一时,则必自宝爱真理始。"可是在一部分社会上能造成风气,把思想知识和求真理的精神看得特别重要,这只有到了"五四"时期才真正开始。"五四"时期的知识分子要抛弃许多"旧观念",要"打破'天经地义''自古如斯'的成见"。"五四"时期的知识分子认为他们的"真正敌人"是"成见",是"不思想",他们要向这些"成见"和"不思想"作战。他们要打破偶像,他们要重新估价一切,他们要求"拿证据来"。在这种种想法的背后,就有一个原则:唯有个人能独立思考,能尊重理性和客观知识，不随声附和，盲目信从，中国人才能适存于现代世界，中国才能自强自救。当然他们大多数人自己也还没有做到这些，但是他们希望要这样做，他们说要这样做。当然谁也不会说，中国过去就没有人要思考，没有人"宝爱真理"，没有人向"成见"和"不思想"挑战，没有人破坏偶像。中国历史上尽可找到这些。可是我所说的乃是大多数青年知识分子的倾向，乃是他们的风习。我们今天来检讨历史，也不否认中国固有文明中的某些好处，只是指出它的一些偏差，说采择别的文明中一些特点或长处，不等于全盘接受。"五四"青年知识分子宣布要重估一切，创造新文化新社会，自然不是和盘接受任何既成的文明。他们中间有时过于轻信外来的新东西，那只是做得不够恰当。他们大多数觉悟到要努力求真。后代的历史学家应该大书特书，这种只求诉诸真理与事实，而不乞灵于古圣先贤，诗云子曰，或道德教条，这种只求替自己说话，不是代圣人立言，这种尚"知"的新作风，应该是中国文明发展史上最重大的转折点。

（四）

可是这种清浅的理智主义，如果没有和当时救国运动的热忱结合在一起，就不能造成巨大潮流。也正如当时的学生游行示威运动如果不和新思潮相结合便没有远大的意义和影响一般。这种结合真是一个重大的关键。当时学生的街头游行讲演固然多偏重在抵抗日本侵略，但有关救国的意见，也到处阐述。而新出版物的突然增加，更是惊人。"五四"事件以后一年间的学生刊物，较显著流行的已在四百种以上。可是那时几乎每个大学都出版了好些种，大都市里每个中学往往也出版一种，不必在市面推销，却流行于当地青年学生之间。若把事件后两年内各学生出版的大大小小的新刊物统算起来，我估计总在一千以上。这中间大部分都发表有反应当时新思想的作品。这些作品的绝大部分可能是很浅薄幼稚的，但都充满着热忱和勇气。

要介绍这些出版物，我用不着在这儿多加征引，只需略举一些刊物名称，也就大致可看出它们的特征和目标来了。你看吧，他们创办的有

《新青年》《新教育》《新潮》《新中国》《新生活》《新社会》《新村》《新群》《新文化》《新生》《新生命》《新妇女》《新人》《新学报》《新空气》《新自治》《新声》《新共和》《新时代》《新建设》，还有《革新》和《又新》。

他们不但有《小说日报》，还有《新小说》，而且有《新新小说》。

他们固然有《浙江新潮》，更有《新浙江》《新陇》《新湖南》《新湖北》《新山东》《新四川》《新江西》和《赣声》《新安徽》和《皖声》，他们还有《新海丰》，有《秦钟》。

那些学生联合会自治会的出版物固多得不可计数，他们自然还有《学生》《新学生》《学生潮》《学潮》。他们有《少年中国》《少年世界》，有《少年》《青年》《中国青年》《青年翼》《进步青年》《青年进步》，还有《青年与社会》《少年社会》《教育与社会》。他们有《教育潮》有《平民教育》《实际教育》《通俗》，还有《科学与教育》。他们有早期的《科学》，更有《科学常识》。

他们有《农学》、有《醒农》，有《新农业》。他们有《劳动》《劳工》《劳动者》《劳动界》《劳动音》《劳动声》，还有《伙友》《工界》《工人》《工业》和《工余》。有《工学》《工读》，也有《劳动与妇女》。自然他们有《妇女评论》《家庭研究》《妇女声》《女界钟》。他们有《民铎》《民声》《民彝》《民心》《民生》《民风》《民觉》《民钟》《平民》《唯民》和《平民世纪》。

不消说，他们有《雪耻》，有《五七国耻报》，类似的多得不能计数，有《救国》《爱国》《忧乐》，有《国民》《国民外交》《时事》《政衡》《前锋》《世风》《先驱》《向导》和《时潮》。

他们更有《求是》《唯是》《唯真》，和《实进》。有《人道》《人报》《进化》《解放与改造》《解放画报》《自由录》《向上》《互助》《共进》。他们有《奋斗》《努力》《创造》《端风》《独见》，有《赤心》《心声》《心潮》《社会新声》，有《每周评论》《星期评论》《湘江评论》《珠江评论》《批评》《评论》《评论之评论》和《革新评论》。

他们有《青年文艺》《爝火》《诗》《诗坛》，更有《曙光》《光明》

《明星》(不是电影明星,是杭州一个十五岁的中学生编的,可能是浙江第一本全用白话和新式标点的刊物)。有《晓光》《星星》《微光》《星》,当然他们还有《国语》。

好了,举出这些来已足够了。你当然也可说这些年轻人太天真了。然而他们严肃得很。他们这种对理想的热忱,在中国历史上任何时代都找不着。你还得记住,他们是自己掏腰包拿出钱来办这些刊物呢!

(五)

今天来检讨"五四"运动,自然也应该指出它末期所遭遇的逆风。我曾指出过,1921年后青年知识分子多已纷纷参加直接政治行动,以致思想与社会改革运动发展到低潮。1922年和1923年虽然还有中西文化问题的争论和科玄论战,但1924年以后国共已正式合作,准备以武力推翻北京政府。一部分"五四"运动中的青年学生固然在这一武力革命中发生过一些领导作用,这一事件中真正的实力派已是军人和革命党的领导者。为了武力革命,许多方面都模仿苏联共产党和红军的作风,宣传组织都加强起来。要利用群众的热情,要采取有纪律的行动。这样一来,早期的自由主义和无政府主义的影响便大为减少。就某些政治集团的观点看来,这原是"五四""反帝反封建"的必然结果,是题中应有之义。若就另一部分人的看法,则这种参加在群众狂热的武力斗争中,与早期的科学、民主、理知、个人解放等理想,不一定能完全相符。北伐以后,除了狭隘的民族主义和家长政治之外,连早期的社会主义或社会改良主义的理想也都在无形中丧失了。"五四"的思潮本来很复杂,这种分裂,也迟早难免。不过可叹的,青年知识分子多少失去了以前的倡导性、独立性和主动性。推原其故,与当时国内外的局势都有关系。北京政府的落伍无望;欧美列强不肯放弃在中国用武力抢夺到的特权,不肯积极支助中国自由进步的力量;苏联则发表《加拉罕宣言》,宣布放弃在华特权;中国自由主义者,社会主义者和无政府主义者,以及知识青年本身的弱点等,都应该算在其内。而革命政党的乘机争取青年学生入党,更是一个重大的吸引力。

本来，假如北伐以后所成立的政权是自由民主进步的，合于社会正义的，"五四"时的改革理想正可因此而实现。无奈这时的实力领导者在思想的深处，可说是反"五四"的。他们所做的，大部分根本与"五四"新思想、新文化、新文学的潮流相违背。而事实上，"五四"早已给旧社会的改组打下了思想上的基础，实力派的企图逆流而进，只能像堂吉诃德向风车挑战。可惜的是中国的进步改革被拖延了多少年！许多"五四"时青年运动的积极参加者都已在政府里成了元老或新贵，干着与初志完全相悖的勾当，他们无疑的是出卖了"五四"精神。

（六）

从"五四"运动的高潮算起到现在，这五十年中，"五四"的事业诚然遭遇了许多挫折。"五四"的巨流中诚然也夹杂有不少泥沙，他们所提倡的不必样样都对。历史不会重演，我们当然不会认为"五四"运动可以再版。

可是"五四"给中国知识青年学到了的东西已经不少，它可能还给我们学到更多的东西。"五四"的基本精神是抗议的精神。未来的中国知识青年会不会丧失这种精神呢？我以为是不会的。"五四"的主要思潮是追求理知以批判偶像，创造新文化新社会以自强自救。未来的中国知识青年会不会丧失这个理想呢？我以为也是不会的。中国文明应该建立在理知主义和人道主义两大基础之上，中国的前途应该发扬科学和民主。这些基本原则仍然是正确的。中国人如要真能在现代世界中自立自强，必须先改进思想方式和生活方式，必须使大多数人养成用冷静头脑合理推论，观察客观世界，尊重事实，从而控御自然，改良环境，解决问题。必须养成这种习惯。而不是盲目热情，闭关自大，或卑躬事人，与依赖祖宗或领袖所能济事。否则即使推翻这个政权建立那个政权，抛弃这个主义信奉那个主义，打倒这个领袖拥护那个领袖，都会虎头蛇尾，终于弄成以暴易暴或无能为功。从这点说，"五四"的大前提是很值得我们深长思的。

事实上，这五十年来"五四"的若干潮流，无论在哪种压力下，还不断地在兴起。不但在中国，就是在目前的全世界，某一部分类似的潮流（暂不论其要求如何）还在奔腾澎湃。若照 1968 年法、意、英、美、日本、波兰、捷克、匈牙利、南美各国的青年学生运动发展的迅速看来，我们几乎可见到一种"世界的'五四'运动"了。

五十年后的今天与五十年前的时代自然已大不相同。现在是原子能时代和太空时代。但这个新时代却有两个重要因素，足以促起更多的青年学生抗议运动。第一，科学文明和物质进步越迅速，人们的思想道德观念和人与人的关系，及社会政治组织，却显得惰性越大，越赶不上时代。年轻一代人的思想观念是在新时代的物质环境下形成的，而社会上现存权力掌握者的头脑，却早已在旧一代物质下定型了。物质环境进步越快，老少两代间思想道德观念的距离也就会越大。"世代隔膜"因此也愈严重。旧一代的人依照他们的价值标准，对年轻一代便不免有"一代不如一代"之感，而年轻一代则更会觉得上一代太落伍太顽固，非迫着他们变就过于窒闷。"五四"时代对旧世代的攻击，本来也具有这种心理上和思想观念上的因素，而目前世界的局势，在这方面实不相亚。其次，由于现代军队警备组织的严密，武器的发达，在已相当开发的国家里，人民对政府即使不满，也难于用武力叛变推翻统治集团。加以政府宣传工具的效率，一般非知识分子的平民就不容易觉醒，起来反抗不合理的统治。因此，较纯洁英勇的青年知识分子，尤其是学生，往往能最先感觉到改革的迫切需要，而他们唯一可能生效的手段则往往是集体的抗议。以上这两种社会背景，不论在哪一种政治制度和政党统治之下，都会使学生青年知识分子对改革与反抗运动越来越积极，越来越活跃。

世界上许多国家的环境是如此，中国的局势能不能例外呢？"五四"虽然已到了"知命"之年，也许还是个"新青年"罢！

1969 年 4 月 19 日于威斯康星陌地生

（原载于香港《明报月刊》第四卷第五期，1969 年 5 月）

十三　胡适风格（特论态度与方法）
胡适先生逝世廿五周年纪念演讲会讲稿之一

时间过得特别快，胡适之先生去世后，一转眼就是一个世纪的四分之一了。我想我们这时来纪念他，若要列举或总述他一生的成就、贡献和影响，恐怕会不能突出他的特色来，若只拿某一点来说，又恐怕会以偏概全。我现在提出"胡适风格"这个题目来讲，目的就是，一方面想这样来认识他一生成就的整体，另一方面又照顾到他为学、作文、做人、治事的一个最重要的具体特点。

"风格"这个词儿，在中国魏、晋时代，早就用来指一个人的风度和品格，像《抱朴子·行品》篇和《世说新语·德行》篇，就都这样用过。齐、梁以后，像《文心雕龙·议对》篇、《夸饰》篇，和《颜氏家训·文章》篇，却用来指文艺的特征。这样看来，这个词儿好像先是给应用在人的德行风度方面，后来才用于文章品评。这与西洋似乎有点相反，在西洋，相当于"风格"一词的 style 源于希腊文和拉丁文，本来是指一种尖的棍子，后来用来指一种刻写蜡版的铁笔，因此就发展出那标示文章特色这一意义来。再后才引申用来指一个人的生活方式和作风。由于西洋这"风格"一词本来多指文品，所以拉丁文里就有句名言："风格露其人。"（Stylus virum arguit）到了 18 世纪中叶，法国的博物学家蒲方（Comted eBuf fon）竟说道："风格即其人"（Le style est l'homme même）。英文就成了谚语：The style is the man。其实西洋即使把 style 来指一个人的生活方式或作风，总还不像中文"风格"一词那么广泛能代表一个人的整个道德人品，所以才有"风格即其人"的夸张说法。不过这中西两个词儿，总算是最相似的了。

我现在来讲胡先生的"风格"，对这一词汇，虽然以中国意义为主，也参照了西洋的语义。我是想用来指认胡先生为学、作文、做人、治事等各方面的风度、作风和品格，尤其是他所采取的态度和方法。

本来，每个人都各有风格，我为什么认为用"风格"这一范畴来说胡适特别有意义，而且认为最要紧的是特别从"态度"和"方法"这方面来讨论他呢？我从这一观点来考察，实在是由于我认为这个方面正是他一生最基本和最重要的特点，也是我们大家最应该向他学习的地方。

从胡先生作品的风格来说，大凡读过他诗文的人，没有不觉得非常浅显明白，本末条理，通顺流畅。无论你同意不同意他所说的，你总觉得他在说清事理。当然，有时也只是他自己斟酌选择过的事理，但比起许多别人来，他多半还是比较公平的。即使他反对或责备人，作品里却从来不盛气凌人、不生气、不讥讽挖苦、不故意损伤别人的自尊心、不骂人。尽管别人冤枉他，骂他，也不生气，不对骂。这样叙事、说理、分析的文章，在中国是凤毛麟角，非常罕见的。我虽然不完全赞同他主张写诗必须明白清楚，但我充分承认那种清楚明白的诗也自有它的特色和好处。胡先生作品的风格，我也许可用"平情顺理，清浅流丽"八个字来概括。虽然大家对他的作品已很熟悉，这儿仍不妨引几段来作例子，下面是他在民国八年（1919）"五四"时期那篇有名的讲演稿《实验主义》里的一部分，介绍詹姆士（William James，1842—1910）讨论什么是"真理"（truth）的问题。他说：

"詹姆士因此下一个界说道：'凡真理都是我们能消化受用的，能考验的，能用旁证证明的，能稽核查实的。凡假的观念都是不能如此的。'他说，'真理的证实在能有一种满意摆渡的作用。'怎么叫做摆渡的作用呢？他说：'如果一个观念能把我们一部分的经验引渡到别一部分的经验，连贯的满意，办理的妥帖，把复杂的变简单了，把烦难的变容易了，——如果这个观念能做到这步田地，他便真到这步田地，便含有那么多的真理。'譬如我走到一个大森林里,迷了路,饿了几日走不出来,忽然看见地上有几个牛蹄的印子,我心里便想:若跟着牛蹄印子走,一定可寻到有人烟的地方。这个意思在这个时候非常有用,我依了做去,果然出险了。这个意思便是真的,因为他能把我从一部分的经验引渡到别部分的经验,因此便自己证实了。"

这段话把詹姆士给"真理"下的定义和说明,用浅显的例子解说得条理分明。底下他又说:

> 这种"摆渡"的作用,又叫做"做媒"的本事。詹姆士常说一个新的观念就是一个媒婆,她的用处就在能把(纵按:《胡适文存》四卷本"已"误作"未",我手头无原本,暂臆改作"已")有的旧思想和新发现的事实拉拢来做夫妻,使他们不要吵闹,使他们和睦过日子。譬如我们从前糊糊涂涂的过太平日子,以为物体从空中掉下来是很自然的事,不算希奇。不料后来人类知识进步了,知道我们这个地球是悬空吊在空中,于是便发生疑问:这个地球何以能够不掉下去呢?这个时候,旧思想和新事实不能相容,正如人家儿女长大了,男的吵着要娶媳妇了,女的吵着要嫁人了。正在吵闹的时候,来了一个媒婆,叫做"吸力说",她从男家到女家,又从女家到男家,不知怎样一说,女家男家,都答应了,于是遂成了夫妇,重新过太平的日子。所以詹姆士说,观念成为真理全靠她有这做媒的本事。一切科学的定理,一切真理,新的旧的,都是会做媒的,或是现任的媒婆,或是已经退职的媒婆。纯粹物观的真理,不曾替人做过媒,不曾帮人摆过渡,这种真理是从来没有的。

读了这段,无论你同意不同意詹姆士的学说,你总不能不觉得这番话津津有味,引人入胜。想想在那个时代,中国人介绍西洋哲学思想的,多半是那么格格不入,稍早的优秀翻译家如严复,又那么不容易懂,你就会更珍重胡先生这种浅显的文笔和风格了。

我引了上面这两段话，还不是只要用来标示胡适文章的风格，另一方面还觉得这对今日中国的思想、社会颇有现实意义。像大家都知道的，大陆上搞了几十年最高教条，绝对真理之后，忽然提出"实践是检验真理的唯一标准"这个口号来，这岂不正是胡适四五十年前介绍到中国的实验主义对真理的看法么？詹姆士给"真理"所下的界说是，凡真理必能稽核证实，不能证实的就不是真理。这正是说，实践是检验真理的本来标准。如果一个主义实践起来，结果恰好与预告的相反，如果本来说这主义能使生产力提高，实践起来，恰好使生产力降低，这主义自然就该放弃或修正了。可是死信主义、教条的人仍然要信到死，攻击所谓"修正主义"，或至少口头上要这么说。这样，我们又不妨读一读胡先生接下去说的这一段：

> 这种真理论叫做"历史的真理论"（Genteic Theory of Truth）。为什么叫做"历史的"呢？因为这种真理论的注重点在于真理如何发生，如何得来，如何成为公认的真理。真理并不是天上掉下来的，也不是人胎里带来的。真理原来是人造的，是为了人造的，是人造出来供人用的，是因为他们大有用处所以才给他们"真理"的美名的。我们所谓真理，原不过是人的一种工具，真理和我手里这张纸，这条粉笔，这块黑板，这把茶壶，是一样的东西：都是我们的工具。因为从前这种观念曾经发生功效，故从前叫他做"真理"；因为他的用处至今还在，所以我们还叫他做"真理"。万一明天发生他种事实，从前的观念不适用了，他就不是真理了，我们就该去找别的真理来代他了。……古时的"天经地义"，现在变成废话了。有许多守旧的人觉得，这是很可痛惜的。其实这有什么可惜？"天圆地方说"不适用了，我们换上一个"地圆说"，有谁替"天圆地方说"开追悼会吗？

这个"真理工具说"，虽然在哲学上还可成为争论的问题，但它的确可能用来避免政治和社会上许多僵化症的发生。胡先生接受这种学说，也许有助于他那种只讲论证,容许商榷的作风。至于这段文字里,用了三个"如何",两个"不是"之后,接着又一连用了七个"是"字,还有许多带"这"字和"了"字的排比句法,来说明真理并非一个先验而永在的东西,这充分表现了他文章清楚流畅的风格。

当然,像他如此这般否定这样,肯定那样,岂不也像不容许商榷吗?可是依照他们这种理论,他们原不把自己的说法看作永恒不变的真理,只要有更有力的证据,他们随时都可修改或放弃。所以这种态度,到底还是比较开明的。

这种理论和写作的风格,自然和人品有密切关系。一般认识胡先生的人,对他的做人与治事,已说得很多了。许多人,包括我自己在内,都觉得他非常心平气和、平易可亲,能够坚持自己独立的见解和立场,也能宽容和同情别人,虽然也颇好同,但并不恶异。治事似乎真有点像他自己所说的,颇尚无为而治,细节不是他的长处,却能信人办事。简括说来,他能洁身自守,也能替别人着想。自己所喜好的朋友、门生和信徒,自有一个大小圈子,不过倒也不太妨碍别人,这就很难得了。一生早识时代的先机,像白话文学、新思潮、新文化运动的倡导和推动,早成不朽之业,早得大名,因此也受了些限制。他才去世时,我在一篇追悼文章里说过:有人说他"誉满天下,谤亦随之"。我却更要说他有时是"谤满天下,誉亦随之"。而最难得的是,别人谤他,冤枉他,他仍同情别人。

我这儿所说的自然还不周到,也可能不十分贴切,今天比我知道他更多更深的人不少,一定能有更妥当的评论。这儿只算是我的一些粗浅的看法。就凭这个粗浅看法,也可见他文章的风格和做人的风格是完全相通的。许多别的优秀人物固然也往往类似于此,不过适之先生在这方面正如我开头时说的,却特别显著。这是什么缘故呢?

我素来有个看法,觉得他之所以能熔铸成这样一个风格,主要是由于他对"态度"和"方法"有特别深切的自觉。这个自觉,除了个人才性、家庭背景和自学自修之外,还有两个重要因素,就是师友的切磋和那个实验主义给他在哲学思想上的影响。

大家都知道，胡先生在治学和思想方面，很早就重视"方法"，对"治学方法"，写过讲过多少次。他也说过，他考证《红楼梦》是为了"要教人思想学问的方法"。考证别的小说，也因为"这可以做思想方法的实例"。我们也早已知道，他的老师杜威和其他的实验主义哲学家，都特别注重方法和推理证验的过程。他们有时甚至把哲学就看作方法论。所以胡适特别注重方法，原不是意外的事。

可是我在这儿要格外指出的乃是，胡适之先生在提倡治学和思想"方法"的同时，连带强调了"态度"。我们都知道他曾经把自己的方法论，也就是他对实验主义方法论的了解，简单归纳成两句话："大胆的假设，小心的求证。"这两句话后来非常著名，几乎成了他的标志。记得我有一次问过他：

"假设"和"求证"当然可以说是方法中的两个最重要的过程，但"小心"和"大胆"却只是一种态度，胡先生，你是不是有意把态度和方法结合在一起？是不是认为态度有类似于方法的重要性？

胡先生答说：

我是有这种想法的，我认为一个人的态度怎么样，很可能影响到他怎么样运用方法，有时候甚至可能决定他怎么样运用方法，甚至于影响或决定他研究和思想的效果。所以我把态度和方法连在一起来说，才提出那"大胆的假设，小心的求证"两句话来。

我听了他这答复就告诉他，因为我收藏有杜威那本名著《怎样思想》(*How We Think*) 1910 年的初版本，这年胡先生正到美国。我也收藏有杜威那 1933 年的修订本，因此我曾特别注意到他一开始就强调态度和方法的结合。他在初版"自序"里特别指出"科学的心态"(Scientific attitude of mind) 和"思想习惯"(habit of thought) 的重要性。他说他这书正是要根据儿童和青年纯真好奇，富于想象力，和喜欢试验等天性，来教育他们发展这科学的"心理态度"和"思想习惯"。全书自然贯注着这个要点。但到了修订本就把"态度"提得更明显、更重要了。在初版本第二章的末尾他只用一两句话来指出态度的重要性，但到了修订本就把这几句话扩充成新的三节了，这三节的标题是："态度的重要"（Importance of Attitudes），"态度与技巧的方法之结合"（The Union of Attitude and Skilled Method）和"几个重要的个人态度随时可给思维的助益"（The Bearing of These Personal Attitudes upon Readiness to Think）。他所谓"几个重要的个人态度"是指"开阔的胸襟"（Open-mindness）、"全心全意"（Wholeheartedness，或"浓厚的兴趣"）和"思想上的责任感"（Intellectual Responsibility）。他还指出：个人的态度比思想方法还重要。我向胡先生陈述了我感到杜威这几个补充非常紧要，这几节里的一些说明对我们也非常有用。我以为传统中国人讲读书和做学问的方法时，正是时常强调态度，但杜威说得更深入而周密了。胡先生那两句口号之所以受到中国人注意，似乎与中国的传统习惯也不无关系。胡先生当时对我这些看法颇为首肯，要我作进一步研究，写出一些东西来。我深愧后来没有做到。现在重提此事，只是想要指出，胡先生一生风格之形成，这种把态度与方法作自觉的结合是个极重要的因素。像杜威在讲"开阔的胸襟"或"开明"那一段里，提醒我们如何自己避免偏见和为派性所蔽，避免堕入不愿考虑新问题和斟酌新观念的习惯。要我们积极去听取各种不同的意见，注意各种来源的事实，充分考虑选择各种可能性，承认即使是自己最深信不疑的东西也可能有错误。告诫我们不要让不自觉的畏惧心理使自己发展出处处自卫的态度，以致不愿接受新观念，甚至不愿作新的观察。这些告诫，对胡先生后期的治学与做人，都可能有些影响。

大家也许还记得，胡先生去世之前三年时，特别提倡"容忍"的态度，在《容忍与自由》一文里说："有时候我觉得容忍是一切自由的根本；没有容忍，就没有自由。"这自然是他晚年一个极重要的意见。那时我们一批在美国的朋友们，包括今天在座的唐德刚教授，在纽约办了一个月刊——《海外论坛》，胡先生也寄了一篇讨论曹雪芹小像的文章给我们，在 1961 年 1 月号发表，我就借这机会，在同期发表了一篇题作《自由·容忍与抗议》的文章，来补充胡先生的说法，认为自由民主必须有两个轮子：容忍与抗议。我们必须容忍抗议，必须抗议我们认为不该容忍的事，抗议的人更要容忍别人的抗议。已故的卢飞白教授读了我那篇文章后，就用"李经"这笔名写了一篇读者投书，来支持我的意见，并且建议，容忍的精神就是孔门所说孔子的"恕"，抗议的精神就是孔子的"忠"。胡适之先生一生正具备这两种精神和态度。我觉得这个评估，是非常有见地的。胡先生读过我们的意见之后，在他一生的最后几个月里，的确又用抗议的精神和态度来平衡了容忍。他去世后不久，我在《海外论坛》由 1962 年 5 月《胡适之先生追悼号》上发表了一篇长文《胡适之先生的抗议与容忍》，分析了他一生这两种精神和态度发展的历程，和平衡的表现。指出"对他思想和态度最有决定作用的""是他在美国所受的七年教育。尤其是 1914 年，可说是他一生的转折点"。我并且分析和指出，他那时的美国女朋友韦莲司（Edith Clifford Williams）对他的重大影响。指出他如何在态度和方法上发生了自觉，如何培养出早期"容忍性的抗议"态度与精神。事实上，他这种态度、方法和精神，正是他风格的要素，也是使他成功最多的因素。

  关于采用新态度和新方法，以及介绍近代西洋哲学思想到中国来的问题，有重要的一点还必须指出：如果单把态度和方法的抽象原理原则，哲学思想的观念理论介绍过来，肯定难使许多人了解和懂得应用。由于实验主义主张，只有通过经验或实践，才能接近真理。而胡适介绍这种方法和思想，又多是结合传统中国已有的、类似的方法与习惯，如考证学、汉学，用实践作例子表现出来，像小说考证和整理国故等等，所以最能生效，最能扩张影响。

  这样的采用和介绍，也往往容易使人觉得，这只是一种琐碎肤浅的应用而已，谈不上高深的学说和理论。有些青年学者甚至轻视胡适，指摘他没有在任何学科部门中，作出高深而有系统的贡献。这个看法，表面上披着灿烂光彩、学术专科的外衣，其实不免忽略了杜威实验主义在哲学方面革命性的本质。正如胡适说的，杜威把过去哲学里的根本问题，都"以不了了之"。不弄那些"哲学家的问题"了，只把哲学"变成对付'人的问题'的哲学方法了"。这方法是什么呢？就是教育人养成"创造的智慧"（Creative Intelligence），把知识思想作为人生对付环境的工具，在生活经验中来解决具体的问题。杜威把这个过程，分析成他那众所周知的五步说。胡先生把这个理论，活学活用到中国来，像在"五四"时期，提出"问题与主义"来讨论分辨，可能即受此影响。这比写出一篇艰深的专门哲学论文来，功效决不较小。我们怎么可只囿于传统哲学或专科的习惯，来轻估他的贡献呢？

最后，在纪念胡先生逝世的今天，检讨他文章与做人的风格，我不妨举出几个我个人亲知的实例来，说明他一生思想和风范感人之深。1954年后大陆上批判《红楼梦》研究，许多红学家遭到攻击，说是受了胡先生的影响，逼得大家去和"胡适思想"划清界限，俞平伯先生首当其冲，当然也只好来"划清"一番。但1978年，我见到俞先生时，问起这事，他就感慨深长地说，虽然目前还"心有余悸"，但他一生研究红学，写新诗和白话散文，无不受了胡适先生的启发和影响，"终身也洗不掉的！"

20世纪50年代，朱光潜先生被逼发表一篇文章批评胡适，说以前有一天，他去看胡适，见他书房桌上到处摊开着许多书，这就证明他平日无实学，临时东抄西摘。这篇文章，纽约华文报纸也有转载，我的一位熟人去问胡先生，读过有什么反应？胡先生大笑说："朱光潜先生文章写得很好！在那种环境里他怎能不写？我非常同情他。"1981年，我见到朱先生，我们除了谈到他以前的学生陈世骧教授和一些文学理论之外，我就把胡先生说的话告诉他，问他的感想。他望了望陪我去的那位年轻人，然后低下头来，用十分富于感情的音调说："你知道吗，我的大半生都在这北京大学教书，我如果不到北大来，还不知终生会怎么样了。我到北大就是胡先生尽力介绍来的！"他说到这里就咽住了，沉默了许久，说不出话来。我无可奈何地转换了话题。现在朱光潜先生也已经去世了，所以我也就可以照实记录下这次的对话了。

还有一件，大家也许早已知道，另一位著名的红学家周汝昌先生，也曾受过胡先生的指助和"牵累",当然也不能不和他"划清界限"。他现在是鲁斯学人,在美国威斯康星大学作研究,我这次动身的前一天,他交给我和唐德刚教授一首七言律诗,现在请大家来读一读。这诗感慨系之,用不着我来解释了。第七句德刚当之无愧,汝昌自己更不能辞,我却决不敢当。我就借用这首诗来结束今天的讲话罢。

策纵、德刚两兄行将赴台出席胡适之先生逝世廿五周年大会,余时方在北美,书感即呈郢政。

平生一面旧城东,劫后私藏札数通

文运孰能开世纪,学人佥谓仰宗风

离离宿草春吹碧,浩浩新章晓破红

重见大师衣钵在,百端欣慨共君同

余于1947年,始撰研芹文字,蒙先生惠札,并召谈于其东厂胡同寓斋。"文革"既兴,余所有信札,多遭散落,独存先生手书六通,皆红学史上重要文献也。第七句属策纵、德刚两教授。

弟　周汝昌拜草丁卯新正下浣
威斯康星大学

(原载于台北《传记文学》第五十卷第三期,1987年3月)

十四　发刊词：我手写我心
　　我们论政的态度

　　19世纪中叶以来的中国，处在一个大变局之中，外是风狂雨骤，内是国弱民穷，即使我们今天回想起清朝末年当时的国命，犹不禁毛骨悚然，不寒而栗！此后一百年间，不少的人相继提出了各种各样的救时策，从曾李洋务，到康梁维新，结果终不免于辛亥革命。民初以后，更有轰动一时的"五四"运动和国民革命军的北伐，虽然中间不免病急乱投医，兜了许多不必要的圈子，但总算找到了一条革命的道路。

　　今天的中国，已经是经过革命洗礼的中国了，将新来比旧，非复"吴下阿蒙"。至少，我们已革掉了大部分的小脚、八股、鸦片、长辫、笞臀、杀头以及"满街的性史，和满墙的春药"。在过去，想要"得一官，进一职"，据说"非哦几十年八股，非写几十年白折，非当几十年差，非捱几十年俸，非递几十年手本，非唱几十年喏，非磕几十年头，非请几十年安"莫办，这与现在的人事行政究竟有点区别。在过去，中国自造鱼雷，用铁渣来代替火药装在里面，两艘战舰，共同只有三颗大开花弹！这与现在的国防也相差不少了。在过去，"总理衙门，老翁十数人，日坐堂皇。并外国之名且不知，无论国际。并已国条约，且未寓目，无论公法"。人家要我们割让香港，我们自己还不知道香港在什么地方。这种情形，在今天的中国外交界自然也不可多见了。百年来中国的进步是可令人欣慰的。可是中国的老百姓被抛弃在政治圈外，和政治疏隔得为时已久，尽管20世纪不容再有"勿管内政与外交，大家鼓里且睡觉"的态度，但是真正能对国家前途关怀和讲话的人依然很少。茶楼酒馆里还可看到"莫谈国事"的标语。难道目前我们的国家，危机就已经渡过了吗？不！现在才是最紧要关头：这时候人民对祖国的前途和政治的趋向，缺乏真正的舆论和有效的建议，这是何等的危机，何等可忧的病象！充其极，可以使整个的民族坠入麻痹，斲丧了百余年辛勤的挣扎，而致前功尽废。梁启超在几十年前就说："吾少而居乡里，长而游京师，及各省大都会，颇尽职朝野间之人物。问其子弟，有知国家为何物者乎？无有也！其相语则曰：如何而可以入泮，如何而可以中举也。问其商民，有知国家之危者乎？无有也！其相语则曰：如何而可以谋利，如何而可以骄人也。问其士夫，有以国家为念者乎？无有也！其相语则曰：如何而可以得官，可以得差，可以得馆地也。问其官吏，有以国事为事者乎？无有也！其相语则曰：某缺肥，某缺瘠，如何而可以逢迎长官，如何而可以盘踞要津也。问其大臣，有知国耻，忧国难，思为国除弊而兴利者乎？无有也！但入则坐堂皇，出则鸣八驺，颐指气使，穷奢极欲也。"这是几十年前的现象了，今天的情形怎么样了呢？今天我们的子弟，我们的商民，我们的知识分子和官吏，恐怕大多数人满脑子还是在想着如何做投机生意，如何找差使，如何争权利，政治社会逼着他们不能不这样做。他们不能不投降现实，抛却理想。这样一来，青年一代一代在被牺牲，政治永远不能进步。到现在我们读到梁启超的话，再想到中国的现状，实在仍不能不令人百感交集！

我们是今日中国的政治青年，现代中国的悲欢就是我们的悲欢。我们在襁褓中沐浴了"五四"时代的思潮。国民革命的时期，追随在儿童的队伍里，唱过"打倒土豪劣绅"的口号。还用我们的小手，强迫剪去了许多乡下姑娘的发辫和冬烘先生的长衫。"九一八"的炮声使我们在中学里受到严格的军训，领悟到祖国的灾难。我们曾为西安事变而震惊，而忧郁，而兴奋。抗战的洪流中，我们虽然尝到国破家亡的惨痛，仍然在大学里，在社会里，充实自我，高谈国事。我们自知，在这大时代中，我们非常渺小，可是我们也很清楚，国家的事就是我们自己的事。黑格尔说：希腊人有如我们家里人。我们却说：中国人，以及世界人类，有如我们家里人。我们为革命热情所激荡的血液，决不能安息；我们对祖国和人类的挚爱，决不能遮掩。我们愿以坦率的态度，清澈的头脑，来分析这一时代国家政治的根本问题，看看它的病根何在？救济的方策如何？前途又怎么样？假如我们能为这一时代的使命觅得具体的答案，能为中国的政治问题开出一条蹊径，虽耗尽我们的青春的生命力，又有什么可吝惜的呢？有一位小说中的人物说："乃是个中人，千万金银不要，只要问题的一个答案。"多么崇高的愿望，多么可人的壮语！

人们被摈弃在政治圈外，政治变成少数官僚、政客和野心家玩弄的把戏。一方面是失意的政客，唯恐天下不乱，他们论政完全采取谩骂的态度。而谩骂也就是他们做官的敲门砖。或者目的在推翻政府，夺取政权，目的既然在此，言论当然不免过火。另一方面又是一些帮闲政论者，一味歌功颂德，粉饰太平，乞怜于权势阶级，为自己的地位着想，谈不到任何远大的理想。目前思想界文化界虽然有汗牛充栋的杂志和书报，有几个触及了这一时代的核心问题？他们无形中习于饰伪，不是下笔千言，离题万里，就是拾人牙慧，言不由衷。我们几乎连清末民初人勇于主张，赤条条表现的气魄也看不见了。然而在上面这两种论政的人物之外，也有不少的人，尤其是一般政治青年，他们怀抱有满腔的热忱和崇高的理想，愿意为改进现状，实现理想而牺牲一切。他们的观点是正确的，即使他们的理论还未充实，方法还未完善，但是他们论政的态度是值得我们同情的。本刊是政治青年所编，政治青年所写，政治青年所有的刊物，我们论政就是要采取这种态度。要根据我们的理想来批评现实。我们的讨论宁愿过分坦率，从提出问题，分析现状，到发表主张，相约要采取一个"赤条条的态度"。诸位先生，我们发誓，决不再蹈过去饰伪的覆辙，我们要做到的是"我口说我心，我手写我心"。知我罪我，在所不辞。

至于我们的理想究竟是什么呢？我们认为：今天中国的课题乃是"中国现代化"的问题。它的目的在普遍合理地提高国民的生活程度。它的途径，在于一方面迅速完成科学化、工业化以发展人民的创造冲动，一方面加强社会主义化以抑制人民的占有冲动，走向自由平等博爱的政治社会，这本来就是三民主义的精义，是人人知之而人人未行的时代潮流。我们有革命热情和政治觉醒的知识分子，必须肩负起这份重重的担子，走在历史的前面。

　　现在，这小小的刊物在我们无限的热情之下出世了。我们希望从这里获得我们对于当前社会和未来时代的共同认识，也就是我们共同奋斗的途径。在这小刊物出世的时候，像是我们集体写出了一册小书一般我们怀着多么虔诚的心！当世界土地改革运动的导师亨利·乔治写完他那划时代的巨著《进步与贫困》时，他说："某次，一个白天，在一城内，有一个思想向我来了，我全身的纤维都为之发抖。就在那时那地，我发了一个誓：无论好或坏，无论我能办到或办不到，对那句誓言，我总是愿信守的。他逼迫我写出'进步与贫困'。要是我的其他一切失败了，它仍可支持着我。当我在一个凄寂的深夜，写完了它最后一页的时候，只我一人，我双膝跪在地上，像孩子一样地哭起来了！我只能做到此，其余在天父的手里。这种感觉从没有离过我，它永远跟着我。它使我向上，向上。它使我更好，更纯洁。它是我的'宗教'，虽然模糊，却很坚强，深沉。我不愿意说出，或作表面的证明，但我深信不疑，永远地跟着它。"这个深心的感觉正是我们创办本刊物的感觉，这个坚强的信念也正是我们今天的信念。在这由黄昏到黎明的中国大盛局当中，我们一定要跟着我们自己雪亮的思想前进，向上。更重要的，还竭诚企望读者和作者诸君和我们在共同奋斗的途径上携手，把我们所想过的事来加紧完成。

出版后记

提起周策纵教授，很多读者会在第一时间想起在海内外产生了巨大影响的《"五四"运动史》，想起他对《红楼梦》的研究及独到见解。其实，周策纵教授一生于学可谓无所不窥，涉猎范围包括甲骨文、金文、历史、诗歌、小说、翻译、经学等领域，且均有所建树。他倡导的将中国传统的考据学与西方汉学的治学方法与精神结合在一起的研究方法更是具有世界性意义。

本次出版的《周策纵作品集》囊括了周策纵教授的个人回忆，及其在"五四"运动、红学、文学、历史、哲学、经学等领域最具代表性的文章，共分五册出版，为中国文史及周教授生平研究提供了宝贵的材料。本册由"文史宗哲篇"与"'五四'及近代思潮"两部分组成："文史宗哲篇"涵盖了周策纵教授探讨古代社会思想、"人与大自然"观念，以及陶文考释等涉及文学、历史、哲学方面的文章；"'五四'及近代思潮"部分则收录了周教授对胡适先生的纪念文章以及有关"五四"运动、中国文化现代化、简体字的论述文章。

本套丛书采用商务印书馆（香港）《周策纵文集》书稿，经重新编排、校订，将周策纵教授关于"五四"运动与《红楼梦》的研究文章单独成书，以满足不同读者的需求。即将出版的《周策纵作品集》第三册至第五册，分别包括红楼梦研释、经典与训诂、诗词与其人其事等内容，让读者领略一代汉学大师在不同领域的经典之作。敬请期待！

服务热线：139-1140-1220　133-6631-2326
服务信箱：reader@hinabook.com

后浪出版咨询（北京）有限责任公司
2013年9月

图书在版编目（CIP）数据

周策纵作品集.2/周策纵著.——北京：世界图书出版公司北京公司，2013.9
ISBN 978-7-5100-6561-3

Ⅰ.①周… Ⅱ.①周… Ⅲ.①社会科学－文集 Ⅳ.① C53

中国版本图书馆 CIP 数据核字（2013）第 226170 号

© 2011 商务印书馆（香港）有限公司
本书由商务印书馆（香港）有限公司授权简体版，限在中国大陆地区出版发行

周策纵作品集 2：文史杂谈

著　　者：周策纵	筹划出版：银杏树下	出版统筹：吴兴元
责任编辑：闻　静　张　鹏	营销推广：ONEBOOK	装帧制造：墨白空间

出　　版：世界图书出版公司北京公司
出 版 人：张跃明
发　　行：世界图书出版公司北京公司（北京朝内大街 137 号 邮编 100010）
销　　售：各地新华书店
印　　刷：北京联兴华印刷厂（北京通州区张家湾皇木厂　邮编 101113）
（如存在文字不清、漏印、缺页、倒页、脱页等印装质量问题，请与承印厂联系调换。联系电话：010-61501799）

开　　本：690 毫米 ×960 毫米　1/16
印　　张：17.5　　插页 4
字　　数：235 千
版　　次：2014 年 1 月第 1 版
印　　次：2014 年 1 月第 1 次印刷

读者服务：reader@hinabook.com　139-1140-1220
投稿服务：onebook@hinabook.com　133-6631-2326
购书服务：buy@hinabook.com　133-6657-3072
网上订购：www.hinabook.com　（后浪官网）

ISBN 978-7-5100-6561-3　　　　　　　　　　　　　　　定　价：36.00 元

后浪出版咨询（北京）有限公司常年法律顾问：北京大成律师事务所　周天晖　copyright@hinabook.com

版权所有　翻印必究